보이지 않는 질서

Original title: Die Schicksalsgesetze:
Spielregeln fürs Leben - Resonanz Polarität Bewusstsein
by von Ruediger Dahlke
© 2009 by Arkana

a division of Penguin Random House Verlagsgruppe GmbH, München,Germany
All rights reserved. No part of this book may be used or reproduced in any manner whatever without written permission except in the case of brief quotations embodied in critical articles or reviews.

Korean Translation Copyright © 2025 by TURNINGPAGE
Korean edition is published by arrangement with Penguin Random House Verlagsgruppe GmbH through BC Agency, Seouls

이 책의 한국어판 저작권은 BC에이전시를 통해 저작권사와 독점 계약을 맺은 '터닝페이지'에 있습니다.
저작권법에 의해 국내에서 보호를 받는 저작물이므로 무단 전재와 복제를 금합니다.

Die Schicksalsgesetze

보이지 않는 질서

뤼디거 달케 지음 | 송소민 옮김

의도를 벗어난
모든 현상에 관한
우주적 대답

THE INVISIBLE ORDER

터닝페이지

들어가는 말

삶을 위한 게임의 규칙

이제 삶의 법칙이 세상에 널리 알려져야 할 때가 되었다. 사람들은 이것을 비밀이라고 말해왔지만 삶의 법칙은 결코 비밀이었던 적이 없다. 다만 대중에게 공공연히 드러나는 것을 피했을 뿐이다. 양자 물리학, 클래식 음악의 총보, 고대 이집트에서 전승된 타로 카드 등이 지금까지 비밀리에 전수되어 온 것처럼 말이다. 한마디로 거의 모든 사람이 삶의 법칙과 공명을 이루지 못했다.

공명의 법칙에 관해 요란하게 떠들어대는 책(베스트셀러 《시크릿The Secret》- 옮긴이)이 능란한 시크릿 마케팅으로 수백만 부가 팔려 나갔고, 이를 계기로 공명의 법칙이 세상에 널리 알려졌다. 큰 진전이긴 하지만 이 때문에 문제도 발생한다. 공명의 법칙은 몇몇 운명의 법칙 중 두 번째로 중요한 법칙이기 때문이다. 그래서 그보다 더 중요한 대립의 법칙을 모르는 사람들이 심각한 위험에 빠질 수 있다. 나는 지금껏 20년이 넘도록 운명의 법칙을 연구해 왔다. 이제 개인적으로도 충분히 삶의 법칙에 관한 책을 쓸 때가 되었다.

누구든 게임을 시작하기 전에 규칙을 알아야 한다. 이는 너무나 당연한 이야기다. 스포츠 경기라면 규칙 익히기는 간단하다. 하지만 우주의 게임, 즉 인도인들이 말하는 '릴라Lila('신의 놀이'라는 뜻의 산스크리트어 - 옮긴이)'라는 삶의 게임에서는 그게 간단치 않다. 축구 선수라면 누구든 전반전이 끝난 후 뛰는 위치를 바꾼다는 사실을 안다. 반면 삶의 한가운데서 벌어지는 게임에서는 중반기에 이르러도 그냥 경기를 진행한다. 그래서 사람들은 대부분 인생 후반전에 들어서서 툭하면 자책골을 넣는다. 위치 변경 시기를 놓친 것이다. 그런데 아무도 그 사실을 지적하지 않는다.

또 사람들은 대부분 삶의 게임에 있는 오프사이드Offside (축구 경기 시 상대 진영에서 공격수가 상대 수비수보다 앞선 위치에서 공을 받는 반칙 행위 - 옮긴이) 규칙도 모른다. 많은 사람이 걸핏하면 오프사이드 위치에서 달린다. 그래놓고 자신이 한 일을 인정받지 못했다며 좌절한다. 하지만 이 좌절 상황은 삶의 방향을 새롭게 설정할 제2의 기회일 수 있다. 인정받지 못한 일을 통해 뭔가가 잘못되었다는 결론에 이를 수 있기 때문이다. 바로 이때가 아주 좋은 기회다. 이때 우리는 미래를 더 성공적으로 만드는 게임의 규칙을 배울 수 있다. 그런데 안타깝게도 사람들 대다수는 게임의 규칙을 배우기보다 남에게 책임을 전가하는 '투사' 경향을 보인다. 다른 사람이 넣은 골은 득점으로 인정받았는데 자신이 넣은 골은 인정받지 못했다며 그 책임을 외부에 돌린다. 즉 심판에게 자신의 무능을 전가하는 것이다. 삶의 게임에서 책임 전가의 대상은 정치가, 기업가, 교사,

저널리스트, 의사 그리고 특히 부인과 남편, 자식들이다. 엄밀히 말하면 나를 뺀 다른 사람들 모두가 욕을 먹는다.

자신의 잘못의 책임을 밖에서 찾는 사람은 적대자로 가득한 세상을 만난다. 게임의 규칙에 관해 아는 게 적을수록 불평이 더 많다. 반면 규칙을 이해하는 사람은 불평할 이유가 없다. 그는 규칙에 맞는 행위로 성공을 거둔다. 걸림돌도 순순히 받아들인다. 물론 세상의 폐해를 비판하지 말고 받아들이거나 두 손 놓고 가만히 있으라는 소리는 아니다.

세상에는 모든 사람이 불평불만을 늘어놓는 일도 일어난다. 예를 들어 2006년 독일에서 월드컵이 개최되었을 때 '불평불만의 장'이 생겨났다. 당시 불평불만이 얼마나 널리 퍼졌던지 독일 사람들의 뇌에 '불평엽'이라는 특수 부위가 생긴 게 아닌가 의심할 정도였다. 하지만 진화는 그처럼 빠르게 진행되지 않는다. 사실은 당시 사람들의 암묵적 합의로 어떤 에너지의 장이 형성되었는데 거기서 부정적인 생각만 크게 부각해 받아들인 것이다.

> 불평을 덜 하는 사람일수록 더 많은 것을 파악한다.

객관적으로 보면 그해 독일 사람들은 환경 공학 분야에서 세계적으로 선구적 입지를 세웠다. 하지만 정작 독일 사람들은 그 사실을 인지하지도 못했고 중요하게 여기지도 않았다. 이때 형성된 에너지의 장도 (이제부터 말하려는) 규칙과 법칙에 순응했다. 만일 우리가 그때 그 규칙과 법칙을 배웠더라면 발전을 촉진하는 장도 형성되었을 것이다. 그리고 '독일은 투덜이의 나라'라는 오명이 아닌 '환경 공학 대가의 나라'라는 평을 들었을 것이다.

이 책에서는 세계에 관한 완전히 새롭고 심오한 견해를 전하려 한다.

'$a^2 + b^2 = c^2$'으로 유명한 피타고라스Pythagoras는 고대에 두 서클로 나뉜 학파를 세웠다. 하나는 엑소테로스Exoteros라고 일컫는 외부 서클이고, 또 하나는 에소테로스Esoteros라고 하는 내부 서클이었다. 내부 서클이 '수의 질' 같은 사물의 본질을 파고들었던 반면 외부 서클은 지식의 실용적 활용, 예를 들어 '계산'처럼 수를 다루었다. 내부 서클 회원들은 외부 서클에 관해 알고 있었다. 하지만 외부 서클 회원들은 세월이 지나면서 비밀로 숨어 있던 내부 서클의 존재를 잊어버렸다.

'비교秘教'라는 뜻의 '에소테리크Esoterik'라는 단어는 내부 서클에서 유래했다. 바깥세상을 향하는 외부 서클은 추진력을 제공하던 내부 서클을 점차 간과하더니 내부 서클의 존재를 완전히 잊어버렸다. '에소테리크'라는 단어는 원래 내부 서클에서 연구하던 사물의 본질에 관한 지식과 운명의 법칙을 일컫는 것이었다. 내부 서클의 학설을 뜻하는 에소테리크는 오늘날 그 이름으로 행하는 모든 것과 전혀 관계가 없다. 비유하자면 '종교'라는 단어에서 비롯된 무수한 오해, 각양각색의 종교 집단에서 자행하는 공포 시나리오가 종교의 원래 뜻과 전혀 관계가 없는 것처럼 말이다.

내부 서클과 외부 서클에서 나온 견본들은 지금도 수많은 전통 속에 살아 있다. 내부 서클은 회원 수가 적은 만큼 항상 규모가 작다. 이슬람에는 내부 서클로 신비주의 수피Sufi교도와 탁발 수도승이 있고, 외부 서클로는 수니Sunni파와 시아Shiah파 교도가 주도하는 거대한 정치 세력이 있다. 기독교에서는 요한 교파Johannes-Christentum

> 게임의 규칙을 정확하게 알고 잘 다루는 사람은 게임을 더 쉽게, 더 잘한다. 모든 게임이 그렇다. 삶의 게임도 마찬가지다.

가 세상에 거의 알려져 있지 않은 대신 베드로 교파Petrus-Christentum에서 비롯된 가톨릭교회와 이후 분리된 개신교의 세계적인 세력이 있다.

이제 두 서클이 서로 다르게 겪은 일을 왜 이 책에서 전달하려는지 알아야 할 때가 되었다. 피타고라스학파의 외부 서클은 그동안 크게 발전해 자연 과학이라는 거대한 장을 형성하는 등 세력을 널리 펼쳐왔다. 내부 서클에 관해서는 큰 관심을 보이지 않았지만 그래도 점차 두 서클 사이의 내용적 접근은 이루어지고 있다.

여러 법칙의 위계

세상의 모든 종교와 전통에서는 만물의 평형추 역할을 하는 '단일성'이 존재한다고 본다. 소규모 내부 서클은 만물의 근간을 이루는 단일성을 전통적으로 중시하지만 외부 서클은 단일성을 그다지 신경 쓰지 않는다. 대부분의 전통과 종교에서는 내부 서클의 중심과 관련해 단일성 또는 신을 이야기한다.

이른바 상위 종교들은 유일한 신이 존재한다는 것에는 적어도 의견이 일치한다. 우리는 그것을 '유일신교'라고 부른다. 그러나 다신교에서도 여러 신을 창조하고, 신들의 운명과 특성을 정해준 상위의 존재를 전제한다. 그다음부터는 물론 서로의 의견이 급격히 불일치해 대부분의 종교가 (계시, 구제, 천국에 이르는 길 등 구체적인 부분에서) 자신만의 특별한 길을 고집한다. 게다가 가부장 시대에는 신을 거의 남성으로 생각하거나 묘사했다.

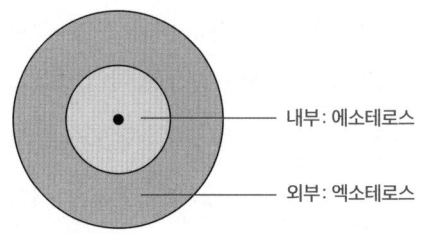

그렇게 오해에서 비극이 시작되었다. 왜냐하면 단일성을 대표하는 유일한 신이라면 어떠한 특성도 가져서는 안 되기 때문이다. 종교의 초기 발전 단계에서는 종교인 대부분이 그 사실을 알고 있었다. 노자는 《도덕경》에서 이렇게 말했다.

도라고 말할 수 있는 것은
영원한 도가 아니다.
이름으로 불릴 수 있는 것은
영원한 이름이 아니다.

이름 없는 것이 천지의 처음이다.
이름 있는 것은 만물의 근원이다.

비밀과 현상 형태도 같은 근원에서 나온다.
이 근원을 암흑이라 부른다.

암흑 한가운데에 있는 어둠이
모든 이해에 이르는 문이다.[1]

보이지 않는 질서

그래서 모세Moses의 두 번째 계율이 바로 신의 형상을 만들지 말라는 금지 명령이다. 유대교에서 발생한 여러 종교 가운데 유일하게 이슬람교가 그 명령을 지켰다. 그러나 이슬람교는 창시자 모하메드Mohammed의 뜻과 달리 극단적으로 가부장적인 종교가 되었다. 이슬람교는 '대립성'의 전형적 희생자다. 하지만 사랑의 종교인 기독교도 종교 재판, 십자군을 만들고 공격적인 선교를 펼쳤다. 그렇게 세계에 사랑이 아닌 증오를 전파한 결과 오늘날에도 세계가 고통에 시달린다. 종교들도 이 대립의 법칙에 희생되는 경우가 드물지 않다.

이런 상황 역시 쉽게 이해할 수 있다. 종교는 단일성을 지향하지만 그리스도가 분명하게 밝혔듯 단일성은 현세의 것이 아니기 때문이다. 우리는 지상에서 '의식' 속에서만 단일성을 경험할 수 있다. 물질로 이루어진 현세의 삶은 단일성 다음으로 중요한 법칙, 즉 대립의 법칙을 존중하라고 한다. 대립성은 단일성의 반대 극이다. 그리스도는 이를 악마, 자신의 적대자, 현세의 주인이라 일컫는다. 그리스도는 아버지, 즉 단일성에서 나와서 악마가 주인으로 있는 이원성의 세계에 오고, 악마는 갈라진 두 뿔로 자신을 상징한다. 따라서 그리스도가 악마의 세계에 발을 들일 때 악마에게 존중의 태도를 보인 것은 놀랍지 않다. 하지만 그리스도는 이 세계의 일부가 되어 권력을 쥐라는 악마의 제안과 유혹을 단호하게 거절한다. 사막에서 악마가 유혹하던 때 말이다. 그리스도의 관심사는 (둘로 분열된) 이원성의 세계에서 나와 (아버지의) 단일성의 세계로 돌아갈 길을 사람들에게 알려주는 것이었다.

단일성과 대립성(이원성)의 비례 관계를 보여주는 그림이 원 또는 만다라曼陀羅(부처의 깨달음을 형상화한 그림으로 우주와 진리를 상징한다 – 옮긴이)다. 이 그림은 중심과 주변부의 긴장을 표현한다.

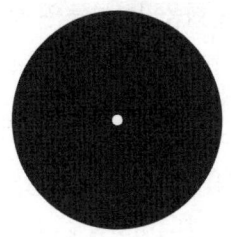

　중앙에 있는 점은 단일성을 나타낸다. 단일성은 (이 세계에서) 확장되지 않는다. 그리고 유클리드Euclid 기하학에서도 단일성은 관념상의 형상이며 현세의 것이 아니다. 왜냐하면 단일성은 하나이지 두 개가 아니기 때문이다. 공간과 시간이 더해져야 비로소 현상계, 즉 지구가 생겨날 수 있다. 인도인들의 말을 빌리면 공간과 시간은 거대한 환상 또는 착각이기 때문에 지구는 바로 환영의 세계 또는 마야Maya(《베다Veda》 문헌에서 마야는 '마술 쇼', '사물이 존재하는 것처럼 보이지만 실제로는 그렇지 않은 환상'을 의미한다 – 옮긴이)의 세계인 것이다. 그림에서 커다란 원은 천지 만물을 나타낸 것이고 만물은 단일성, 중앙, 신에서 비롯한다. 문화에 따라 단일성을 '천국', '니르바나Nirvāṇa', '도道' 등 다양한 단어로 표현한다.
　우리는 지구에서 살고 있지만 우리의 (영적 또는 종교적) 목표는 단일성에 있다. 단일성을 상상한다는 자체가 엄청나게 어렵다. 그 이유는 우리를 형성하는 모든 것이 대립의 세계에서 태어났고, 우리가 그것에 사로잡혀 있기 때문이다. 그래서 모든 종교에서 시도한 것처럼 상징, 의례, 신화, 이야기, 전설이라는 방식으로 우회해서만 단일성을 묘사할 수 있다. 차원을 초월한 비물질의 중심점이 바로 단일성을 대표하는 표현이다. 또는 무지개의 모든 색을 포함하면서도 눈에 보이지 않는 흰 빛을 들 수 있다.

흥미롭게도 20세기 초 핵물리학자들은 세계의 모든 것이 대립으로 이루어져 있으며, 아원자 입자 영역의 전자마다 양성자가 하나씩 속해 있다는 사실을 발견했다. 오직 빛의 최소 입자인 광자만 대립 극이 없다. 빛의 이런 성질은 단일성을 대표하기에 적합하다. 하지만 빛은 우리의 대립 세계로 떨어지자마자 곧 그림자를 드리운다. 더욱이 빛이 밝을수록 그림자는 더 어둡다.

아무튼 빛이 있기에 그것이 신과 단일성을 대표하고 우리의 의식을 밝힐 수 있다. 또 한 가지, 빛은 세계를 밝히며 우리에게 색채를 선사한다.

세상의 다채로움 역시 대립성의 표현이다. 영국의 시인 윌리엄 블레이크William Blake의 참으로 적절한 표현처럼 색은 빛의 상처이기 때문이다. 완전하고 성스러운 빛은 우리 눈에 보이지 않는다. 비록 빛이 만물을 보이게 하더라도 말이다. 녹색식물은 백색광 스펙트럼에서 적색 부분을 흡수해야 스펙트럼의 나머지 부분에서 녹색이 생겨난다. 우리가 파란색 스웨터를 볼 수 있는 것은 천이 스펙트럼에서 노란색 전체를 먼저 흡수했기 때문이다. 이 보색 체계는 괴테Goethe가 《색채론Zur Farbenlehre》에서 기술한 내용이다. 바로 이 때문에 뜨거운 태양열을 받았을 때 흰색 자동차가 가장 덜 뜨거워지고 검은색 자동차가 가장 많이 뜨거워진다. 흰색은 모든 색을 포함하고 있어 더는 아무것도 받아들이지 않는 반면 검은색은 모든 색이 존재하지 않을 때 보이는 현상일 뿐이다. 따라서 검은색은 빛의 스펙트럼에서 대부분의 에너지를 받아들인다. 그래서 검은색은 더운 나라의

빛이 있는 곳에 그림자도 있다.

자동차 색으로는 썩 좋지 않다.

아마 교황과 힌두교의 구루Guru, 의사가 흰색 옷을 입는 이유도 같을 것이다. 이들은 '빛의 방사'를 가능한 한 적게 흡수하려 한다. 겉으로나마 완벽하게(순수하고 하얗게) 보이려는 것이다.

우리는 양극의 세계에서 산다. 이 세계에서는 흰색과 검은색, 빨간색과 녹색, 큰 것과 작은 것, 선과 악이 짝을 이룬다. 이 양극 대립의 물질계에서 만물이 두 측면을 가지게 된 후로 단일성조차 부득이하게 평형추로써 대립성을 필요로 한다. 오직 '단일성의 경험'에서 나온 것만 상황이 다르다. 단일성은 게임 자체가 불필요하기 때문이다. 게임은 반대 극이 있는 대립의 세계에 속한다.

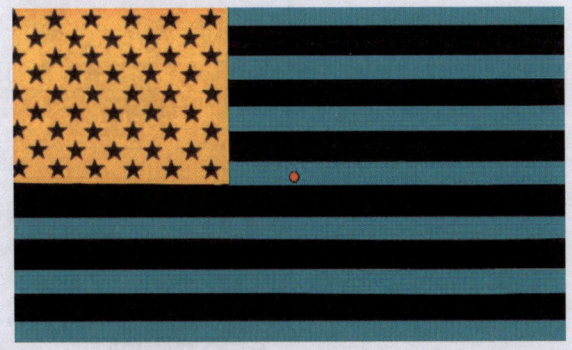

특이한 색의 깃발을 이용하면 '대립'이라는 주제를 감각적으로 경험할 수 있다. 눈을 깜박이지 않고 깃발 한가운데(빨간색 점)를 30초 동안 쳐다본다. 그리고 눈을 감으면 내면의 눈앞에 놀라운 일이 일어난다.

대립 효과로 우리에게 익숙한 원래 깃발이 눈앞에 나타난다. 검은색은 흰색이 되고, 청록색은 빨간색이 되며, 노란색은 파란색이 된다.

단일성의 구현을 주장하는 종교조차 곧 대립성의 반대 극에 빠져든다. 이 사실이 대립의 법칙의 강력한 힘을 보여준다. 하지만 대립의 법칙은 모든 종교인들이 빠지는 첫 번째 덫일 뿐 아니라 현대 사회 전반을 결정하는 주요 법칙이기도 하다. 이 인식은 결코 새롭지 않다. 괴테는《파우스트Faust》에서 악마인 메피스토Mephisto의 입을 빌어 '(악마인 나는) 항상 악을 원하면서도 항상 선을 창조하는 힘의 일부'라는 시대를 초월하는 말을 남겼다. 피타고라스도 이미 대립의 법칙에 정통했다. 또 거듭된 쇠락으로 지금은 타로 카드의 상징으로만 남은 이집트 신화도 이 법칙을 알고 있었다. '마차Der Wagen'라고 적힌 타로 카드를 보자. 전차를 모는 전사가 출발하기에 앞서 서로 갈라지려고 애쓰는 스핑크스 둘을 제어하고 있다.

가장 높은 영역인 단일성은 삼각형의 꼭짓점, 원의 중심점 등 아무튼 점으로 표현된다. 그다음으로 대립의 법칙이 따른다. 거기서 또 한 단계 아래에 공명의 법칙이 온다. 공명의 법칙에 관한 가장 유명한 표현은 '위와 아래가 같다'이다. 이는 헤르메스 트리스메기스토스Hermes Trismegistos가 남긴 말로, 그의 이름은 '헤

르메스Hermes 신보다 세 배 위대하다'라는 뜻이다. 그는 전설적인 이집트 연금술사이자 이집트 토트Thoth 신과 그리스 헤르메스 신이 융합된 반신 존재다. 공명의 법칙도 결코 비밀이 아니었기에 이는 독일 남부 지역의 속담에서도 볼 수 있다. 단 공명의 법칙을 존중하지 않고 '악마는 늘 제일 큰 더미에 똥을 싼다'라고 속되게 표현했다. 돈이 돈을 불러 부자는 점점 부자가 되고 가난한 사람은 점점 가난해진다는 뜻이다.

> 위와 아래가 같다.

공명의 법칙의 영향이 곳곳에 퍼져 있는데도 남북문제 기구나 세계은행 등의 위원회에서는 이 법칙을 아예 모르는 상태에서 빈부 격차 문제를 해결하겠다고 끙끙댄다. 정치가들은 공명의 법칙에 관한 대책을 세워야 하지만 그러지 못하기 때문에 대부분 대립성의 희생자가 되고 만다. 다시 말해 정치가들이 대립 극복에 일조하기는커녕 오히려 골이 더 깊어지도록 부추기는 것이다. 그들은 대개 공이 또다시 골 밖으로 나간 것을 보고서야 왜 이 지경이 되었냐며 어리둥절해한다. 결과적으로 정치가들은 늘 선을 원했으나 언제나 악을 만드는 세력의 일부가 되고 만다.

지금까지 이야기한 것을 요약하면 공명의 법칙은 그보다 상위 법칙인 대립의 법칙하에서 작용한다. 그리고 대립의 법칙은 양극의 간극을 한층 더 벌려놓음으로써 곳곳의 모순을 더욱 심화한다.

극빈자와 최상위 부자 사이의 차이가 점점 커지다 보면 언젠가는 양극의 팽팽한 긴장이 끊어지는데 이것을 '전복' 또는 '혁명'이라고 한다. 전 세계적으로 정치가들과 시민들은 혁명이 일어나지 않기를 바라지만 상위의 두 법칙이 행사하는 힘을 얕잡아 보거나 두 법칙을 완전히 오해

하고 있으면 바라는 대로 되지 않는다.

　종교에서 말하듯 이 피조물의 세계에서 만물은 궁극적으로 단일성을 추구한다. 문제는 단일성으로 가는 길에서 우리가 어떻게 행동해야 하며, 대립에 직면했을 때 얼마나 많은 저항을 이겨낼 수 있느냐다.

하위 법칙

　이 세상은 숱한 법칙으로 가득하다. 평소 우리가 저지르는 무모한 행위를 생각해 보면 질서를 세워야 하는 게 맞다. 하지만 아주 사소한 것까지 철저히 하려는 욕구 때문에 본질적인 것을 빼놓고 법을 만든다면 그야말로 끔찍한 일이 벌어진다. 예를 들어 전 세계에 존재하는 조세법의 절반 이상이 독일 법에서 나왔다. 조세법이라면 독일을 따를 곳이 없다는 소문이 자자하다. 그래서 독일 사람들은 할 수만 있다면 다른 나라에 소득세를 납부하고 싶어 한다. 일반 시민은 물론 어느 누구도 이해할 수 없는 복잡하고 불공정한 조세법 카오스에서 빠져나오기 위해서다. 제아무리 훌륭한 세무사라도 독일 조세법을 다 알 수 없고, 국고 관리 업무도 법적 안정성이 없어 제멋대로다. 대신 엄청난 규모의 세무사 군단이 갈수록 탐욕만 드러내는 국가를 상대로 의뢰인을 보호하려 안간힘을 쓴다. 한편 독일의 대표자들은 부끄러운 줄도 모르고 모든 책임을 다른 국가들에 전가한다. 다른 국가들이 더 투명하게 국가를 경영해 독일 기업인들을 끌어들이기 때문이다. 세금 천국과 세금 지옥은 대립의 법칙에 따라 서로 의존 관계에 있다.

이처럼 체계적으로 잘못된 정치 실태는 더 나아가 큰 법칙들을 피할 수 없다는 사실을 보여준다. 수많은 조세법은 처음부터 혼란이나 법적 불안정성을 조장하려던 게 아니다. 기존의 불편 사항을 하나하나 개선하려다 보니 점점 복잡해진 것이다. 하지만 현 조세법은 거시적 상관관계를 비롯해 무엇보다 공명의 법칙과 대립의 법칙을 무시했기 때문에 생겨난 우스꽝스러운 코미디다. 이 또한 어리석은 사람들이 만들어 낸 시스템의 일부다.

이처럼 복잡한 조세법을 만든 독일은 특히 자영업자와 프리랜서에게 소득세 신고서 마지막쯤 '최대한 양심껏 세납한다'라는 항목에 반드시 서명하게 하다. 하지만 어이없는 허위 신고는 나무한다. 왜냐하면 소득세 신고를 스스로, 제대로 할 수 있는 사람들이 극히 드물기 때문이다. 독일 조세법은 이런 식으로 국민을 허위 작성자로 만들거나 다른 나라로 도피하게 한다.

국가 때문에 항상 진실과 충돌하는 사람은 법을 존중하지 않게 된다. 법이 비양심적인 거짓을 권하는 식이기 때문이다. 이것이 현대 사회에서 사기가 넘쳐나고 윤리 상식이 점점 사라지는 이유 중 하나다. 음원이나 컴퓨터 프로그램 등을 만들 때 남의 것을 따라 하는 행위는 이미 전 세계에 비신사적인 일로 알려져 있다. 하지만 몇몇 국가에서는 아예 원본이란 게 없을 정도다.

아무래도 사람이 만든 법은 삶을 더 어렵게 만드는 것 같다. 그래서 이해관계를 따질 목적으로 사람이 만든 법, 사람과 관계없이 독자적으로 존재하는 법을 구분할 필요가 있다. 피조물의 세계에는 어디나 예외 없이 대립성과 공명이 존재한다. 반면 조세법과 소유권은 나라마다 다르고 또 장단점도 다르다.

> 소득세는 악마보다 더 많은 사람을 사기꾼으로 만든다.
> -윌리엄 로저스 William Rogers

상황이 이러니 사람들은 조세법보다 다른 많은 법칙에 더 큰 비중을 둔다. 예를 들어 재산법을 보자. 내가 물건을 팔아 벌어들인 것은 내 소유니까 마음대로 쓸 수 있다. 여기에는 사람들이 대부분 동의한다. 하지만 예외 사항에서 각 법칙들의 위계가 드러난다. 수년 전 아드리아Adria 해에서 일어난 일을 보자. 물에 빠진 아이가 생사를 다투고 있을 때였다. 관광객이 급한 마음에 남의 구명보트를 타고 아이를 구하려 하자 주인이 자신의 재산인 보트를 쓰지 말라며 그를 막았다. 결국 아이는 익사했고 독일 법정은 구조의 '방해자'인 주인에게 유죄를 판결했다. 감정이 있는 모든 이는 주인이 소유의 개념을 지나치게 우선시했다고 생각했다.

또 나치Nazi 시대에는 독일과 오스트리아 법관, 국민 대부분이 위계의 수렁에 빠졌다. 뉘른베르크Nürnberg법에 의해 수많은 이가 인간을 경시하는 법 앞에 불려 나갔다. 다른 세계는 인정하지 않는 법이었다. 다행히 재판은 흐지부지 끝났다. 하지만 대부분의 독재자는 인권을 지나치게 무시한다. 이 일은 결국 대가를 치러야 한다.

사람이 만든 현대의 법도 역시 위계하에서 상대적일 수밖에 없다. 교통 법규는 운전자 모두에게 적용되지만 경찰차와 구급차는 예외다. 생명이 위급해 교통 법규를 어긴 개인 차량도 예외로 친다. 이처럼 사람이 만든 법은 상대적이다. 아마 생명 유지가 개인의 재산과 교통 법규보다 우위에 있는 모양이다. 이런 상대성은 나라마다 좌측통행이나 우측통행을 선택하는 것에서도 뚜렷이 나타난다.

물론 자연법칙처럼 사람이 만든 것이 아니면서 최상위의 두 법칙에 속해 있는 법칙도 있다. 중력 때문에 사과가 항상 밑으로 떨어진다는 뉴턴Newton의 만유인력의 법칙은 아인슈타인Einstein의 일반 상대성 이론에 의해 말 그대로 상대화되기 전까지 수십 년 동안 절대 진리로 통했다. 하지만 고전 물리학은 새로운 양자 물리학에 의해 벌써 해체되었다. 물리 교사와 기술자 모두가 인정한 것은 아니라 해도 아무튼 물리학자들의 머릿속에서는 해체되었다.

양자 물리학에도 불확실성이 존재하지만 그래도 우리는 해당 상황들을 쉽게 파악할 수 있다. 사실 양자 물리학도 새로운 게 아니다. 왜냐하면 세상 만물은 늘 양자 물리학을 따랐기 때문이다. 다만 우리가 지금에서야 비로소 서서히 따르는 것뿐이다. 마찬가지로 지구도 우주의 중심에 있거나 납작한 원반이었던 적이 없다. 다만 사람이 교회법을 만들고, 원반 모양의 지구가 우주의 중심이라고 규정했을 뿐이다. '실제'는 사람이 오해로 만든, 그릇된 법칙에 전혀 아랑곳하지 않는다. 오직 실제로 작용할 뿐이다.

> '실제'는 사람이 오해로 만든, 그릇된 법칙에 전혀 아랑곳하지 않는다.

잘못된 법칙은 인간의 삶에 장기간 영향을 미쳐 문제를 일으키기도 한다. 예를 들어 유전 법칙은 모든 생명이 부모의 유전자에 의해 결정되는 것을 전제로 하는데, 이 법칙은 앞으로 수정되어야 할 부분이 많다. 또 학문적으로 우습기 짝이 없는, 야만적 이데올로기로 실행된 나치와 남아프리카 정부의 인종법은 진리와는 털끝만큼의 관계가 없는데도 잔혹한 방법으로 수백만 명의 생명을 앗아갔다.

그보다 좀 덜 충격적이지만 그래도 인류에게 큰 영향력을 미친 게 바로 다윈Darwin이 만든 법칙이다. 다윈의 생물학 이론에 관한 부분적 오해는 오랫동안 세계를 곤란하게 만들었다. 독일어권에서는 다윈의 이론을 잘못 번역하기까지 했다. '가장 적합한 자'라는 뜻의 '적자생존'을 오랫동안 '최강자의 생존'으로 오해했던 것이다. 실제로 강한 공룡은 살아남지 못하고 환경에 잘 적응한 곤충이 살아남았다. 이 오역은 놀랍게도 오랫동안 간과되었다.

아무튼 다윈의 이론을 토대로 생겨난 사회다윈주의는 인간을 폄하하는 비참한 전략을 발전시켰고, 이 전략은 모든 종교와 수많은 발전 가능성을 거스르며 야만적인 자본주의 정신의 토대가 되었다. 그 때문에 우리는 지금도 고통받고 있다.

하지만 전체 진리에 관한 다윈의 오해는 계속되면서 깊어졌다. 왜냐하면 환경에 가장 적응을 잘한 존재만이 아니라 (다윈의 이론에 의하면) 아예 생존의 기회가 없어야 할 생물도 살아남았기 때문이다. 예컨대 수컷 공작은 날아가기에도 달리기에도 방해가 되는 긴 꼬리털을 가지고 어떻게 지금까지 살아남았을까? 수컷 공작에게는 '환경에 잘 적응해야 한다'라는 요인이 상관없어 보인다. 수컷 공작의 비밀은 유난히 아름다운 깃털을 펼칠 때 암컷이 유혹에 완전히 넘어간다는 사실에 있다. 수컷 공작은 다윈의 이론이 아니라 말 그대로 아름다운 유혹으로 최고의 암컷을 상대할 수 있었기에 지금까지 살아남을 수 있었다.

수컷 공작의 비결은 사람의 왕국에도 그대로 들어맞는다. 다윈에 따르면 할리데이비슨Harley-Davidson 오토바이와 페라리Ferrari를 몰고 다니며 골프를 치는 50대 중반의 기업가는 언뜻 봐서는 자손 생산의 기회가 없다. 진화 이론의 아버지 다윈에 따르면 중년의 기업가가 컨트리클럽 바에 느긋하게 기대어 앉아 푸른 골프장에서 보낸 하루에 관해 이야기를 늘어놓으면 모든 여성이 기겁하며 등을 돌려야 한다. 턱없이 비싸기만 하고 기술적으로 한참 뒤떨어진 오토바이, 유모차와 쇼핑백을 넣을 공간도 없는 스포츠카 따위는 여성을 유혹할 수 없어야 한다. 게다가 고작 조그만 공을 구멍에 집어넣는 놀이에 많은 시간을 허비하고 있지 않은가. 하지만 현실에서 그런 남성은 몇몇 여성을 유혹하기에 더없이 좋은 기회를 갖는다. 이 여성들은 진화론에서 볼 때 아무 쓸데가 없는 '사회적 지위'라는 액세서리를 찾고 있기 때문이다. 공작의 세계에서 아름다움은 많은 여성에게 사회적 지위를 뜻한다. 이 두 경우에서는 적자생존의 흔적을 찾아볼 수 없다.

이처럼 자손 생산 가능성 문제만 놓고 보아도 경제적 야망이 중요한 요인으로 작용한다는 사실을 알 수 있다. 따라서 일상생활에 실용적으로 잘 적응하는 것만 중요시해서는 안 된다. 환경에 따라 사회적 지위와 외모가 더 큰 성공 요인이 될 수 있다. 실제로 이 방면에 뛰어난 예술가가 있다. 사람들이 그의 아이디어를 얼마나 높이 평가하는지, 실용성은 전혀 없고 싸구려 비닐로 만든 누런색 가방, 배낭, 여행 가방 등이 명품 소유자라는 명성을 가져다줄 정도다. 자신이 우월한 사람이라고 여기는 이들을 위해 그런 가방은 지금도 엄청나게 많이 제작된다!

한편 물리와 화학의 자연법칙 역시 보편적이지는 않지만 적어도 지구의 모든 나라에 통용된다. 또 자연법칙은 비교적 쉽고, 이해할 수 있으며, 사람이 만든 법처럼 조악한 모순도 드물게 나타난다. 하지만 학자들이 무생물이 아닌 생물을 대상으로 연구하는 즉시 오류는 많이 늘어난다. 예를 들어 부실한 진화 이론만 봐도 그렇다. 사회적 상관관계가 개입된 법칙은 조야한 오류와 결함이 산재해 오류를 예외라 치기가 무색할 지경이다.

어떤 법칙성을 제대로 인식하기에 아직 때가 되지 않은 경우가 종종 있다. 진화의 법칙은 다윈이 나타나기 50년 전 프랑스 식물학자이자 동물학자인 장 바티스트 드 라마르크Jean Baptiste de Lamarck가 이미 완전하게 이해했다. 다윈보다 더 넓은 시야를 가졌던 라마르크는 진화에는 최고의 생식 기회를 얻기 위한 경쟁 법칙 외에도 협력과 시너지 법칙이 있다는 사실을 알아냈다. 하지만 획득 형질(생물이 후천으로 얻어 변한 성질 - 옮긴이)이 유전된다는 또 다른 입장의 이론이 시대를 너무 앞섰기 때문에 아주 뒤늦게

> 사람의 세계든 동물의 세계든 가장 높은 지위에 있는 자는 알아보기 쉽다. 사람들은 그를 가장 많이 쳐다본다. 그래서 '우러러보다'라는 단어가 생긴 것이다.
>
> - 이레노이스 아이블아이베스펠트
>   Irenäus Eibl-Eibesfeldt

야 인정받게 되었다. 그리고 생물이 만들어질 때 포괄적 협력이 존재한다는 아이디어 때문에 비웃음을 사면서 보다 완벽한 진화 이론을 포기하고 말았다. 당시는 라마르크가 발견한 더 큰 진리를 이해할 수 없을 때였다. 오늘날 비로소 라마르크의 이론이 서서히 인정받고 있다.

만일 당시 사람들이 라마르크를 이해했더라면 인류는 지금과 다르게 발전했을 것이다. 자연법칙에 관한 라마르크의 인식에서 협력 개념이 포함된 사회철학이 나왔을지 모른다. 만일 그랬다면 사회다윈주의에서 나온 폭력적이고 거센 자본주의를 피할 수 있었을지도 모른다. 우리는 라마르크의 관점에서 본 자연의 모범을 지금에서야 따를 수 있고, 협력과 시너지 창출에 힘써야 한다는 사실을 알게 되었다. 이는 인간관계에서도 전체는 단순히 각 부분의 합이 아닌 더 큰 무엇이라는 인식에 이르게 한다. 그러니 우리도 공동생활을 하면서 전체에 의미를 부여할 수 있다.

한 영역에서 다른 영역으로 법칙을 옮겨놓는 일, 예를 들어 자연 과학 영역의 법칙을 사회 과학 영역에 적용하는 것은 일반적으로 문제가 된다. 다만 최상위에 있는 대립의 법칙과 공명의 법칙은 모든 영역에 통용된다. 그리고 단일성은 만물의 기초다. 그럼에도 불구하고 영역 간의 유사성은 매력적이고, 무언가를 더 이해하는 데에 도움이 되기도 한다.

오늘날 물리학자들이 '현실에 가장 적합한 최종 법칙은 거울 법칙일 것'이라고 밝힐 때 헤르메스 트리스메기스토스와 '위와 아래가 같다'라는 공명의 법칙을 안 떠올릴 사람이 있을까? 물론 공명의 법칙이 거울 법칙이다! 이것은 아직 자연 과학의 의미에서 증명되지 않았지만 그 특성만큼은 현대 물리학에서도 가장 기본 법칙으로 인정한다.

에너지 보존 법칙도 상황이 비슷하다. 물리학과 화학에서도 에너지는 없어지는 게 아니라 형태만 변할 뿐임을 증명했다. 경제학에서도 그 사실을 이해한다. 반면 서구 의학계는 아직도 단순히 증상을 억누름으로써 세상에서 질병을 몰아낼 수 있다고 믿는다. 진정한 자연 과학자가 들으면 헛웃음밖에 나오지 않는 소리다.

다른 관점으로 봐도 서구 의학계는 자연 과학의 법칙을 무시한다. 그들은 오히려 무시하는 행위에 더 큰 가치를 두고 그래야만 남들에게 인정받는다고 생각한다. 예를 들어 자연 과학자들이 '백조는 희다'라는 가설을 세웠다고 가정해 보자. 수백만 마리의 백조 중 흑조가 한 마리 발견되면 백조가 희다는 가설을 파기한다. 하지만 서구 의학계에서는 대개 일단 학설이 세워지면 그 뒤에 교수들이 모여 단단한 보루를 쌓기 일쑤다. 그래서 의학계에서 누군가가 흑조를 발견했다고 하면 일제히 그를 괴롭히고 비웃다가 결국 제명한다. 흑조 발견자는 자신의 발견을 학회지에 단 한 줄도 발표할 수가 없다. 그 발견을 인정받기 전에 세상을 뜨기도 한다. 현대 위생학의 창시자 이그나즈 제멜바이스Ignaz Semmelweiss가 바로 그런 예다.

법칙 체계 내 질서

사람이 사람을 위해 만든 법칙에는 보편성이 결여되어 있다는 사실을 확실히 알아야 한다. 예를 들어 교통 규범, 공법 또는 사회법, 혼인법도 마찬가지다. 사람이 만든 법칙은 나라마다 크게 다르다. 미합중국의 몇몇 주를 비롯해 이슬람교를 국교로 하는 모든 국가에서는 공공장소에서 키스를 하거나 술을 마시면 처벌 대상이 된다. 하지만 전 유럽 국가에서는 공공장소에서 보통 키스를 하고, 심지어 어떤 곳에서는 음주가 예절에 속하기도 한다.

자연법칙의 문제점은 그것이 보편적으로 전체에 적용되긴 하지만 아직 그 실체를 최종 심연까지 다 파악하지 못했다는 데 있다. 지난 100년간 일어난 것처럼 데카르트Descartes, 갈릴레이Galilei, 뉴턴의 물리학을 따른 세계상이 그렇게 갑자기, 지속적으로 무너지리라고 과연 누가 상상이나 했을까? 이제 우리는 양자 물리학에 의지하는데 대다

> 어제의 오류가 오늘의 현실을 결정한다. 학문은 인식과 오류로 이루어진 사슬이다. 오류를 만든 사람이 중요한 인물로 받아들여질수록 오류는 더 위험해지고 미치는 영향도 더 크다.

수의 사람은 아직 이 이론을 이해하지 못한다. 그리고 다음번에 어떤 법칙이 나올지 누가 알겠는가?

의학 법칙은 한층 더 오류에 빠지기 쉽다. 유효기간도 있을 수 있다. 오늘의 법칙은 내일의 오류가 된다. 그래서 나는 개인적으로 의사의 처방을 신뢰하지 않는 편이다. 내가 약리학 시험에 붙기 위해 달달 외웠던 약품의 대부분은 30년이 지난 지금 사용이 금지되었다. 제약 관련 스캔들에서 알 수 있듯 약품들은 기괴하고 사람들을 경시하는 방법으로 시장에 쏟아지며, 환자들을 해친다. 약품의 주요 목적은 다국적 제약 회사의 금고 채우기다. 돈 그리고 돈과 관련된 정치가 진실을 가리기 때문에 사람들은 건강은 물론이고 실제로 작용하는 법칙을 똑바로 보지 못한다.

의학과 사회학에서는 객관적으로 자료를 검증하고, 진실성이 큰 학문을 행하기가 근본적으로 어렵다. 오늘날 넘쳐나는 자료를 가진 우리는

그 자료를 어떻게 다루느냐에 따라 학회도 코미디 공연도 벌일 수 있다. 코미디 공연은 재미라도 있다. 문제는 학회도 코미디 공연도 진실 여부를 따질 수 없다는 것이다. 예를 들어 의학 연구 자료에서 심근경색의 위험이 가장 낮게 나타나는 인간의 모델을 조합해 낸 사람은 큰 웃음과 재미를 준다.

미국 의사 G. S. 마이어스G. S. Meyers가 노력 끝에 심근경색의 위험이 가장 낮은 인간 모델에 일치하는 남성을 만들어 냈다. 이 남성은 몸이 약하고, 도시에 사는 일반 직원이거나 장의사다. 그는 육체적, 정신적으로 태만하다. 성급함과 명예욕과 경쟁심이 없고, 약속을 꼭 지키려고 애써본 적이 한 번도 없다. 또 식욕이 없어서 과일과 채소만 먹고 사는데 거기에 옥수수기름과 고래기름을 섞어 먹는다. 그리고 자동차와 TV 소유를 거부하고, 담배를 피우지 않으며, 머리숱이 많다. 몸이 말랐고, 운동선수 체질은 아니지만 빈약한 근육을 단련하기 위해 늘 노력한다. 수입이 적고 혈압, 혈당, 요산 수치, 콜레스테롤 수치가 낮다. 예방 차원에서 거세술을 받은 이후로 비타민 B_2, 비타민 B_6, 혈액 희석제를 오랫동안 복용해 왔다.

이에 미국 의학 박사 하워드Dr. Howard는 이 남성과 어울리는 여성 파트너를 만들어 냈다. 이 여성은 자전거를 타고 다니며, 직업이 없고, 완경 전이고, 아주 키가 작다. 몸무게는 평균 이하다. 베타리포 단백질Beta-Lipoprotein과 혈액 내 지방 수치가 낮고, 1925년부터 크레타Creta섬의 비좁은 방에서 껍질을 벗긴 곡물과 홍화유, 물을 먹고 산다.[2]

이 가공의 여성과 남성이 짝을 이룬다면 후손은 심근경색을 걱정하지 않아도 될 것이다. 물론 남성의 거세와 여성의 불임을 고려하지 않은 상황이다. 이처럼 학문적으로 사실이고 신뢰성 있는 자료의 조합이 보여주듯 객관적 자료 역시 지혜를 얻기 위한 결정적인 열쇠가 되지 못한다.

 신빙성 있는 법칙에 관한 이야기는 우리의 집단의식 수준과 관련되었기 때문에 간단하지가 않다. 《도덕경》에 나오는 문구를 보자. 다음 문구는 '발전한 사람은 법 없이도 공동생활을 할 수 있다'라고 전제한다. 사람의 의식 수준이 떨어질 때 비로소 일반인을 위한 보편 윤리가 필요해진다. 국가도 발전된 상태에서는 법에서 비롯된 윤리를 더는 필요로 하지 않는다. 하지만 사람의 의식 수준이 그보다 더 낮아지면 법을 관철하기 위해 경찰이 필요하다. 이마저도 도움이 되지 않으면 질서를 유지하기 위해 군대가 발전한다. 하지만 《도덕경》은 상황이 다른 방향으로도 진행될 수 있음을 짐작하게 한다. 사람이 만들지 않았으며, 만물의 생성 때부터 세상을 지배하고, 시간을 초월하는 법칙을 아는 사람은 수많은 규율이 필요치 않다. 또 법을 지키느라 크게 애쓸 필요도 없다. 그는 만물의 뒤에 단일성 또는 도가 있다는 것, 그리고 운명의 법칙들 중 중심이 되는 두 법칙이 있다는 사실을 안다. 이제 《도덕경》의 문구를 보자.

> 금지가 많을수록
> 사람들은 덕이 더 없어진다.
> 무기가 많을수록
> 사람들은 더 위험해진다.
> 자선금이 많을수록
> 사람들의 자의식은 더 사라진다.
> 그래서 스승이 말한다.
> 나는 법을 내버려둔다.

그러면 사람들이 정직해진다.

나는 경제를 내버려둔다.

그러면 사람들이 유복해진다.

나는 종교를 내버려둔다.

그러면 사람들이 더 즐겁고 편안해진다.

나는 모든 이의 행복에 관한 갈망을 내버려둔다.

그러면 행복이 잔디처럼 모든 이에게 널리 퍼진다.[3]

《도덕경》에 비추어 보면 오늘날 우리의 의식 수준은 밑바닥에 이른 것 같다. 세계 곳곳에서 군대가 발언권을 장악하고, 무기로 의사소통을 대신한다. 예를 들어 라틴아메리카의 많은 나라와 튀르키예에서는 정치와 입법부가 군대의 하수인 노릇을 한다. 유럽은 이른바 최고 선진국이라며 군대의 존재가 거의 드러나지 않는다. 대신 경찰이 막강한 힘을 행사한다. 사람들은 경찰의 보복이 두려워 부정직한 성격을 억누른다. 두려움 때문에 법을 지키는 것이지 법을 존중하는 게 아니다.

물론 법 준수는 법의 질과 시간대에 따라 달라지기도 한다. 이런 상황은 적절한 시간에 규칙을 지키는 것, 즉 법칙의 상대성을 이해하게 한다.

법칙을 준수하라

스위스 사람들은 아주 엄격한 처벌과 물 샐 틈 없는 감시 체계 덕에 오스트리아 사람들보다 교통 법규를 더 잘 지킨다. 벌금과 면허 취소를 향한 시민들의 공포가 과속 질주에 제동을 거는 것이다.

고속도로를 달리다 보면 자주 마주치는 광경이 있다. 한 세미나 참가자가 차를 몰고 이탈리아 절반을 지나 톨게이트의 경찰 검문소 앞에 멈춰 섰다. 교통경찰이 톨게이트 전표에 나타난 데이터로 운전자의 평균 속도를 계산하고 어마어마한 벌금을 부과한다. 세미나 참가자는 이런 전자 감시 체계에 크게 놀란다. 이런 일은 GPS 시대에 사는 우리에게 허다하게 일어난다. GPS로 자동차의 위치를 다 추적하기 때문이다. 이제는 교통경찰이 도로변에서 지키고 있다가 폭주하는 차를 잡으러 출동할 필요가 없다. 3개월에 한 번씩 컴퓨터 버튼 하나만 누르면 규정 속도를 위반한 자동차를 잡아낼 수 있다. 과연 우리가 100퍼센트 가동되는 제재 규정의 시대를 살면서 법규를 계속 무시할 수 있을까?

> 우리는 자발적으로 질서를 지킬지, 강제로 질서를 지킬지를 매 순간 자유롭게 결정할 수 있다.

피부에 칩을 삽입해 언제든지 신분을 증명하고 검색을 받게 될 날이 오기까지는 조금 더 시간이 걸릴 것이다. 하지만 이미 그런 조짐을 무시할 수는 없다. 반려견을 데리고 다니는 여행자들은 벌써 그렇게 한다. 자, 이제 솔직하게 묻겠다. 피부에 칩을 삽입해서 번거로운 검색과 신분 증명 절차를 없앨 수 있다면, 심지어 아프지도 않고 간단하게 시술할 수 있다면 과연 누가 끝까지 거부할까? 물론 얼마간은 거부할 수 있을 것이다. 하지만 하염없이 긴 줄에 서서 저쪽에서 검색대를 쓱 통과하는 광경을 자꾸 보다 보면 다시 생각하게 될 것이다.

그리고 최신 전자 검색 체계가 도입되면 사람들은 처벌이 두려워 법을 100퍼센트 준수할 것이다. 모든 게 들통나고 틀림없이 벌금을 물기 때문이다. 이처럼 완벽하고 투명한 체계는 북아메리카 인디언을 비롯해 고대 문명 지역에 많이 존재했었다. 유럽인들이 이들의 세상을 뒤흔들어 놓기 전까지 이들은 그런 체계 아래에서 더없이 잘 살고 있었다. 유럽인들이 나타났을 때 인디언들은 그들이 자신들의 법을 지키지 않는 것을 이상하게 여겼다. 유럽인들은 심지어 자신들의 법과 계약을 인디언들에게 들이대며 이를 지키라고 강요했다. 그래서 인디언들은 유럽인에게 그들의 행위를 폭로하는 이름을 붙였다. '갈라진 혀로 말하는 자', 즉 '거짓말쟁이'라는 뜻이다. 하지만 유럽인들은 스스로를 '창백한 얼굴'이라고 불렀다. 그게 조금 덜 창피하게 들렸기 때문이다. 인디언들은 위대한 영혼 마니투Manitu가 언제나 모든 것을 보고 있다고 믿었다. 그러니 마니투를 속이려는 시도는 아무 의미가 없었다. 반면 유럽인들은 거짓말을 일삼고 자신들이 만든 법을 어기는 자충수를 두었다. 그들은 그럼으로써 제거당하지 않고 이득을 얻으려 했다. 유럽인들은 여러 신보다 자신을 더 영리하다고 여겼거나 사실은 신을 믿지 않았던 것이다.

이 이야기는 오늘날 특히 서구 문명에 널리 퍼진 기만적 태도를 깊이 생각해 보게 한다. 더욱이 절대적 투명성의 시대로 향하는 지금, 옛 문명과 종교와 전통에서 두루 통용되던 법칙을 지키자고 하는 게 지나친 말은 아닐 것이다. 시간을 초월하는 대립의 법칙과 공명의 법칙을 지키는 사람은 모든 분야에서 처벌받을 위험이 크게 줄어든다. 이 두 법칙은 대립의 세계에서 어디에나 통용되기 때문이다.

오직 단일성을 위한 의식, 즉 신의 영역에서만 두 법칙이 더는 적용되지 않는다. 하지만 우리는 그 상황에 관해 조금도 걱정할 필요가 없다.

그 수준에 도달한 사람은 즉시 이를 알아차리고 모든 측면에서 모든 것을 파악한다. 말 그대로 걱정할 게 완전히 없어진다.

우리 선조들은 아주 상이한 두 법칙의 영역을 잘 알고 있었다. 그리스도는 이렇게 말했다.

"황제의 것은 황제에게, 하느님의 것은 하느님께 돌려드려라."

오늘날 독일어권 나라에서는 두 법칙을 구분하기가 그리 어렵지 않다. 국가는 국가법을 만들고 다소 엄격하게 실행한다. 반면 종교에서 나온 법은 가능하면 지키고, 영적 분야의 법에는 전혀 개입하지 않는다.

모든 영역에 통용되는 궁극의 법칙을 지키는 것은 현명할 뿐 아니라 앞을 내다보는 일이기도 하다. 모든 경우의 결말이 정확히 예측되기 때문이다. 믿거나 말거나 그 점에 관해서는 모든 종교가 또 한 번 의견이 일치한다. 고대 이집트 신화에서 사람이 죽은 뒤 저울에 망자의 심장과 신 마트Maat(이집트의 법과 정의의 신-옮긴이)의 깃털을 올려놓고 무게를 재는 이야기부터, 고대인의 '눈에는 눈, 이에는 이', 《신약 성경》의 최후의 심판에 이르기까지 표현은 다양하지만 내용은 하나다. 궁극의 법칙에는 항상 정확한 결과가 따른다는 것이다.

나는 심리 요법 의사로 거의 30년간 일하면서 운명을 속이는 일은 절대로 불가능하다는 사실을 깨달았다. 사회사나 가톨릭교회사에서 운명을 주무르려던 일이 끝까지 성공한 예는 단 한 건도 없다.

각 민족의 신화와 설화는 오직 하나의 진리를 이야기한다. 즉, 마지막 총결산에 이르면 모든 것이 제 권리를 찾게 된다. 기만과 숨수는 장기적으로 전혀 가치가 없다. 모든 체계는 완전성을 추구하고, 위반을 벌한다. 고대 그리스인들이 얼마나 자주 신탁을 거스르려 애썼던가? 하지만 시도는 모두 헛되이 끝나고 말았다.

자, 그렇다면 어떤 경우에도 우리가 종속되어 있고, 따르지 않으면 반드시 부정적인 결과가 나오는 삶의 법칙을 처음부터 잘 지키는 게 편하지 않을까? 더욱이 이 법칙을 지키면 훨씬 성공하고, 안정되며, 아름다운 삶을 선물받는다. 발전의 막바지에 이르면 점점 더 자유로워지고, 마침내 단일성을 경험할 것이다.

성공하고 싶은 사람은 제일 먼저 공명의 법칙을 따르고, 대립성에 세심한 주의를 기울여야 한다. 단일성을 경험하기 위해 이 세계를 벗어나려는 사람은 대립성을 벗어나게 된다. 그리고 만물과 하나가 되기 위해 (동양에서 일컫듯) 공간과 시간이라는 거대한 환영을 극복해야 한다.

지금까지 운명의 법칙을 무시하려던 다수의 시도는 명백히 절망적이었고 모든 영역에 단점을 불러왔다. 이제 이것을 바꿀 시기가 무르익었다. 모든 면에서 더 성공적인 삶, 더 재미있고 더 많은 경험을 주는 삶, 더 흥미진진하고 충만한 삶으로 이끌어 줄 결정적인 법칙을 안 배울 이유가 있을까?

> 모든 법칙은 세계 및 삶의 과정에서 도덕적 의도에 가까워지려 한다.
> -괴테

차례

들어가는 말 … 4

1장 ─ 대립의 법칙: 이 세계의 결정적 요소   37

- 현대 자연 과학과 공학 분야의 대립성   42
- 대립성의 근원   45
- 대립성과 인간관계   48
- 경제와 정치 분야에서의 대립성   53
- 선과 악의 문제   58
- 투사의 역사   66
- 대립성의 딜레마, 그 탈출구   73
- 대립 세계의 덫: 편협성부터 긍정적 사고까지   78
- 대립성의 역사적 대안   81
- 그림자의 영향을 받는 현대 삶의 결과   83
- 일상의 그림자를 대하는 자세   88

2장 ─ 공명의 법칙   95

- 공명의 법칙이란   96
- 일상의 비밀 뒤에 있는 공명   98
- 공명의 법칙의 결과   109
- ~를 위해 성숙하다   112
- 공명과 대립성   114
- 사랑이라는 공명 현상   118
- 공명의 법칙 활용법   122
- 우리의 도구 언어의 공명   126

3장 ─ 공명과 대립성 체험하기   129

4장 — 인지: 우리의 현실은 얼마나 현실일까   135

    인지와 정치   141
    환영의 세계   145
    현실 뒤에 있는 현실   148
    원인 탐구의 간략한 역사   150

5장 — 인식법: 분석과 통찰   155

    내면의 그림 활용하기   160
    최면: 의식의 힘   165
    플라세보, 육체를 지배하는 의식   171
    의식이 기계에 미치는 영향   175
    의식과 물질   178
    만물에 의식이 있다   183
    의식과 위계질서   185
    시작의 법칙   192
    시작의 법칙 활용법   197

6장 — 동시성   205

7장 — 파르스프로토토 법칙: 부분과 전체   213

8장 — 소우주와 대우주가 같다   225

    의식, 균형, 생기   227
    소우주와 대우주의 대립성   230
    소우주, 대우주의 구성 요소와 기관 체계   235

9장 — 형태 발생의 장 247

장의 발생 249
장과 신체 254
장 이론의 결과와 활용 259
의례: 장을 가장 뚜렷하게 만드는 것 262

10장 — 수직적 사고와 세계상 295

태초의 원칙의 구체적인 체계 304
열두 가지 태초의 원칙 307
태초의 원칙 활용법 312
태초의 원칙 세계에 관한 옛 생각 327
유추 사고의 무덤을 파는 자: 가짜 인과성 329
태초의 원칙 따르기 330

11장 — 사랑을 위한 법칙과 태초의 원칙 337

사랑의 생화학 338
사랑과 삶의 법칙 344
사랑과 태초의 원칙 346

12장 — 원이 이루어지다 355

감사의 말 … 359
참고 문헌 … 360
삽화 출처 … 362

대립의 법칙:
이 세계의 결정적 요소

음과 양은 서로를 필요로 하고, 서로 보완하며 같이 있을 때 비로소 도, 즉 전체가 된다. 태극 문양이 이를 가장 간단하고 분명하게 보여준다. '음+양=도'는 결국 전체의 비밀이다.

언제 어디서든 우리가 양극 중 한쪽만 강조하는 사이, 다른 한쪽은 그림자 속에서 같이 커진다. 우리는 반대쪽을 크게 만든 게 자신이라는 사실을 인지하지 못한다. 그래서 밀쳐낸 한쪽 극을 무의식이니 비밀에 가려진 알 수 없는 무엇이라 말한다. 카를 구스타프 융Carl Gustav Jung 같은 분석 심리학자는 그림자 이론을 만들어 설명한다.

우리 세계에 그림자보다 더 병든 곳은 없다. 밝은 양의 부분과 어두운 음의 부분은 원 또는 단일성의 완전한 상징이 되기 위해 서로를 보완한다. 그러나 각각의 부분에도 대립 극이 있어서 흰색으로 나타낸 양의 영역에 검은 점이 있고, 검은색으로 나타낸 음의 영역에 흰 점이 있다. 우리의 삶은 이 기본형으로 결정된다.

이 기본형이 우리의 생활 방식을 어떻게 규정하는지 간단한 예를 살펴보자. 양과 태양은 같은 의미이다. 따라서 밝은 낮에 낮잠이나 명상 같은 음의 영역을 포함하는 게 좋다. 음에 해당하는 밤에는 렘수면 단계[4]에서 꾸는 꿈으로 자연스레 양의 일부를 포함한다. 그렇게 해서 비로소 우리의 하루와 삶이 태극 문양처럼 둥그레진다.

양극의 대립성은 이 세상에서 거침없이 계속 진행된다. 다시 말해 각각의 극에 다시금 반대 극이 들어 있다는 뜻이다. 따라서 태극 상징은 사실 아래와 같이 그려야 하고 이렇게 바뀌어야 한다.

수학에서도 대립의 법칙이 나타난다. 마이너스와 플러스는 서로 상응하고, 보완 관계에 있으며, 또 서로를 상쇄한다. 이 법칙을 공식으로 나타내면 아래와 같다

$$(-) + (+) = 0$$

대립성은 일상생활에서 경험할 수 있을 뿐 아니라 일상의 삶 그 자체다. 돌을 던지려는 사람은 반대 극의 진동을 불러일으킨다. 돌을 최대한 멀리 던지기 위해서는 우선 돌을 뒤로 쳐들지 않는가. 이런 동작은 창던지기와 포환던지기에서 익숙하게 봐왔다.

우리 손에서도 대립성을 보여주는 가장 손쉬운 예를 찾을 수 있다. 물건을 잡으려면 엄지가 나머지 네 손가락과 반대 위치에 놓여야 한다. 만일 엄지가 다른 네 손가락과 나란히 있으면 우리도 원숭이처럼 집게 같은 손을 가지게 된다. 그러면 도구를 쓰는 편리한 생활이 불가능한 것은 물론, 고차원 영역에 관한 파악 능력도 갖추기 어렵다.

이렇게 대립성을 이용해야 물건을 잡을 수 있는 것처럼 무언가를 파악하는 것도 대립성을 이용해야 가능하다. 만일 큰 것이 없다면 어떻게 작은 것을 생각할 수 있으며, 낮은 게 없으면 어떻게 높은 것을 생각하고, 가난이 없으면 어떻게 부를 생각할 수 있겠는가? 심지어 악이 없다면 선도 아무런 의미가 없을 것이다. 이 세계에 존재하는 모든 것에는 반대 극이 있다. 다리 하나로는 제대로 걸을 수 없고, 눈 하나로는 공간을 입체적으로 인지할 수 없다. 들숨은 날숨을 필요로 한다. 이때 한쪽만 지나치게 강조하면 그림자가 형성되어 문제가 발생한다. 천식 환자가 과도하게 숨을 들이마시기만 하고 내쉬는 일을 잊어버리면 심지어 사망에 이르기도 한다. 주기는 받기를 필요로 하고, 또 받기는 주기를 필요로 한다.

들숨과 날숨의 관계처럼 잠은 깨어남을 강요하고 삶은 죽음을 강요한다. 반대의 경우도 마찬가지다. 깨어남이 잠을 강요하듯 날숨은 자연히 들숨을 강요한다. 비록 보는 관점에 따라 종종 한쪽만 중요시하기도 하지만 모든 문에는 입구와 출구가 있다. 동양의 견해에 따르면 삶만 죽음을 강요하는 게 아니라 죽음도 삶을 강요한다. 이 견해가 더 논리적인 이유는 대립의 법칙과 일치하기 때문이다.

이 세계는 최소의 측면에서 최대의 측면에 이르기까지 모두 대립을 이룬다. 원자는 음전하를 띤 전자가 양전하를 띤 핵 주위를 도는 구조로 이루어져 있다. 양측은 반대 극의 성질을 띠면서도 서로 끌어당긴다. 즉 전체가 되기 위해 서로를 필요로 한다. 다만 궤도 운동에 의해 전자들이 중앙의 핵으로 몰려들지 않을 뿐이다.

원자라는 최소 체계는 동시에 최대 체계의 모델이기도 하다. 행성들도 태양을 중심으로 원을 그리며 돌기 때문이다. 그리고 태양계는 우리은하의 나선 성운을 중심을 돈다. 이때 우리은하를 '은하수'라고 부르는 이유는 사람의 눈에 넓은 빛의 띠로 보이기 때문이다. 하지만 측면에서는 렌즈 같은 원반 모양으로도 보이고, 위에서 보면 나선으로 도는 모양으로도 보인다.

그래서 '중심을 둘러싼 춤', '만다라' 그림, '만물의 중심 견본'이 생겨났다. 원자뿐 아니라 모든 세포, 우리의 눈동자, 머리, 지구, 다른 천체를 비롯해 모든 은하가 이 견본을 따른다. 상상 이상의 거대한 에너지 빛을 내뿜는 퀘이사Quasar(강한 전파를 내는 성운-옮긴이), 그 중심부에서 모든 것을 다시 빨아들이는 블래홀 등 방대한 우주 차원에서도 이 원칙을 만날 수 있다.

태어남이 죽음을 데리고 오는 것처럼 죽음은 태어남을 이끈다. 탄생과 죽음은 물마루와 물고랑, 썰물과 밀물, 오고 감, 낮과 밤처럼 서로에 속해 있다.

현대 자연 과학과 공학 분야의 대립성

물질계의 모든 것은 원자로 구성되어 있으므로 우리는 이 양극 체계에서 핵심적인 기본 구조를 알 수 있다. 그것은 만다라이자 우리 현실의 기본 상像이다. 그러나 (이 세상의 관점에서는) 만물이 양극을 가지기 때문에 대립성에도 반대 극이 존재해야 할 듯하다.

노벨상 수상자인 독일 물리학자 막스 플랑크Max Planck가 1929년 베를린Berlin에서 한 연설은 더 나아가 대립성으로부터 단일성 내지 신의 존재를 이끌어 냈다(물론 기존의 의미에서 말하는 '신의 존재 증명'이 아니다). 플랑크는 이렇게 말했다.

물질 자체는 존재하지 않는다. 모든 물질은 오직 에너지에 의해 생성되어 존속한다. 에너지가 원자 입자의 진동을 일으키고, 제일 작은 태양계에 비유되는 원자 구조 체계도 유지한다.
모든 우주에는 이성을 가진 에너지도, 영원한 에너지도 존재하지 않는다. 따라서 우리는 이 에너지의 배후에 의식과 이성을 가진 정신이 존재한다고 가정할 수밖에 없다. 이 정신이 모든 물질의 근원이다. 눈으로 볼 수 있고 소멸하는 물질이 현실, 참된 것이 아니라(왜냐하면 이 정신이 없으면 우리가 본 것처럼 물질은 결코 존속할 수 없기 때문이다) 눈으로 볼 수 없고 불멸하는 정신이 참된 것이다.
그러나 정신도 그 자체로 홀로 존재할 수는 없다. 각각의 정신은 한 존재에 속해 있기 때문에 우리는 어쩔 수 없이 정신 존재를 가정할 수밖에 없다. 그러나 정신 존재도 역시 스스로 생겨날 수는 없고 창조되어야 하기 때문에 나는 지구상의 모든 문명인이 수백 년 전부터 그랬던 것처럼 이 비밀에 싸인 창조자를 신이라 부르기를 조금도 꺼리지 않는다.[5]

대립성은 실용 학문의 모든 하위에도 존재한다. 화학자들은 서로 반대 극인 산과 염기가 만나야 소금이 생성될 수 있음을 당연시한다. 이때 산은 양의 법칙을 가진 양성자이고, 염기는 음의 법칙을 가진 양성자다. 또 분자 구조도 대립성을 따른다. 가장 안쪽에서 공간적, 전기적 인력을 가진 양극의 에너지가 분자를 유지하고 있기 때문이다.

유전도 대립 모델을 따른다. 염색체는 각각 쌍으로 나타나고, 성염색체인 여성 X 염색체와 남성 Y 염색체도 대립한다. 한 영역 더 깊은 내부에서는 DNA 유전자 코드가 유전 양식을 결정하는데, 이 유전 양식도 서로 맞물리는 열쇠와 자물쇠 원리로 이루어져 있다. 이 또한 대립의 법칙을 따르는 것이다.

대립성은 당연히 공학계도 지배한다. 전류는 양극과 음극이 있어야 한다. 자석은 북극과 남극의 극성을 띤다. 오랫동안 인류의 발전을 지속하게 한 바퀴도 중앙의 텅 빈 부분과 그 주위를 도는 주변 기기 사이의

가장 중요한 성호르몬

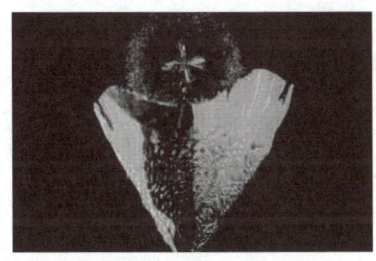
여성호르몬 에스트로겐 Estrogen

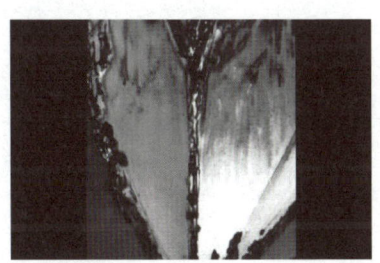
남성호르몬 안드로겐 Androgen

보이지 않는 질서　　　　　　　　　　　　　　　　　　　43

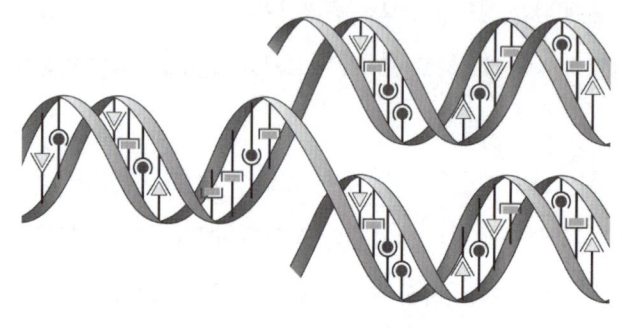
DNA 영역의 분할

긴장 때문에 돌아간다. 《도덕경》에서는 이를 한 편의 시처럼 표현했다.

우리는 바퀴에 살을 끼워 넣지만,
바퀴 가운데에 구멍이 있고
구멍이 마차를 움직이게 한다.

우리는 흙으로 그릇을 빚지만,
그릇 속은 비어 있고
빈 곳이 원하는 바를 담는다.

우리는 나무로 집을 짓지만,
살 수 있는 터로 만드는 것은
안의 비어 있는 공간이다.

우리는 형체를 이루려 일하지만,

형체를 이루지 않은 것이 쓰임새를 만든다.[6]

그리고 바퀴를 물리치고 '발전의 상징'으로 등장한 컴퓨터마저도 0과 1 사이의 긴장 관계로 움직이며, 이른바 이원 체계를 구성한다.

대립성의 근원

인체는 지구상의 모든 물질과 마찬가지로 원자로 이루어졌고, 원자는 분자를 형성하고, 분자는 또 세포를 형성한다. 세포 내에는 모든 정보가 담긴 정지 상태의 핵과 생명 활동을 유지하게 하는 활동적인 세포질이 서로 대립 관계에 있다. 세포는 특수한 기관 조직과 그것을 유지하게 하는 연결 조직을 형성하며, 이 조직들도 대립 관계에 있다. 이어 신체 기관은 대개 자체가 다시금 양극으로 형성되어 있다. 뇌의 양쪽 반구, 동물과 사람의 신체 외형도 암과 수라는 대립 극으로 표현된다.

옛 세대는 이런 식으로 성을 가르쳤다. 좀 지루해 보이긴 해도 그 수업은 핵심을 다루었다. 바로 우리를 하나의 종으로 살아남게 한 대립성 말이다. 성은 여성과 남성이라는 대립의 결합으로 존재한다. 다른 두 성이 만나 하나가 되어야 한순간이나마 단일성을 경험한다. 오르가슴 속에서 정신적으로 하나가 되고 아이에게 생명을 줌으로써 육체적으로도 하나가 된다. 오르가슴 속에서 느끼는 경이로운 단일성이 경험은 일종의 뛰어난 트릭이라 할 수 있다. 이 트릭으로 인간의 진화가 오늘날에까지 이른 것이다.

힌두교에서는 남근을 상징하는 링감Lingam과 여성의 성기를 상징하는 요니Yoni를 숭배의 대상이자 예배의 본질로 여긴다. 인도의 마디아프라데시Madhya Pradesh주에 있는 카주라호Khajurāho 사원은 갖가지 체위로 섹스하는 장면으로 전체가 뒤덮여 있다.

사람은 섹스 시 창조자의 역할을 하고 단일성을 체험함으로써 신에게 가장 가까이 다가갈 수 있다. 그래서 그 행위가 종교적 숭배의 중심이 되었다. 이는 유대교에서 비롯된 여러 종교가 섹스를 불결하게 여기는 태도와 다시금 반대 극을 이룬다.

실제로 섹스는 인간의 기본 임무에 해당한다. 반대 측들이 결합을 통해 대립성을 극복하는 것이다. 플라톤Platon이 전한 둥그런 형상의 태초 인간에 관한 이야기가 이 점을 분명하게 보여준다. 플라톤은 기독교가 제도화되기 오래전, 성적 쾌락의 대립 극을 '플라토닉 사랑'이라고 표현한 철학자다. 이제 둥그런 인간의 이야기를 해보자. 태초에 인간은 둥그런 형상을 하고 있었다. 머리가 둘이고, 팔다리가 각각 네 개인 모습이었다. 힘이 무척 세고 오만해서 심지어 신에게도 위협적인 존재였다. 그래서 신들의 아버지 제우스Zeus는 인간의 가운데를 칼로 잘라 온 세상에 흩어놓았다. 그때부터 둥그런 인간은 흩어진 제짝을 다시 찾아야 했다. 두 쪽으로 갈라진 절반이 다시 하나가 됨으로써 단일성이라는 천상을 경험하려고 한다는 이 이야기의 주제는 이후 수많은 전설, 동화, 소설, 영화에 반영되었다. 나 역시 30년 넘게 심리 상담을 하면서 장담할 수 있다. 이 주제는 인간의 배후에 있는 원초적 충동을 알려준다! 신들이 인간의 삶에 역동성과 긴장감을 불어넣기 위해 참으로 훌륭한 생각을 해낸 것이다! 또 《창세기》에도 유대교, 기독교, 이슬람교의 창조주 야

전형적인 탄트라 Tantra 불교 조각

훼Yahweh가 다른 한쪽의 일부를 떼어냈다는 이야기, 즉 아담Adam의 갈비뼈로 이브Eve를 만들었다는 이야기가 나온다.

성은 인간 세계의 대립성을 가장 뚜렷하게 보여준다. 심리학과 광고 세계를 한번 보자. 성은 곳곳에서 지배적인 역할을 한다. 우리는 지나치게 성을 강조하는 현대에 살고 있다. 거의 모든 정신적 문제의 뒤편에 성 문제가 깔려 있다고 한 지크문트 프로이트Sigmund Freud의 이론에서 단 한 발짝도 더 나아가지 못하고 있다. 프로이트의 이론에서 '성'이라는 단어를 '대립성'으로 대치하면 오늘날에도 그대로 적용될 것이다. 왜냐하면 대립성 그 자체는 물론이고, 우리가 대립성을 전혀 다루지 못해 생기는 문제가 지상 최대의 난제이기 때문이다. 예를 들어 이혼 증가 추세뿐 아니라 도시와 지방 간 긴장 관계 고조, 극심한 빈부 격차에 이르기까지 모든 영역의 문제가 대립성에서 시작된다.

> 세계를 구성하는 모든 질료는 대립성을 중심으로 돈다.

대립성과 인간관계

파트너 관계에서도 대립성을 배울 수 있는 사례가 무수히 널려 있다. 둘이 영원히 사랑하는 사이가 되었다고 믿고, 상대 덕에 삶이 구원받았다고 여긴다. 그래서 연인과 영원히 함께하겠다고 다짐한 경험이 누구나 한 번씩은 있지 않은가?

운명이 자비롭거나 아주 가혹하다면 연인들의 소원은 이루어진다.

사랑이 너무도 커서 하늘을 훨훨 나는 듯하고, 신과 세계마저 자신의 품에 있는 듯하다고 느끼는 한 연인들의 경험은 단일성에 가깝다. 세상 모든 게 완전하고 성스럽고 경이롭기만 하다. 하지만 소멸성과 함께 대립의 세계가 다시 그들의 삶에 끼어드는 순간, 곧바로 대립의 법칙이 가장 우위를 차지한다.

안타깝게도 연인들의 단일성 체험은 오직 광란의 합일로만 가능하다. 일상에서 그런 합일이 계속 유지되기란 불가능에 가깝다. 그래서 사랑으로 하나가 되는 대뇌의 중독 상태가 사라지고 대립적인 삶에 무릎을 꿇는 것은 시간문제다. 두 사람이 종교계 최고 권위자에게 사랑을 인정받고 행복에 겨워 결혼하지만, 시간이 흘러 법정에서 격하게 다투다가 결국 이혼으로 끝나는 경우는 심심치 않다. 그 상황에서는 자식 걱정과 서로 함께 나눈 시간은 안중에도 없다. 한때는 서로를 위해 존재한다고 뜨겁게 믿었던 사람들이 대체 왜, 어떻게 이처럼 차가운 증오로 돌아서게 되었을까?

이런 불행이 일어나는 이유는 대립의 법칙을 모르거나 그 영향력을 대수롭지 않게 생각하기 때문이다. 누구나 이런 패턴을 안다. 처음에는 모든 게 밝은 햇살이기만 하다. 왜냐하면 새로운 파트너에게서 좋아 보이는 것, 나도 그렇게 되었으면 하는 것, 나도 가지고 싶은 특성만 보기 때문이다. 하지만 천상의 맛을 보여준 단일성의 하늘에서 대립성이 지배하는 지상으로 내려오면 곧 파트너의 그림자도 드러난다. 그림자는 우리의 일부인데, 다만 우리가 그것을 들여다보지 않

사람이 스스로 행한 일 외에 선한 일은 없다.
-에리히 케스트너 Erich Kästner

을 뿐이다. 파트너는 우리가 통합했어야 하는 과제를 대변한다. 다시 말해 내가 먼저 내 그림자를 인식했어야 했고, 그것을 잘 다루고 받아들여 그림자의 가치를 평가할 줄 알아야 했다.

내가 파트너를 비롯해 바깥세상과 충돌하는 것은 사실 나 자신의 문제다. 그것이 내가 풀어야 할 숙제라는 사실을 인식한다면 파트너 관계는 개인이 심리 치료를 하는 데 좋은 기회가 될 수 있다. 하지만 우리는 대체로 파트너와는 물론이고 세상과도 맞서 싸우려 든다. 내 잘못을 들여다

투사는 적을 만들어 내는 일이다.

보기보다 오히려 신과 세계에 책임을 투사한다. 더 직접적으로 말하면 내가 책임을 지는 대신 적을 만드는 것이다.

여기에 또 한 가지 잘못이 더해진다. 타인을 평가할 때는 나 자신을 평가하는 것과 완전히 다른 잣대를 사용한다. 이에 관한 경구는 《성경》에서도 찾아볼 수 있다.

타인의 눈에 있는 티끌은 알아채면서 자신의 눈에 있는 대들보는 보지 못한다.

우리가 외부와 충돌하는 것은 결국 모두 내면의 문제와 관계있다. 그게 아니라면 내게 거슬릴 건 없다. 확실한 예를 하나 보자. "당신은 살인자야!"라는 최악의 비난을 들었을 때 나는 눈 하나 끔뻑 안 할 수 있다. 내게는 아예 해당하지 않는 이야기이기 때문이다. 하지만 그보다 훨씬 강도가 약한 "당신은 거짓말쟁이야!"라는 비난을 들으면 상황이 달라질

수 있다. 내가 자신을 거짓말쟁이라고 생각할 수 있기 때문이다. 이때는 '저 사람이 어떻게 알았지?'라는 생각이 든다. 그래서 거짓말쟁이라는 비난 때문에 싸움이 더 많이 벌어진다. 좋은 일이든 나쁜 일이든 우리가 동요 반응을 일으키려면 공명 관계에 있어야 한다.

정확하게 말해 파트너는 우리에게 외부 세계를 더 가까이 끌어들여 준다. 남편은 부인, 부인은 남편에게 자신만이 가진 영혼을 뚜렷이 드러낸다. 더 나아가 파트너는 개인의 인성에서 아직 둥그렇고 완전해지지 않은 부분을 다 드러낸다. 그러니 파트너가 값진 일을 해주는 것에 감사해야 한다. 파트너는 특히 화를 치솟게 만듦으로써 나의 잘못과 정신적 결함에 주의를 기울이게 만든다. 모든 일의 원인은 자신의 중심, 마음속에 있다. 그것을 알면 해결책도 보인다. 만일 우리가 타인과 부딪치는 부분을 모두 마음으로 받아들일 수 있다면 화가 치솟는 일도 없을 것이다.

이런 이유로 파트너를 '더 나은 반쪽'이라 한다. 결함이 있고 자주 왜곡되는 내 영혼의 부분을 드러내 주는 반쪽이기 때문이다. 융의 심리학에서는 그 반쪽을 '아니마Anima'라고 하고, 동화에서는 '공주'라고 한다. 이는 남성들이 단일성으로 향하는 길에서 통합해야 하는 부분이다. 여성의 경우 그 반쪽이 '아니무스Animus' 또는 '왕자'가 된다. 스페인 사람들은 파트너를 '오렌지 반쪽Media Naranja'이라고 한다. 오렌지는 반쪽이 없으면 불완전하고 바짝 말라버린다. 서로가 같이하는 게 삶이다. 그런데 우리의 바람과는 달리 그 일은 절대 만만치 않다.

이제 얼굴 반쪽을 합성한 사진을 보자. 우리 내면에만 양면이 있는 게 아니라 얼굴에도 양면이 나타난다.

앞서 언급한 고대의 둥그런 인간과 아담의 반쪽에서 이브가 나왔다

저자의 원래 얼굴

오른쪽 얼굴만 합성

왼쪽 얼굴만 합성

자신의 얼굴 반쪽을 합성한 사진으로 새로운 경험을 할 수 있다. 자신의 여성 부분 또는 남성 부분만 따로 분리해 합성한 사진을 처음으로 보며 지금까지 거부해 오던 자신의 영혼을 일깨울 수 있다.

는 신화는 반쪽의 중요성을 대변한다. 만일 태초의 인류부터 진화한 현대인까지 다 통용되는 대립 관계를 파트너 관계에 진지하게 적용하면 곳곳에서 불거지는 파트너 문제를 적극적인 심리 치료의 기회로 이용할 수 있다. 만일 문제에 적대적인 자세를 보인다면 이는 발전에도 적대적인 것과 다름없다.

사실 파트너는 문제와 기회를 둘 다 제공한다. 우리가 받아들이기 어려워하는 그 부분이 바로 진정한 도전이자 성장의 기회다.

"원수를 사랑하라" 또는 더 현대적으로 "투사를 거두어라"라는 것. 그리스도가 원수를 사랑하라고 한 말은 내게 거슬리는 사람, 상대하기 불편하고 어려운 사람을 사랑하라는 뜻일 것이다. 우리는 그런 사람을 사랑함으로써 최고로 성장할 수 있다. 그들에게 더 고통받지 않고, 싫은 사람을 포용할 수 있는 자신을 내면에서 발견하기 때문이다.

경제와 정치 분야에서의 대립성

상호 의존적인 대립성의 효력은 사회, 경제, 정치 영역 전반에 걸쳐 존재하고, 이는 우리의 삶에 결정적인 영향을 미친다. 한쪽 극을 잠시만 소홀히 하면 우리는 곧 그 극에 끌려간다. 소홀하게 둔 극은 시간이 지나면서 그림자가 되어 삶 전체에 영향을 미치는 힘을 얻거나, 극이 더는 통합되지 않을 경우 삶을 완전히 끝장내기도 한다. 여러 당이 모인 거대 연합당이 우세한 세력을 믿고 반대편을 무시하다가 원외 야당이 만들어지는 일도 심심찮게 일어난다. 이는 물론 의도치 않은 일이다. 정치가들이 그런 현상에 당황하는 것은 대립성의 전형적인 몰이해를 보여준다.

호경기마다 늘 그에 상응하는 불경기가 따른다. 이 대립의 법칙은 쉽게 파악할 수 있는데도 정부는 경제 전문가가 내놓는 연신 빗나가기만

하는 진단에만 신경 쓴다. 이런 식으로 그다지 본질적이지 않은 것만 예측한다. 반면 확실한 것은 우리가 한쪽 극을 고집하면 항상 반대 극을 불러일으킨다는 사실이다. 세상의 모든 정치가가 항상 호경기였으면 좋겠다고 입을 모은다. 하지만 금융계의 실세를 포함해 정치가들이 늘 나서서 불경기를 불러오는 것을 볼 수 있다. 물론 그들이 그러려고 했던 것은 아니다. 해결책은 호경기에 미리 불경기를 대비하고, 성장을 적절히 조절하며, 그러지 못했다면 한층 더 거세게 닥칠 불경기에 부차적 손실을 막을 수 있는 조처를 마련하는 것이다.

우리는 위대한 평화 정치가들, 예를 들어 모한다스 간디Mohandas Gandhi와 마틴 루서 킹Martin Luther King부터 다그 함마르셸드Dag Hammarskjöld, 올로프 팔메Olof Palme, 존 F. 케네디John F. Kennedy, 로버트 케네디Robert Kennedy, 안와르 사다트Anwar Sadat, 이츠하크 라빈Yitzhak Rabin에 이르기까지 모두 폭력으로 살해당한 것을 안타까워한다. 우리는 대립의 법칙을 근거로 이 사건을 꿰뚫어 볼 수 있다. 하지만 언론은 모두 '어떻게 이런 일이 일어났을까? 왜 가장 훌륭한 정치가들은 늘 살해당하는가?'라는 어리석은 질문만 해댄다.

이를 밝히는 데에는 원인 제공자 조사가 흥미로울 것이다. 세월이 흐르면서 미국 중앙정보국Central Intelligence Agency, CIA이 마틴 루서 킹의 '제거'를 지시했다는 사실이 확실시되고 있다. 그래서 그의 부인은 미국 법정으로부터 상징적 의미의 배상금 판결을 받아냈다. 또한 국제연합United Nations, 이후 'UN'의 사무총장 다그 함마르셸드는 영국, 미

인류는 전쟁을 끝내야 한다. 그러지 않으면 전쟁이 인류를 끝낼 것이다.
-존 F. 케네디

국, 남아프리카의 비밀 정보기관들이 공모한 비행기 격추로 희생되었다. 그가 콩고 내에서 이 국가들의 이해관계에 걸림돌이 되었기 때문이다.

이 모든 게 또다시 일을 맡은 비밀 정보기관의 책임이다. 비밀 정보기관은 비밀리에 일을 꾸미고, 우리는 울며 겨자 먹기로 사건을 받아들인다. 하지만 정작 비밀공작을 지시한 정치가들은 조금도 사실을 인정하려 들지 않는다. 아마 겉으로 온갖 깨끗함을 내세우는 우리 시대의 민주주의에는 이렇게 더러운 일을 도맡아 하는 기관도 속해 있는 모양이다. 그런 기관도 대립성의 한 표현이다.

누가 올로프 팔메와 케네디 형제를 죽이도록 지시했고, 왜 그랬는지 언젠가 알게 될 날이 올지도 모른다. 분별없는 대립성의 흉측한 얼굴을 보여주는 이론은 이미 충분하다. 이제는 모든 것을 법적, 정치적으로 조사하는 것이 중요하고, 또 합당한 결과도 따라야 한다. 그리고 그보다 더 중요한 것은 모든 일의 뒤에 있는 대립의 법칙을 아는 것이다. 그래야 미래에 근본적으로 대립성을 참작할 기회가 생긴다.

전쟁 극의 상징은 전쟁의 신 마르스Mars고 그 대립 극은 사랑의 상징 비너스Venus다. 진정한 평화는 마르스를 비너스로 바꾼다고 해서 찾아오지 않는다. 실제 평화는 조화, 즉 하모니Harmony에서 오고, 비너스와 마르스 사이에서 태어난 아이도 하모니아Harmonia다. 화해하고 타협하기 위해서는 용기와 힘, 구조적 갈등을 향한 각오, 마르스의 대립 극인 비너스의 에너지가 절대적으로 필요하다. 걸핏하면 무력으로 장악하려는 자세는 마르스 신학의 전형적 주제다. 상징적으로 칼을 다시 칼집에 집어넣기 위해서는 그 전에 칼집에서 칼을 빼내 결정을 내려야 할 행위가 필요하다. 그다음으로 화해, 타협, 사랑의 태도는 대립 극인 비너스 쪽에서

모한다스 간디

마틴 루서 킹

다그 함마르셸드

존 F. 케네디

로버트 케네디

올로프 팔메

안와르 사다트

이츠하크 라빈

와야 한다.

이스라엘과 팔레스타인 간의 하모니가 생겨나려면 전쟁에 골몰하는 근본주의자들에 맞서 모든 평화 운동 단체가 지속적으로 용기와 힘을 쏟아야 한다. 이 일에 관해 이슬람 테러리스트와 정교 유대인 들은 의외로 의견이 크게 일치한다. 평화를 사랑하는 양측 사람들이 조금이라도 기회를 만들려면 전쟁 선동자들의 거센 도전, 무력에 용기와 힘으로 맞서야 한다. 과거 적수였던 사다트와 라빈이 중동 지역의 평화를 위해 개인적으로 화해한 일은 양측에 특별한 기회를 준 대단한 진전이었다. 하지만 자신의 진영 내 반대 세력 때문에 두 인물이 나눈 노력은 물거품이 되었다. 사다트는 이슬람 광신자에게, 라빈은 유대교 광신자에게 암살되고 말았다.

두 사람은 전쟁터에서 군대가 대치한 상황에서는 아직 살아 있었고, 전투를 통해 마르스의 원칙을 살찌웠다. 그리고 그들은 사나운 매에서 평화의 비둘기로 변했지만, 자기 진영의 광신자들을 물리쳐야 한다는 사실은 무시했다. 그러자 평소 잘 드러나지 않던 마르스의 원칙이 폭력의 형태가 되어 두 사람의 목숨을 빼앗은 것이다.

이제 대립의 법칙 외에도 태초의 원칙, 원형原形이 삶의 게임에 끼어든다. 나중에 따로 다루겠지만 실제로 우리는 이 태초의 원칙을 긍정적으로도 부정적으로도 지킬 수 있다. 하지만 한 가지, 우리가 아무리 애를 써도 이 원칙을 삶에서 제외할 수는 없다.

선과 악의 문제

대립의 법칙이 피와 살이 된 사람은 가장 하기 어려운 '자신의 완성'도 선과 악의 문제 속에서 파악한다. 파트너만 뜨거운 사랑의 하늘에서 차가운 증오의 나락으로 떨어지는 게 아니다. 모든 것이 선악 문제의 희생자가 된다. 사랑의 종교임을 내세우는 기독교는 십자군 전쟁을 이끌었고 종교 재판을 만들었다. 둘 다 투사의 전형적인 예다. 투사에 관해서는 나중에 따로 다루겠다.

미국 전 대통령 조지 W. 부시 George W. Bush를 비롯해 그를 따르는 호전가들은 테러와의 전쟁을 벌여 결과적으로 전 세계에 테러를 최소 다섯 배나 증가시켰다. 우리가 맞서 싸우는 문제는 대부분 싸움을 통해 줄어드는 게 아니라 더 증가한다. 대립의 법칙을 전혀 모르는 단순한 기분파들의 희망대로 되지 않는 것이다. 세계에서 현실의 한 극을 제거하려는 자는 모르는 사이에 극을 더 강화한다. 다시 말해 제거를 꾀한 사람은 극을 그림자로 만들어 한층 더 위험한 영역으로 밀어 넣는다. 우리는 그것을 '악'이라 부른다.

싸움은 밑에 깔린 문제를 결코 해결하지 못한다. 싸움이라는 방법으로 세상에서 뭔가를 없애는 것은 원칙적으로 불가능하다. 예를 들어 질병의 증상에 맞서 싸우는 역증 요법을 쓰면 증상을 없앨 수는 있다. 다만 이 방법은 질병을 한쪽으로 밀어놓는 것일 뿐 질병을 한층 더 위험하게 만든다. 반면 같은 성질의 것을 이용해 병을 치료하는 동종 요법은 장기적으로 훨씬 큰 성과를 보장한다. 그런데도 이른바 서구 의학계는 증상을 표면적으로만 없앨 뿐이다. 그 결과 질병은 사라지지 않고 대부분 더 깊은 곳에서 더 위협적인 병이 된다.

　우리는 적어도 이 점을 알아야 하고 예상도 해야 한다. 유감스럽게도 대립의 법칙에는 예외가 없다. 우리가 으레 사용하는 항생제는 전체적으로 끔찍한 재난이 된다. 태어난 지 2년 내에 항생제를 복용한 어린이들은 알레르기 발생 위험도가 50퍼센트 이상 증가한다. 우리가 알레르기 증가를 자초한 것이다. 저항력이 강력한 병원균이 증가한 것도 항생제를 무턱대고 사용했기 때문이다. 실제로 독일에서는 매년 3만~4만 명이 지극히 평범한 병인 폐렴으로 사망한다. 항생제가 듣지 않아 병원균이 죽지 않기 때문이다. 그럼에도 우리는 병이 났을 때 항생제 처방을 기피하지 않는다.

　이처럼 각자가 도둑을 막아야 하는 상황을 맞닥뜨리면 내가 해를 입느니 도둑이 해를 입기를 바란다. 사실 이 상황에 대안은 별로 없다. 하지만 이후 왜 이렇게 도둑이 많을까 하고 의문스러워한다.

　악이란 인정받지 못하고 밀쳐진 무의식 또는 내 영혼의 어두운 부분이다. 그 때문에 거의 가치를 인정받지 못한다. 베르톨트 브레히트Bertolt Brecht의 희곡 〈서 푼짜리 오페라Die Dreigroschenoper〉에 나오는 인물 맥Mac은 이런 말을 했다.

　"은행을 세우는 일이나 은행을 터는 일이나 뭐가 다른가?"

　이 대사는 오랫동안 사회주의자들의 선동 문구로 통했다. 하지만 세계적인 금융 위기 상황에서 보면 그리 틀린 이야기가 아닌 것 같다. 미국 정부를 위한 사설 은행으로 연방준비제도Federal Reserve Board, FED가 설립되고 거기서 모든 자금을 대출해 준 것이 금융 위기의 시작이었다는 증거는 충분하다.

동유럽 공산국가들이 붕괴하자 단순한 기분파들은 악이 근절되고 천국이 도래할 것이라 여긴 반면 의식 있는 이들은 악의 근절이라는 관점이 가진 위험한 편협성을 경고했다. 물론 모든 우려에도 불구하고 악의 근절이라는 편협한 관점이 지배적이었다. 하지만 자본주의의 추악한 면이 드러나는 데는 그리 오래 걸리지 않았다. 2009년에 들어서자마자 시민이 뽑은 정치가들은 체제를 구한답시고 은행들을 국유화하는 정책을 내놓았다. 2008년 초에 과연 누가 이런 상황을 예상했겠는가?

평가의 잣대를 들이대면 선은 의식으로, 악은 무의식으로 그 모습을 드러낸다. 이때 우리가 '밝은 의식의 빛'이라는 표현을 쓰기 때문에 빛과 그림자라는 대립 극이 생겨난다. 종교는 태양과 빛의 상징으로 기우는 경향이 있다. 그래서 빛이 인정과 권력을 얻는 즉시 그림자가 만들어진다. 그림자는 꼭 빛의 밝기만큼 어둡다. 종교가 전통적으로 그림자 측면에도 신경을 쓴 이유가 바로 이것이다. 그 예로 성전 기사단은 악마의 형상을 섬기거나 적어도 경의를 표했다. 그리고 한층 높은 차원을 목표로 한 그리스도가 악마의 유혹을 이겨냈으면서도 늘 악마를 존중하고, 악마를 이 세계의 주인으로 인정한 것도 같은 이유였을 것이다.

여러 종교에서 악이 세상에 어떻게 생겨났는지를 신화로 설명하려 했다. 유대 전설에서는 신이 총애하는 천사 중에서 빛을 주관하는 루시퍼Lucifer 7 또는 사타나엘Satanael이 신에게 반항해서 신이 그를 처단했다고 한다. 다른 원전에서는 루시퍼가 추락할 때 그의 왕관에서 커다란 에메랄드가 떨어졌는데 이후에 그것으로 성배가 만들어졌다고 한다.

빛과 그림자는 우리가 스스로 주조해 낸 동전의 양면이다.

동화도 마찬가지로 상징 방식으로 사람들이 가진 최대의 문제를 짚어보려 했다. 특히 《잠자는 숲속의 공주》는 모권 사회에서 부권 사회로 넘어가는 과도기를 보여준다. 이야기는 꽤 시급한 상황으로 시작한다. 왕과 왕비는 아이를 원했지만 얻지 못했다. 그러다 마침내 공주가 태어나자 이루 말할 수 없이 기뻤고 곧 성대한 축제를 열었다. 여기서 예상치 못한 문제가 발생한다. 왕궁에는 나라의 현명한 여성 열세 명을 대접할 식기가 열두 개밖에 없었다. 12라는 숫자는 (남성 원형의) 양력 숫자고, 13이라는 숫자는 (여성 원형의) 음력 숫자다. 여성의 원칙에서 남성의 원칙으로 넘어가는 변화를 뚜렷하게 보여주기 위해 지금까지 존경받아 온 열세 명의 현명한 여성 중 한 명이 연회에 초대받지 못한다. 열세 번째 여성은 헤카테Hekate(하늘과 땅과 하계를 지배하는 신 - 옮긴이)나 힌두교 신화의 칼리Kali처럼 암흑의 신이라는 의혹을 받고 죽음(열세 번째 타로 카드)과 동일시되어 추방당한다.

열세 번째 현명한 여성은 원래 악한 존재가 아니라 다만 제외당한 것 때문에 예측, 통제할 수 없는 존재가 되었다. 이는 곧 연회장에서 드러난다. 초대받은 열두 명의 여성 중 열한 번째 여성이 축복을 내렸다. 그때 열세 번째 여성이 불청객으로 나타났다. 열세 번째 여성은 "공주는 열여섯 살 생일에 물레에 찔려 죽을 것이다"라고 저주를 내린다.

이 저주에 모두가 경악했다. 아직 축복을 내리지 않은 열두 번째 여성은 저주를 완전히 없앨 수는 없고 약하게 만들 수만 있었다. 그래서 공주는 죽지 않고 100년 동안 잠을 자게 되었다.

그러니까 연회에 초대받지 못한 여성은 복수했다. 가치 중립적 입장에서 표현하면 열세 번째 여성의 복수는 기억 속에 계속 남아 무시할 수 없게 되었다. 이는 제외당한 모든 것은 위험하고 통제할 수 없게 된다는 사실을 분명하게 보여준다. 제외의 결과 열세 번째 여성은 더는 주의를 기울이지 않는 그림자가 되었고, 그림자는 이제 악이라는 기피 대상이 되었다.

아래의 사진을 자세히 들여다보고 진짜 낙타를 찾아보라.

사막에 펼쳐진 빛과 그림자 게임

빛과 그림자를 혼동해서 그림자를 진짜라고 생각했는가? 이런 착각은 쉽게 일어날 수 있다.

실제를 보려면 고도의 집중이 필요하다. 수많은 종교와 사람들은 성장 과정에서 오직 그림자만 있는 듯한 상황에 심심찮게 처한다. 하지만 찾으려는 사람은 위의 사진 속에서도 진짜 낙타를 발견한다.

아직도 진짜 낙타를 찾기 어려워하는 사람을 위해 힌트를 주겠다. 이 사진은 비행기에서 수직으로 내려다본 상태에서 찍어 실제 낙타는 좁고 밝은 모양으로 나타난다. 태양이 많이 기울었기 때문에 그림자가 길고 진하게 나타나 진짜 낙타보다 더 진짜처럼 보인다. 반면 진짜 낙타는 사막의 흰 줄처럼 보인다.

왕은 경악하면서도 일을 잘 수습하지 않았다. 왕은 자신의 책임을 인정하려 들지 않았다. 여성을 배제한 일을 잘못이라고 인정하고 싶지 않았을 것이다. 왕은 자신의 입장을 고집하며 거듭 잘못을 저지른다. 왕은 반대 극을 통합해 얻는 삶의 완전성을 되찾으려 애쓰기보다 정면 돌파에 나선다. 그는 '최상의 방어는 공격'이라고 여겼다. 하지만 그런 방책으로는 날카로워진 신경과 두려움을 잠시 가라앉힐지 몰라도 장기적으로는 모든 것을 더 악화할 뿐이다.

왕은 아주 기계적인 생각으로 왕국에 있는 모든 물레를 불태우라고 명한다. 단순하기 짝이 없는 왕은 그런 처치로 공주가 안전해졌다고 여긴다. 이제 물레가 없으니 저주도 힘을 못 쓸 것이고 공주도 안전하게 자랄 수 있다. 왕은 저주를 없애는 데 성공했다고 믿는다.

운명에 정해져 있듯 공주는 열여섯 살이 되는 날을 맞이했다. 세월이 흐르면서 사람들은 저주를 까맣게 잊었고, 성의 다락방에서 한 여인이 마지막 남은 물레 앞에 앉아 실을 잣고 있었다. 공주는 물레에 손을 대었다가 바늘에 찔려 죽음과 같은 잠에 빠졌다. 그리고 공주와 함께 왕국의 모든 것이 잠들었다. 그러자 (어머니) 자연이 권한을 되찾아 성과 왕국 전체를 가시덩굴로 덮어버렸다. 아주 오랜 시간이 흐른 뒤 남성의 극에서 의식을 가진 대표자가 나섰다. 그는 의식과 분별의 칼을 휘둘러 가시덩굴을 끊고, 남성과 여성 간의 화해를 뜻하는 사랑의 키스로 공주를 깨웠다.

남성의 원형이자 전형적인 왕처럼 오늘날에도 독재자들은 책이나 사람들을 불태우지만 그 행위로는 얻는 게 없다. 지식을 비롯해 현실의 다른 모든 면도 세상에서 간단하게 제거되는 게 아니라 한쪽으로 밀려날 뿐이다. 그것은 나중에 측면에서, 그리고 그림자 속에서 훨씬 드라마틱한 광폭함을 일으킨다.

우리는 지금도 동화 속 무지한 왕처럼 대책 없는 결정을 내리고, 원자와 유전자 등의 기술로 인한 위험을 단순히 기계적으로 없애려 하면서 후세대를 위태롭게 만든다. 또 마약 같은 위험물과 통제할 수 없는 것도 모두 비슷한 방식으로 금지한다. 그럼으로써 모든 것을 한층 악화시킨다. 대립의 법칙은 그런 식으로 다룰 수 없다.

현대의 십자군 전쟁이라 할 악과의 전쟁이 얼마나 성과 없는 것인지는 마약의 예에서 분명하게 드러난다. 다른 문화권에서는 지금도 마약을 제례에 사용한다. 하지만 현대인에게 마약은 악마와 같다. 젊은이들은 이 악마와 연루되어 도처에서 금지 조치를 무력하게 만든다. 한 예로 독일에서 경찰관이 생명의 위험을 무릅쓰고 어마어마한 고가의 헤로인을 수거했다. 경찰관은 공증인의 입회 아래 헤로인을 모두 불태웠다. 그때 사람들의 거센 분노가 일어났다. 반면 영국에서는 중상을 당한 환자의 고통을 낮추기 위해 마약을 사용한다.

대립성이 뭔지 모르는 정치가들도 강력한 마약 금지는 더 치밀한 범죄 조직에 마약 생산을 맡기는 일일 뿐이라는 사실을 처음부터 알았어야 했다. 하지만 그러지 못했기 때문에 마약 문제는 개선되기는커녕 더 악화되었다. 이와 비슷한 상황으로 미국에서 실시한 금주령이 있다. 금주령이 떨어지자 곧 마피아가 술을 보급했다. 그러자 운명의 법칙을 배우지 않은 일반 시민조차 금주령이 잘못되었음을 알고 다시금 술을 마시기 시작했다. 오늘날 독일에서 시행하는 마약 금지령은 무엇보다 타인

> 맞서 싸우는 대상을 강화하는 자는 좋든 싫든 우리다.

절반의 진실[8]

선지자 모하메드가 과거에 일어났던 일을 이야기한다.
선지자가 가르침을 전하기 위해 동행자와 함께 한 도시에 갔을 때의 일이다.

선지자의 가르침을 따르는 한 추종자가 따라붙었다.
"선지자시여! 이 도시에는 어리석음이 퍼져 있습니다. 주민들은 고집이 셉니다. 사람들은 전혀 배우려 들지 않습니다. 당신은 이 돌같이 딱딱한 주민들의 마음을 교화할 수 없습니다."

선지자는 온화하게 대답했다.
"네 말이 옳다!"

곧이어 마을의 다른 사람이 반가움에 환한 얼굴로 선지자에게 다가왔다.
"선지자시여! 참으로 좋은 도시에 오셨습니다. 사람들은 옳은 가르침을 얻기 위해 당신의 말씀을 들으려 마음을 열고 있습니다."

선지자는 온화한 미소를 지으며 대답했다.
"네 말이 옳다!"

그러자 선지자의 동행자가 입을 열었다.
"오, 선지자시여. 당신은 첫 번째 사람에게 '네 말이 옳다'라고 하셨습니다. 그런데 그와 완전히 반대로 말하는 두 번째 사람에게도 '네 말이 옳다'라고 하셨습니다. 하지만 흑이 백이 될 수는 없지 않습니까?"

선지자가 대답했다.
"사람마다 자신이 원하는 대로 세상을 본다. 그런데 내가 왜 두 사람의 말을 부정하겠느냐? 누군가는 악을 보고 또 누군가는 선을 본다. 이 도시에 사는 사람들도 세상 여느 곳의 사람들처럼 악하기도 하고 선하기도 하다. 그런데 너라면 두 사람 중 한 사람이 잘못 본 것이리 말하겠느냐? 그들이 내게 틀린 말을 한 게 아니다. 다만 불완전하게 말했을 뿐이다."

에게 잘못을 떠넘기는 행위, 즉 투사와 관계가 있다. 시민에게 책임을 떠넘겨 투사의 희생양으로 만들어 놓았으니 정작 중요한 중독 문제는 들여다볼 필요가 없어진 것이다. 마약 중독자는 계속 늘어날 수밖에 없다. 이것이 바로 뉴스에서 마약 복용 사망자 수를 끊임없이 보도하는 이유다. 한편 음주 운전으로 인한 교통사고만 해도 그보다 두 배나 많다는 사실에 관해서는 입을 다문다. 같은 기간에 음주 사망자 수는 30배가 더 많고, 담배로 인한 사망자 수는 80배나 된다. 다시 말해 약 1,200명이 마약으로 사망하고, 4만 명이 술 때문에 사망하고, 10만 명이 담배 때문에 사망한다. 이들도 책임을 떠넘기는 사회의 희생자지만 맥락상 굳이 언급할 필요가 없는 것이다.

투사의 역사

《잠자는 숲속의 공주》에 나오는 왕처럼 현대에도 자신의 일을 제대로 하는 사람들을 찾아보기 어렵다. 눈이 쌓여 미끄러운 길에서 누가 넘어지기라도 하면 '빙판길에 모래를 뿌릴 책임이 누구에게 있는가'부터 따지고 든다. 넘어진 사람은 왜 자신이 빙판길에 미끄러운 구두를 신고 나왔는지를 생각하지 않는다. 단기적으로는 모든 책임을 타인에게 넘겨 버리는 게 편하다. 어떤 이는 불행이 생길 때마다 이때다 싶어 제대로 한 몫 챙길 생각을 하고, 심지어 그게 더 영리한 행동으로 통하기도 한다. 그러나 이는 운명과 그 법칙의 힘을 얕잡아 보는 짓이다. 이는 결과적으로 한층 더 큰 불행을 불러온다.

독일어권에서는 요즘 '죗값Schuld'과 '책임Verantwortung'을 비슷한 단어처럼 쓴다. 이는 단순히 부정확한 언어 습관을 넘어 사회의 큰 문제로 발전한다. 아무도 스스로 죗값을 떠안고 싶지 않은 것처럼 아무도 책임을 지고 싶지 않은 것이다. 그래서 독일은 젊은 기업가들의 비율이 턱없이 낮다. 유럽연합European Union, 이후 'EU' 내에서도 독일만큼 젊은 기업가들의 비율이 낮은 국가는 없다. 또 기독교인들은 죄책감에 쉽게 사로잡힌다. 이슬람 시아파 교도와 거의 비슷하다. 그 때문에 죄를 피할 수 있으면 어떻게 해서든 피하려고 애를 쓴다. 이때 투사를 통한 회피가 가장 손쉬운 방법이다.

아주 오래된 일이지만 무조건 살펴보아야 하는 예가 바로 종교 재판이다. 그리스도의 이름으로 타인에게 폭력을 가했던 잔인한 행위는 지금도 도무지

> 투사는 대결보다 훨씬 쉽고 위험하다.

믿기지 않는다. 이는 전형적인 투사이자 유대인들을 향한 만행이다. 너무도 잔혹한 사건이라 언급하고 싶지 않을 정도다. 하지만 투사가 무엇인지 꿰뚫어 볼 수 있는 사람만이 앞으로 투사를 피할 수 있다.

가톨릭 성직자는 모든 시대에 걸쳐 더없이 잘 지냈지만 특히 남성에게 최종 결정권이 있는 위계 사회에서 지위를 가졌던 때는 그야말로 좋은 시절이었다. 서구 역사의 긴 세월이 주로 기아로 얼룩져 있지만 귀족만은 늘 폭식을 즐길 수 있었다. 수도원 주변을 발굴했더니 많은 수도사가 하루에 기본 5,000~8,000칼로리를 섭취했다는 사실이 드러났다. 수도사들에게 가장 힘들었던 일은 결국 독신 생활을 견디는 것이었다.

그러니까 심리학적 관점으로 간단하게 설명하면 종교 재판이란 이런

것이다. 성직자는 당시 너무도 하찮은 존재였던 여성의 매력에 사로잡혔지만 여성에게만 그 책임을 물을 수는 없었다. 그래서 성직자들은 성적 유혹을 이겨내야 한다고 주장했다. 그랬더니 성직자들은 여성을 향한 욕구 때문에 한층 더 미치게 되었고, 결국 여성이란 '부정한' 방법으로 성직자의 이성을 앗아가는 못된 존재라고 못 박았다. 당시의 관념으로 여성은 '정당한' 수단으로는 그럴 능력이 없었다. 그런 능력을 갖기에는 너무 저급한 존재였기 때문이다. 따라서 악마가 끼어들어 여성을 마녀로 만들어야 비로소 매력을 갖게 된다는 것이었다. 이런 논리에서 종교 재판은 신들린 여성을 해방하는 은혜로운 행위가 되었다. 하지만 그 행위에 사용된 방법들을 보면 교회 범죄자의 진짜 동기가 드러난다. 그들은 명백히 섹스에 집착했고 가학적이기까지 했다.

세월이 흐르면서 이 만행에는 경제적 요인까지 더해졌다. 사람들은 시키는 대로 잘 따르는 밀고자들을 끌어들였다. 밀고자가 마을의 한 사람이 악마와 결탁했다고 지목한다. 그의 죄가 확인되면 소유 재산의 10퍼센트를 밀고자가 받고, 나머지 90퍼센트는 교회가 챙겼다. 이 재판 체계에는 무죄 판결이 거의 없었다. 도미니크 수도사들이 만든 마녀사냥 지침서 《마녀 잡는 망치, 헥센하머 Hexenhammer》에는 심문법과 처벌법이 나온다. 투사의 광기가 어디까지 치달을 수 있는지, 당시 성직자들이 자신들의 가학적 광란을 어떻게 합리화했는지는 중세 암흑의 시대에서 나온 기록들에 샅샅이 드러나 있다.

예를 들어 누명을 쓴 여성이 죄를 자백하지 않으면 중죄의 심문이 시작된다. 전형적인 심문 방법 중 하나는 발가벗긴 여성의 팔을 위로 매달고 허벅다리 사이에 쐐기를 박아 고문자 바로 앞에 놓는 것이다. 이제 교회가 고용한 사디스트가 여성의 몸에 있는 기미, 주근깨, 점을 바늘로 찌른다. 가슴과 음부에 있는 점은 특히 진술을 빨리 끌어낼 수 있는 곳이었다. 바늘에 찔린 점에서 피가 나오는 여성은 보통 사람으로 통했고, 그러면 교회의 시종이 여성을 넘겨받아 고문을 계속했다. 반면 찌른 곳 중 어느 한 군데에서도 피가 나지 않는 여성은 유죄였다. 이 여성은 고문 중에 피를 많이 흘리거나 정신적인 고통으로 죽지 않는 한 화형을 당했다. 신이 희생자에게 다른 판결을 내릴 기회는 없었다. 또 꽁꽁 묶인 채 물속에 던져지기도 했다. 그때 물에 가라앉으면 죄가 없다는 증거였지만 여성은 죽었고, 알 수 없는 이유로 물에 떠 있으면 유죄가 되어 화형을 당했다. 오직 악마만이 여성을 도와 물에 뜨게 할 수 있다는 게 이유였다.

> 자신의 문제를 타인에게 전가하고 싸우려는 것이 투사의 전형적 기준이다.

이 일은 한층 더 잔혹하고 끔찍해졌다. 성직자들은 투사를 수단으로 성적 욕구를 마음껏 분출했고, 교회는 아주 손쉽게 재산을 불렸다.

그러면 올바른 탈출구는 과연 무엇이었을까? 성직자들은 억눌린 성욕을 해소하지 못한 자신들이 문제였다는 사실을 고백했어야 했다. 그러려면 용기가 필요했을 것이고, 교황에게 독신 규정을 바꾸자고 요구했어야 했다. 하지만 당시로는 생각할 수 없는 일이었다. 물론 지금도 마찬가지인 것 같다. 결과적으로 성직자들은 자신들의 욕구 불만보다 주변의 매력적인 여성들을 불쾌해하기로 했다.

투사하는 사람의 논리로 보면 충분히 이해할 수 있다. 자기 주변의 매력적인 여성들을 죄다 욕보이고 죽이면 독신 생활은 당연히 더 수월해진다. 그래서 당시 빨간 머리나 유난히 몸매가 아름다운 여성은 생명이 아주 위태로웠다.

성직자들은 투사로 발생한 죄악을 책임지고 죄를 고백하기가 참으로 어려운 모양이다. 그들이 애매하게 죄를 인정하기까지는 수백 년이 걸렸다. 중병에 걸린 노년의 교황 요한 바오로 2세Johannes Paulus II가 처음으로 교회의 잘못을 인정했다. 하지만 가톨릭교회의 죄는 지금도 철저히 규명되지 않았다. 아마 그러기는 어려울 것이다. 교회가 죄를 인정하면 당시 몰수한 재산도 돌려주어야 하지 않겠는가? 그때 몰수한 재산으로 교회는 막대한 부를 쌓았다.

이런 상황에서 교회는 이 모든 잘못을 개선하고 회복하기 위한 핵심 주체가 되어야 한다. 그러지 않으면 교회는 늘 그림자 속에 병든 채로 있고, 새로운 탐닉이 일으키는 해를 피할 수 없다. 얼마 전에도 동성애 성향의 가톨릭 성직자들이 청년 신자를 상대로 한 성범죄가 들통났을 때 여전히 희생자 청년에게 책임을 돌렸다. 그리고 해당 성범죄자들은 법정에 서지 않고 수도원에 숨어 있었다. 일례로 중죄를 지은 오스트리아 추기경 한스 헤르만 그로어Hans Hermann Groër는 수도원이라는 안전한 은신처에서 지내다가 2003년에 사망했다.

투사는 (정신적으로) 약한 사람들이 쓰는 방편이다. 그들은 투사로 세상을 대한다. 투사는 반드시 찾아내야 하고, 그러기 위해서는 강인함이 필요하다. 자아실현을 위해서도 투사를 찾아내는 게 필수다. 그래서 강인함은 가톨릭교회뿐 아니라 우리 모두에게도 필요하다.

기독교에서 일어난 이런 일은 그리스도나 그리스도가 세상에 전파한 믿음과는 전혀 관계가 없다. 대립의 세계에서 오로지 단일성을 생각한다는 게 얼마나 어려운지를 다시 한번 보여줄 뿐이다.

종교 재판의 잔혹한 방식과 방대한 규모가 현대인에게는 터무니없어 보이겠지만, 그 메커니즘은 오늘날에도 여전히 남아 있고 지금도 비슷한 영향력을 계속 행사하고 있다. 또 이는 가톨릭교회에만 해당하는 이야기도 아니다.

나치도 독일의 모든 문제를 유대인 탓으로 돌리고 그들을 말살해 버리려 했다. 오늘날에도 나치와 비슷한 사고방식을 가진 사람들은 국내에 거주하는 외국인을 다 쓸어내 버리고 싶은 마음이 굴뚝같을 것이다. 나치들이 뉘른베르크 재판에 섰을 당시 그들은 대부분 다른 사람에게 책임을 떠넘겼다. 그중 누구도 자신의 죄를 인정할 용기가 없었다. 혐오스럽기 짝이 없는 범죄자들은 자신들이 저지른 범죄 행위를 '무죄' 내지 '비상사태 명령'이었다고 주장하며 책임을 상관에게, 이미 자살해 버린 아돌프 히틀러Adolf Hitler에게까지 모두 투사했다.

이는 연합군 법정에서 통하지 않았다. 하지만 연합군은 독일 국민의 절반을 상대로 나치의 잔재를 깨끗이 없애는 일이 결코 쉽지 않다는 사실을 곧 깨달았다. 특히 쓸모 있는 사람에게 꽤 관대했다. 나치의 V2 미사일을 제조했던 베른헤르 폰 브라운Wernher von Braun에 대한 나치 청산 작업은 매우 빠르게 끝났다. 왜냐하면 그는 손놓을 새 없이 미사일을 제조해야 했기 때문이다. 물론 이번에는 미국을 위한 미사일이었다.

> 나치 시대의 방조와 비행에서 투사와 그림자에 관련된 많은 것을 이해할 수 있다.

어쨌든 독일은 참회의 고백을 하긴 했다. 하지만 오스트리아의 경우 아주 우아한 방법으로 책임에서 빠져나왔다. 오스트리아는 오스트리아 출신인 히틀러와 나치 고위 간부 다수의 시민권을 박탈하고 독일 출신인 베토벤Beethoven을 빈Wien 고전주의에 끼워 넣었다. 히틀러와 베토벤을 맞바꾼 것이다. 그 밖에 역사를 교묘하게 해석하여 오스트리아가 첫 번째로 공격당한 나라라고 선언함으로써 아주 멋지게 책임에서 빠져나왔다.

그보다 더 교묘한 이들도 있다. 바로 이탈리아 사람들이다. 그들은 파시즘Fascism을 만든 장본인이자 강제 수용소도 세웠으면서도 종전 바로 전에 입장을 바꾸고 결국 승전국이 되었다. 물론 오스트리아와 이탈리아는 그림자 해결 작업에 소홀해서 지금도 파시즘의 잔재가 놀라우리만큼 많이 남아 있고, 파시즘에 물든 유권자도 많다. 이는 제2차 세계대전으로 인한 독일의 병폐를 넘어선다.

이쯤에서 한 가지 의문이 생긴다. 정신적, 사회적 관점에서 볼 때 잠적한 수많은 나치는 다 어떻게 되었을까? 대답은 간단하다. 그들은 파시스트의 그림자를 포장해 일반 시민으로 돌아갔다. 수십만 명에 이르는 강제 수용소 간수, 법관, 교사 들이 뒤이어 마치 아무 일도 없었다는 듯 소시민으로 돌아갔다. 하지만 언젠가는 발각될 거라는 두려움이 뼛속에 새겨졌다.

전쟁이 끝난 후 수많은 나치 고위 간부를 찾아내 법정에 세운 사이먼 비젠탈Simon Wiesenthal이 인터뷰에서 한 이야기가 있다. 자신이 법정에 고발한 사람 중에는 겉으로 보기에 너무도 점잖고 온화한 노신사들이 많았다는 것이다.

투사의 약화된 버전은 다양한 지역과 나라에서 볼 수 있다. 독일 바이에른Bayern 지방의 예를 들면 '우리는 우리, 다른 놈들은 멍청이'라는 바보스러운 속담으로 투사를 드러낸다. 티롤Tirol 지방의 속담은 더 심하다. 그곳에는 '네가 티롤 사람이면 인간이고, 티롤 사람이 아니면 멍청이다'라는 말이 있다.

사실 현대 정치에서도 투사를 여전히, 가장 좋아한다. 하지만 책임 떠넘기기는 정치를 너무 지루하고 싫증 나게 만든다. 선거전은 하나같이 지루하기 짝이 없다. 모두가 자신들이야말로 밝은 빛과 희망의 대변자라고 나서면서 상대방에게 세상의 모든 악을 투사하기 때문이다. 선거전이 끝나면 또 낯 뜨거운 드라마가 계속된다. 오직 승자들만 존재한다. 패자 역시 상대방에게 책임을 투사하기에 여념이 없다.

언론도 끊임없는 투사로 먹고산다. 헤드라인에는 진실이 조금도 담겨 있지 않고 오직 소수와 희생양을 깔아뭉개기 위해 쓰이곤 한다. 물론 선정적인 가십거리가 아주 많이 팔려 나가는데, 특히 많은 사람에게 책임을 투사할 여지를 주고, 아주 편협한 내용을 믿게 만들수록 그렇다.

사람들은 투사할 때마다 변명을 붙이거나 적어도 합리화를 꾀한다. 이렇게 이리저리 변명을 붙일 수 있다는 점이 투사의 메커니즘 중 가장 비열한 부분이다.

대립성의 딜레마, 그 탈출구

시간을 초월하는 만다라 문양에는 두 방향이 있고, 따라서 두 방향으로 움직일 수 있다. 한 방향은 중심·단일성을 향하고, 다른 방향은 원둘

레로 향하는데, 원둘레로 갈수록 긴장이 팽팽해진다. 즉 임신에 해당하는 중심점에서 삶의 테두리로 나아갈수록 긴장이 커진다. 반면 삶의 테두리에서부터 중심점, 즉 죽음 속에 있는 구원과 해소로 되돌아오는 길에는 긴장이 줄어든다.

이를 고대 신화에 비유하면 태곳적 원형의 길이고, 서구 문화에서는 《성경》의 창조 이야기에서 가장 기본이 되는 길이다. 《창세기》에서는 단일성을 뜻하는 천국에서 사람들이 추방당했다고 한다. 사람이 선과 악, 즉 대립성을 인식하는 지식의 열매를 맛보았기 때문이다. 이브는 뱀의 유혹을 이겨내지 못하고 열매를 따 먹었다. 그리고 아담에게 열매를 건네주었다.

아담은 곧이어 인류 최초의 투사를 보여준다. 하느님 야훼가 아담에게 해명을 요구하자 아담은 처음에는 모든 게 자기 책임이 아니라고 단호하게 부인했다. 하느님이 계속 추궁하자 아담은 모든 죄를 이브에게 덮어씌웠다. 하지만 그것도 소용이 없자 아담은 더욱 뻔뻔해져서 심지어 하느님에게 투사하며 이렇게 말했다.

"당신이 내게 만들어 준 여자가 열매를 따서 주지 않았습니까!"

하지만 그런 변명도 통하지 않았고 아담은 이브와 함께 천국에서 쫓겨났다.

신의 강력한 명령에 따라 인간은 최초로 단일성에서 추방당했다. 신은 사람들이 땅을 지배해 이용할 수 있지만 살아 있는 동안 땀을 흘리며 생계를 꾸려나가야 한다고 명령한다. 이브와 그 딸들은 다른 벌도 추가되어 앞으로 고통 속에서 아기를 낳아야 했다. 또 뱀이 여인들의 발꿈치를 물려고 위협했다.

'처음'에는 이미 모든 것이 담겨 있기에 《창세기》의 이야기는 결국 모든 투사가 아무 쓸모가 없다는 사실을 말한다. 길게 보면 투사를 이용해서는 누구도 문제에서 빠져나갈 수 없다. 더욱이 신 앞에서는 말할 것도 없다.

인류는 신의 명령을 충실히 따라 당당하게 땅을 지배했다. 하지만 인류가 삶의 테두리로 향하는 길에서 마주치는 긴장도 점점 커졌다.

기독교의 명령은 긴장이 최대치에 이른 지점, 저 멀리에 있는 발전 궤도의 끝과 관련 있다.

"너희가 돌이켜 어린아이같이 되지 않으면 하느님의 천국에 이를 수 없다."

말하자면 우리는 출발점으로, 즉 천국의 단일성으로 되돌아옴으로써 팽팽한 긴장에서 다시 풀려나야 한다. 이 명령은 개인과 전 인류에 해당한다.

동화와 신화도 이와 똑같은 태곳적 원형의 길을 이야기한다. 주인공들은 저마다 세상 밖으로 나가야 한다. 세상 밖은 견딜 수 없을 정도로 긴장이 커지는 곳이다. 주인공들은 그곳에서 싸움을 벌여야 한다. 그래야 자신의 영혼의 반쪽을 찾을 수 있다. 여기서 말하는 영혼의 반쪽은 융의 심리학 용어에 따르면 '아니마'이고, 동화에서는 '공주'다. 주인공들은 이렇게 긴장 세력이 펼쳐져 있는 만다라의 테두리에서 비로소 중심으로, 즉 가부장 세계의 신, 단일성의 상징인 아버지, 왕에게로 돌아온다. 그리고 동화는 '그들이 죽

> 자신의 실패에 책임이 없다고 느끼는 사람들이 다수라는 사실에서 타인에게 책임을 투사하려는 열망, 운명의 법칙에 관한 몰이해를 알 수 있다.

지 않았다면 지금도 ……하게 살고 있다'라는 전형적인 문장으로 끝을 맺는다. 동화의 마지막 문구는 이야기가 특정한 역사가 아니라 시간을 초월하는 견본 예라는 사실을 알려준다. 이야기를 요약하면 자신의 다른 반쪽을 인식하고, 그 반쪽과 다시금 하나가 되면 비로소 대립성을 극복할 수 있다는 뜻이다.

신이 내린 명령에 관해 더 수준 높은 두 번째 해석이 있다. 명상 같은 방법을 통해 대립성을 극복하라는 것이다. 왜냐하면 명상으로도 대립의 세계를 지배할 수 있기 때문이다. 이 방법은 종교적, 영적인 길에 주는 명령이라 하겠다.

결국 삶의 만다라에 존재하는 두 가지 길은 다시금 대립성으로 나아간다. 즉 삶의 중심에서 떠나는 길은 대립과 긴장의 세계에 연루되는 갈등의 길이다. 삶에의 귀환은 갈등 해소의 길 또는 종교적 구원의 길이라 하겠다.

따라서 모든 행위는 그것이 갈등 쪽인지 구원 쪽인지를 곰곰이 생각해 보게 한다. 하지만 우리는 이 두 방향을 억지로 평가할 필요가 없다. 두 방향이 다 삶의 게임에 속하기 때문에 대개 저절로 평가가 이루어진다. 대립의 세계에서는 거의 모든 것이 평가당한다.

그런데 기독교에서 내리는 평가가 유난히 극단적이다. 중심에서 나가는 것은 모두 '죄' 또는 '신과 단일성으로부터의 분리', '삶의 중심으로부터의 분리'로 여긴다. 히브리어로 '잘못을 저지르다 Hamartanein'는 중심으로부터 '분리되다'라는 의미 외에 '표적을 빗나가다'라는 뜻도 있다. 이는 만다라 문양에서도 쉽게 알아볼 수 있다.

반대로 현대 사회에서는 중심으로 귀환하는 길보다 외부로 나가는 활동적인 길을 훨씬 긍정적으로 평가한다. 이는 젊음을 추구하고 늙는 것은 죄다 거부하는 사람들의 사고방식에서 분명히 드러난다. 그런데 임신에서 시작하는 삶의 길은 중심과 단일성으로부터 분리되는 과정이지만, 중심으로 향하는 회귀는 영혼의 성장을 위한 것이다. 너무 한쪽으로 치우친 평가 때문에 우리는 삶 전체를 잘 꾸려나가려면 두 길이 반드시 필요하다는 사실을 깨닫지 못한다.

《누가복음》에 등장하는 '잃어버린 아들'이라는 탕자의 비유를 한번 살펴보자. 삶에 과감하게 뛰어들어 방탕한 생활을 하고 돌아온 아들을 위해서 축제가 벌어진다. 집에 웅크리고 있던 다른 아들은 항의하지만 아무것도 얻지 못한다. 그리스도의 관점에서 보면 탕자처럼 발전 과정에서 실패하는 편이 아예 시작하지 않는 편보다 더 나은 것이다. 즉 우리는 양극의 긴장이 팽팽한 세계에서 대립에 도전했다가 실패해도 괜찮다. 길이 어떻게 생겼는지 눈여겨보고 단일성으로 돌아가기 위해 다시 발을 돌리는 한, 우리는 (기독교의 의미에서 신을 향한) 길 위에 있는 것이다. 여기서 중요한 게 있다. 대립의 세계에는 구원이 없다는 것, 물질적 성공으로는 결코 행복과 충만을 얻을 수 없다는 사실을 깨달아야 한다. 다시 한 번 강조한다. 이것만은 꼭 알아야 한다. 대립의 현세에는 답이 없고, 답은 다른 곳(단일성의 중심)에서 기다리고 있다.

갈등은 대립에서 오는 긴장과 현세의 주인인 악마에게 우리를 이끈다. 이때 일시적으로 자신이 세계의 주인이라는 느낌이 들 수 있다. 반면 발전의 길은 우리를 중심과 단일성으로 되돌아가도록 이끈다. 따라서 갈등에서 풀려

갈등과 발전은 삶의 길에 있는 서로 다른 단면일 뿐이다.

나 발전을 이룬 사람은 단순히 자신의 작은 세계의 주인일 뿐 아니라 모든 세계의 주인이 된다. 즉 그는 자신이 모든 것에 있고 또 모든 것이 자신 속에 있다는 사실을 안다.

대립 세계의 덫:
편협성부터 긍정적 사고까지

드넓은 대립의 세계에서 모든 반쪽이 자신의 다른 반쪽을 찾아다닌다. 모두가 하나가 되기를 추구한다. 그 때문에 장기적으로 모든 극이 대립 극을 강요한다.

이를 이해하는 사람은 더 조심스럽게 인생의 길을 걷는다. 그는 한쪽 극에 개입하는 일이 다른 쪽 극을 움직이게 한다는 사실을 안다. 평화를 위해 폭력으로 테러를 막으면 더 큰 규모의 테러와 전쟁이 일어난다. 폭력은 또 다른 폭력을 부를 뿐이다. 폭력을 쓰면서 평화를 위한다는 변명은 그야말로 비열하다.

하지만 참된 내면과 맞닥뜨리는 대결에서 전면적 전쟁을 선포한 사람은 평화를 거둔다. 모든 종교의 성스러운 전쟁은 바로 위대한 내면과의 대결이라 할 수 있다. 외부와 전쟁을 치른 이후에도 긴장이 해소되면 평화가 온다. 그렇게 해서 얻은 평화가 얼마나 유지될지는 내면과 얼마나 진정성 있게 대결했느냐에 달려 있다.

평화 시위자들은 세계 곳곳에 대립 문제를 뚜렷하게 만든다. 그들이 대놓고 치고받지 않았다 해도 평화를 위해 투쟁함으로써 싸움을 일으키는 경우가 드물지 않다.

이런 경우 베르톨트 브레히트의 '선의 반대 개념은 선의다'라는 말이 꼭 들어맞는다. 이 또한 대립성 때문에 생기는 일이며 이미 《파우스트》의 악마 메피스토의 입에서도 나온 유명한 말이다. 우리도 알고 있듯 악은 선을 전제로 하고, 선은 악을 전제로 한다. 이 양극은 항상 결합하려 들기 때문에 이 세계에서 결코 선과 악 중 하나만 얻을 수는 없다. 또 한쪽을 향한 싸움은 결국 다른 쪽도 강하게 만든다.

저항은 상대의 저항을 불러온다.

오직 한쪽 극에만 몰두하는 사람은 그런 행동으로 다른 쪽 극을 반드시 불러들인다. 무신론자가 오히려 신에게 계속 집착하는 것과 비슷하다. 과거 정신과 의사들은 홍등가에서 신들린 현상이 전혀 일어나지 않는다는 사실을 발견했어야 했다. 보통 사람들의 생각과 달리 악마는 홍등가를 기피하는 모양이다. 대신 엄격한 청교도와 경건주의자들이 항상 수녀원의 한구석에서 악마를 발견한다. 내가 몇 년 동안 섹스 같은 활력적인 삶의 표현을 억제하는 초월 명상으로 조용하게 보내던 시절, 적지 않은 초월 명상 신봉자들이 내 심리 치료실을 떠났다. 반대로 상대적으로 성적 활력을 중요시한다고 소문이 난 오쇼 라즈니쉬 Osho Rajneesh를 따르는 산야신 Sannyasin 수행자들은 대부분 난관을 피했다.

어쩌면 그런 상관관계를 통찰하기보다 외면하는 게 더 쉬울지도 모른다. 실제로 정신 의학계를 포함해 많은 사람이 그림자를 외면하는 경향이 있다. 정신과 의사들은 그림자 치료를 진행하기보다 질병의 이름을 현대식으로 바꾸어 부르길 좋아한다. 그들은 옛날에 '신들림'이라 부르던 증상을 '조기 치매'라고 했다가 '조현병'으로 바꾸었다. 하지만 이름을 바꾸었다고 해서 증상이 달라지지는 않았다. 무언가를 몰아내려는 행위로 인해 오히려 더 강력해진 그림자는 세력을 거머쥐고 삶을 지배한다. 향정신성 약물로 그림자만 억제하려고 하면 삶도 역시 억제된다. 그 결과 건강한 사람이 아니라 정신이 멍한 사람을 만든다.

영혼의 그림자 측면에 스스로 몰두하는 사람은 오히려 정신이 건강한 반면, 어두운 측면이라면 무조건 몰아내 버리는 사람은 정신 문제가 더 커진다. 실제로 독일 국민의 3분의 1이 일생 중 한 번은 정신 질환에 걸린다.

오직 빛과 사랑만 내세우는 비교秘敎주의자들 중 어릿광대 같은 낙관론자들은 고안해 낼 수 있는 온갖 방법을 동원해 자신의 그림자를 불러낸다. 사실 그들은 그림자를 원한 게 아니었으니 처음에는 이를 전혀 알아차리지 못하다가 수습하기에 너무 늦은 상황까지 간다. 또 대립성을 모르는 사람들은 그림자가 발현될 조짐이 보일 때부터 하나같이 그것을 물리치는 데 급급하다. 이는 오히려 그림자를 더 크게 만든다. 쉬운 예로 수많은 야간 작업자가 아무리 애를 쓴들 겨우 한 뼘 정도 빛을 밝힐 뿐이다. 낙관론자들은 최악의 경우 자신의 몸조차 빛으로 밝힐 수 없다. 또 그의 주변 사람들은 빛과 사랑에 관한 설교를 귀가 따갑도록 듣는 바람에 신경만 날카로워질 뿐 빛의 경험을 통해 호전되는 느낌은 아예 느끼지도 못한다. 육체적 불멸을 추구하는 사람일수록 오히려 빨리 늙는다. 그림자는 대립의 법칙에 따라 가장 부정하는 곳에서 가장 뚜렷하게 드러난다.

밝은 빛에 최고의 목표를 두는 사람만큼 그림자가 많이 보이는 경우도 드물다. 모든 것을 원하는 사람은 자신도 모든 곳에 있어야 한다. 오직 밝은 면만을 원하고 그것이 전부라 여기는 사람에게 '깨어남'은 굉장히 쓰디쓴 경험이 된다. 하지만 이것도 축복이다. 깨어남은 어두운 그림자 왕국에서 일어나는 일이기 때문이다.

빛을 밝히는 계몽의 광신자들은 때가 되면 원치 않아도 반드시 그림자를 얻게 된다. 정신 이상자조차도 치유를 경험하는 한 오래전에 밀어냈던 그림자를 불러오고, 더 나아가 그림자에 힘을 실어준다. 그림자는 그릇이 차서 넘칠 때까지 오래 억눌려 있다가 결국 주도권을 잡는다.

우리는 이와 비슷한 일을 현실의 모든 곳에서 경험한다. 러시아의 차르Tsar나 중국의 황제처럼 농부와 노동자 들을 오랫동안 강력하게 억압한 자는 언젠가 민중에게 권력을 완전히 넘겨주고 무능해진다. 그 때문에 평소에 운명의 법칙을 거들떠보지 않는 정치가들 사이에서도 반대 허용이 곧 권력을 유지하는 방법이라는 말이 나도는 것이다.

대립성의 역사적 대안

과거 독재 정치를 휘두른 절대 군주의 궁정에는 궁정 어릿광대가 있어서 군주에게 반대 의견을 내놓았다. 물론 우스꽝스러운 방식으로 의견을 내놓아야 했지만 말이다. 여러 인디언 족에도 그와 비슷한 존재가 있었다. '성스러운 광대'라는 뜻의 헤요카Heyoka는 부족 집회에서 다수의 의견과 다른 의견을 내놓아야 했다. 그렇게 해서 삶의 게임에는 늘 대립성이 존재했다. 비록 헤요카의 조언을 따르진 않았지만 그림자 또는 반대 극이 헤요카를 통해 드러나면서 사람들은 늘 반대의 것을 인식했다. 그럼으로써 그림자의 엄습으로부터 자신들을 보호했다. 헤요카의 유일한 임무는 바로 현실의 다른 측면, 어두운 부분을 늘 삶에 끌어들여 같이 있도록 하는 일이었다.

어릿광대와 헤요카는 《잠자는 숲속의 공주》 속 열세 번째 여성 현자처럼 일상에 예기치 않은 그림자가 나타났을 때를 대비하는 역할을 했다. 그러면 그림자가 나타나더라도 최소한 예상치 못한 것은 아니다. 어릿광대 덕에 이미 그림자를 예상했기 때문이다. 어릿광대와 헤요카는 현대의 연방 대통령과 비슷하게 일종의 대표자 역할도 했다. 현시대의 왕이나 다수의 유럽 국가에서 대통령은 실제 권력을 가지지 않고 국가의 대표자로서 상징적 역할만 수행한다. 그들은 국가 원수라는 원칙을 위해 존재하며 구체적인 국가 정책 업무를 맡지 않는다. 지금 우리는 어리석게도 빛의 대표자만 내세우고 어두운 측면의 대표자는 완전히 몰아내 버린다. 그래서 희생자가 된 그림자는 너무도 자주, 예기치 않게, 끔찍하게 현대의 삶에 끼어든다. 그래서 '악마는 디테일에 있다'라는 속담이 나온 것이다. 악마가 더는 주목받지 못하기 때문에 디테일 속에 숨어든 것이다.

옛 인디언 문화와 고대의 수많은 문화에서 이루어진 그림자와의 통합은 가족과 마을의 일원 중에서 신들린 병자가 맡았다. 공동체는 그에게 '치유 능력을 가진 자'라는 의미를 부여했다. 그렇

> 컵에 물이 반쯤 찼다고 볼 수도 있고 반쯤 비었다고 볼 수도 있다. 이 두 가지 입장 중 하나를 지나치게 강조하는 것은 별 의미가 없다. 그럼으로써 많은 문제를 만들 뿐이다.

게 해서 그림자는 공동체에서 자신의 자리를 가지고 다른 사람들을 괴롭히지 않았다. 물론 그런 사회는 정신병원이 없어도 괜찮았다. 따라서 정신 이상자를 정신병원에 집어넣고 그림자는 해를 끼치니 몰아내야 한다고 생각한다면 큰 오해다. 대립의 법칙은 그림자가 완전히 잊히지 않도록 작용한다. 요즘 EU 위원회의 추정에 따르면 유럽 인구의 25퍼센트가 정신 의학적 치료를 받을 필요가 있다고 한다.

고대 사회에서 사람들은 정신 이상자의 기이한 행동을 통해 삶의 다른 측면을 항상 기억할 수 있었다. 사회가 광기, 그림자, 죽음을 덜 배척할수록 사회는 더 활력 있고 안전하다. 이는 물론 개인에게도 해당하는 이야기다.

그림자의 영향을 받는 현대 삶의 결과

행위, 계획, 기획 등 모든 일에서 그림자 측면을 의식하는 것이 좋다. 그림자를 항상 의식하는 것이 그림자로부터 비교적 안전하게 지낼 수 있는 유일한 방법이기 때문이다. 우리가 결정을 내려야 할 때마다 그 결정의 반대 측은 늘 부정적이다. 그 반대 측이 그림자가 되는 것이며 우리는 그것에 계속 주의를 기울여야 한다.

우리가 어떤 입장을 취하든 그에 상응하는 반대 입장이 있다. 흥미로운 게임을 하나 해보자. 평소 내 확신이니 입장의 반대쪽에 서서 그 의견을 대변하는 게임이다. 예를 들어 채식주의를 적극 지지하는 사람이라면 10분 동안 채식주의를 반대하는 의견을 내놓는 것이다. 또 원자력 발전에 반대하는 운동에 참여한다면 이번에는 원자력 발전에 찬성하는 쪽의 의견을 말한다. 민주주의, 여성해방, 사형 제도에 이르기까지 주제야 얼마든지 있다. 대립의 세계에서 모든 극은 주목할 가치가 있는 반대의 극을 가지고 있다!

> 자신의 모든 면을 삶의 게임에 과감하게 끌어들이는 사람이 더 활기차고, 더 많은 것을 경험하며, 삶을 넓힌다.

우리는 이 게임을 통해 일반적인 토론이 내 의견을 상대방에게 확신시키기 위한 것일 뿐, 자신의 정신적 발전을 위한 것은 아니라는 사실을 알 수 있다. 토론은 익숙한 것을 변호하고 기존의 관점을 더 확고히 하려는 데 목적을 둔다. 하지만 토론을 한다고 해서 기존의 관점이 더 확고해지거나 참되어지지는 않는다. 소크라테스Socrates 이전의 그리스 철학자 헤라클레이토스Heracleitos도 이미 '모든 것은 흐른다'라는 말로 모든 것이 지나가고, 고정된 게 없는 이 세계에서 확고한 입장은 의미가 없다는 사실을 알려주었다.

여러 영역에 개별적으로 통용되는 진실은 많이 있다. 고등학교 1학년 학생은 그 또래의 진실을 가지고 있고, 대학 입시를 마친 학생도 자기 나름의 진실을 가지고 있다. 아파트 1층에 사는 사람과 20층에 사는 사람 역시 다른 현실을 본다. 그러니까 모든 사람이 각자 자신의 입장이 옳다고 말할 수 있다. 또는 대립의 세계에서의 진실은 언제나 각각의 영역과 관련되어 있다고 할 수 있다. 이런 진실에는 변호가 필요치 않다. 그래서 현세의 진실 역시 변호할 필요가 없다. 왜냐하면 불완전한 관점으로만 구성되어 있기 때문이다. 다른 측면이 배제되어 완전성을 이룰 수 없는 불완전한 관점 말이다.

이 세계에서 반대 입장이 없는 입장은 있을 수 없다. 이는 식이 요법만 봐도 분명하다. 식이 요법에서는 한 체계에서 금지하는 것을 다른 체계에서 권장한다. 실제로 모든 식이 요법이 그렇다. 음식 조리법을 보면 쉽게 알 수 있다. 중국 의술에 따르면 모든 음식을 익혀야 하고, 서양에서 생식을 추구하는 사람들에 따르면 음식은 가능한 한 익히지 않아야 한다. 그러니 아무리 무언가가 분명해 보인다 해도 다른 측면, 함정, 간계를 발견할 수 있어야 한다. 간계는 바로 이 세상의 주인인 악마의 것이며, 악마는 이 세상과 함께한다. 악마는 디테일에 있다지만 아무튼 악마는 존재한다. 이런 태도여야 무언가에 속아서 절망에 빠지지 않는다.

> 우리는 같은 강물 속에 두 번 뛰어들 수 없다.
> -헤라클레이토스

문제는 토론으로 풀리지 않는다(만일 토론으로 문제가 풀릴 수 있다면 토크쇼에서 이미 다 해결되었을 것이다). 우리는 문제를 뛰어넘어 성장해야 한다. 고등학교 1학년 학생과 대학 입시를 치른 학생이 수십 년 후에 둘 다 핵물리학자가 되어 만나면 서로 달랐던 예전의 입장은 금세 해소된다. 아파트 1층에 사는 사람과 20층에 사는 사람이 같이 헬리콥터를 타고 아래를 내려다보거나 각자의 집에 초대하면 역시 예전의 입장을 철회할 수 있다.

철학에서는 이를 변증법으로 표현한다. 변증법은 A가 존재하면 그 입장에 반대되는 B가 생긴다고 전제한다. A와 B는 그보다 한 단계 위인 C라는 입장으로 합쳐지고, C는 곧 D라는 반대 입장을 마주한다. 이제 C와 D가 그보다 한 단계 위인 E로 결합하고, E는 또다시 반대 입장인 F

와 마주한다. 이런 식으로 변증법은 계속 발전한다. 그러면 '변증법이 끝없이 발전하는가?'라는 의문에 관해서는 역사마다 다른 대답을 내놓는다. 순수 변증법자들은 단계가 끝없이 발전한다고 답한다. 하지만 변증법을 좀 더 개방적으로 이용하는 이들은 상승 단계가 최종적으로 하늘로 이어진다고 대답한다. 비교 철학을 비롯한 기타 모든 철학 이론에서는 변증법의 대립적 발전은 최종적으로 단일성에 이른다고 말한다. 따라서 그림자를 통합해 의식적으로 단일성을 실현하는 것이 대립성에서 벗어날 수 있는 유일한 기회다.

단일성을 목표로 하는 사람은 대립성과의 게임을 발전의 원동력으로 삼을 수 있다. 사람의 선한 핵심을 끌어내기 위해 현세의 주인인 악마의 존재가 필수 불가결하다는 이야기는 이미 메피스토의 입에서도 나왔다. 이와 비슷하게 우리는 향기로운 장미를 얻기 위해 냄새가 고약한 거름을 쓴다. 새하얀 연꽃은 흙탕 속에서 자라난다.

어떤 일은 곧장 가는 방법보다 반대 극을 거치는 편이 더 수월하지만, 원칙적으로 두 가지 가능성이 있다. 동종 요법은 같은 성질의 것을 이용해 병을 치료하고, 서구 의학계에서는 반대 극을 거치는 역증 요법을 쓴다. 식이 요법과 색채 요법에서는 대립만 이용한다. 예를 들어 열이 많은 사람에게는 파란색을 사용해 열을 식히는 반면, 열이 적은 사람에게는 빨간색으로 열을 올린다. 또 열이 적어 체온이 낮은 사람은 따뜻한 음식(카레나 생강)을 먹는 게 좋고, 열이 많은 사람은 감귤류를 먹어 몸의 열기를 식히는 게 좋다.

대립성 인식의 결과는 대립성 존중과 수용, 대립성에 맞서 싸우는 것이다. 물론 이 싸움이란 대립성을 악으로 규정하는 게 아니다. 한편 내가 옳다고 생각하는 선을 행할 때도 항상 대립 극을 인식해야만 반대의 결과를 맞닥뜨리지 않는다는 사실은 계속 유효하다.

자선 행위는 보통 선으로 통한다. 하지만 좋은 사람이 되기 위해 남에게 적선하면서 자신을 선한 사람이라고 자만하는 자는 곧 대립성의 희생자가 될 위험이 있다. 어쩌면 그는 오직 선한 사람으로 인정받고 싶은 마음에서 적선했을 수도 있다. 또는 자신도 언젠가 구걸을 하게 될지 모른다는 두려움, 이후에 자신도 도움받기를 바라는 마음이었을지도 모른다. 또는 자신이 저지른 어떤 비행을 속죄하려는 속셈일 수도 있다.

그러니 자선 행위를 할 때마다 의식적으로 자신의 그림자를 들여다보는 게 좋겠다. 아무튼 구걸하는 사람에게 조금도 나누어주지 않거나 심지어 그들을 처벌하는 행위는 누구에게도 도움이 되지 않는다. 메피스토가 한 말의 의미를 오해하고 선을 위해 일부러 악을 행사하는 사람은 뭔가를 속이는 사람이다. 그리고 구걸하는 사람에게 돈을 줘봐야 어차피 술 마시는 데 써버린다는 이유를 대며 한 푼도 주지 않는 사람 역시 자신이 선을 행한다고 합리화하고 있는지도 모른다. 그런 경우는 대부분 인색함을 포장하는 것이다. 만일 누군가가 남을 속이려고 곤궁한 척했다면 그것은 일차적으로 그의 문제고, 그가 책임질 일이다.

대립 극이 가까이 있다는 사실을 앎으로써 우리는 많은 것을 이해하게 된다. 변비를 이해하지 못하는 사람은 반대 극인 설사에도 쉽게 시달린다. 변비와 설사의 공통 주제는 꽉 막힘에 대한 두려움이다. 알코올 의존자와 금주가도 술이라는 같은 주제를 공유한다.

> 빛과 그림자, 중독과 구도求道, 의견과 이견, 이 모든 것에 저마다의 진실이 있다. 그것을 넘어 성장할 때 문제가 해소된다.

한 사람은 탐욕적으로 한 모금이라도 술을 원하고, 다른 한 사람은 한 방울도 화를 내며 뱉어낸다. 흡연자와 비흡연자도 공기라는 공동의 문제를 두고 영원한 싸움을 벌인다. 한쪽은 공기를 깨끗하게 만들고 싶고 다른 한쪽은 연기를 피워내고 싶은 것이다.

따라서 중독자와 구도자는 서로에게 속해 있다. 그리고 둘 다 진정으로 원하는 것, 예를 들어 단일성이나 단일성 전 단계에 해당하는 건강, (내외적) 부, 행복 등을 아직 발견하지 못한 사람들이다. 달라이 라마Dalai Lama는 '우리가 단일성으로 가는 길에 있음을 깨닫고 행복하게 사는 것이 인생의 의미'라고 말한다.

일상의 그림자를 대하는 자세

이처럼 대립성은 사방 곳곳, 디테일 속에 두루 존재하지만 자신의 그림자를 찾아내는 건 거의 불가능하다. 자신을 잘 모르기 때문이기도 하고, 그림자가 대부분 세계의 상관관계 속에 숨어 있기 때문이기도 하며, 애초에 의식 바깥에 있는 미지의 것이기 때문이다. 그래서 자신의 그림자를 어느 정도 인식하기 위해 그림자 치료를 해야 할 수도 있다. 물론 그림자에 접근하는 다른 방법도 있다.

대립의 세계에서 만물이 그림자를 가지고 있다는 것, 특히 빛과 성스러운 것에도 그림자가 있다는 사실을 아는 게 무엇보다 중요하다. 빛이 밝을수록 그림자는 더 어두운 법이다. 오로지 좋게만 보이는 것이 특히 더 그림자를 의심하게 한다. 카리스마 넘치는 존 F. 케네디는 재임 시절

영감 넘치는 말을 남겨 사람들의 입에 많이 오르내렸지만, 당시 미국은 베트남 전쟁을 일으켰고 더 나아가 쿠바 위기로 인해 자칫하면 제3차 세계대전이 일어날 뻔했다. 리처드 닉슨Richard Nixon은 불명예와 치욕으로 대통령직에서 물러났으며, 전쟁 찬성론자였는데도 베트남에 평화를 가져왔고, 중국과의 냉전 시대를 종식했다.

게임은 계속된다. 조지 W. 부시는 대표적인 선거 부정자이며, 자신의 이기성을 십분 활용하면서도 자신을 선의 대표자로 자처하고, 꽤 무모하고 음모 가득한 전쟁에서 그림자를 마음껏 펼쳤다. 부시는 놀라운 그림자가 발각된다고 해도 버락 오바마Barack Obama 같은 빛의 인물에 비해 타격이 덜하다. 버락 오바마와 그 밖에 다른 카리스마를 가진 인물을 반기지 말라는 게 아니다. 다만 너무 많은 빛이 있는 곳에서는 그림자에 주의를 기울여야 한다는 뜻이다.

내가 싫어하거나 거슬리는 모든 것은 사실 나 자신과 내 그림자와 관계가 있다. 그렇지 않다면 그것들은 내게 어떤 영향도 미치지 못할 것이다. 세상에 못마땅한 게 많은 사람일수록 정면 대결 해야 할 자신의 그림자를 더 많이 가지고 있다. 그러니까 완두콩 한 알 때문에 잠을 자지 못한 동화 속 공주는 자신에게 문제가 있었던 것이다.

나라는 존재의 모든 것에도 그림자가 있다. 내가 가난하면 부는 그림자 속에 있고, 내가 부유하면 가난이 그림자 속에 있다. 이는 위대한 존재와 작은 존재, 건강과 병, 느긋함과 성급함 등 사람의 모든 특성에 해당한

> 내가 싫어하거나 거슬리는 모든 것은 사실 나 자신과 내 그림자와 관계가 있다. 그렇지 않다면 그것들은 내게 어떤 영향도 미치지 못할 것이다.

다. 내 책《영혼의 거울로서의 육체Der Körper als Spiegel der Seele》9를 보면 여러 그림자에 나타나는 인간의 모든 현상을 자세히 알 수 있고 또 이를 활용할 수 있다.

그리고 질병에서 경험하는 모든 것도 내 그림자를 더욱 분명하게 인식하게 한다. 내 책《상징으로서의 질병Krankheit als Symbol》의 관점에서 보면 육체적, 정신적 질병 증상마다 그림자가 숨어 있다. 내가 그림자를 통찰할 수 있으면 그것을 통해 성장할 수 있다.

고전적인 방법에서는 낮 동안 해결하지 못한 부분을 알아낼 목적으로 밤의 꿈을 활용하기도 한다. 악몽은 실제로 일상의 그림자 치료다. 낮에 해결하지 못한 채 남아 있는 것만이 꿈이라는 밸브를 통해 의식 안으로 밀려든다. 그것이 어두운 측면이면 악몽으로 나타나면서 해소된다. 결국 원형 또는 태초의 원칙은 일상에서 잠깐 나타나는 꿈의 배후 주제를 보여준다. 따라서 태초의 원칙을 잘 알고 상대하는 것이 삶에 큰 도움이 된다. 태초의 원칙에 관해서는 나중에 더 다루기로 한다.

또 내가 물질적으로 소유하는 것도 내 그림자를 보여준다. 집을 여러 채 소유하면서 '거주할 수 있는 내 집'이라고 말할 때, 직접 살지도 않으면서 소유하는 집들은 고향 상실과 보호받지 못하는 것에 관한 두려움을 보여준다. 돈을 산더미로 쌓아놓은 것은 돈을 통한 권력 소유 행위이며, 가난과 권력 상실이라는 공포가 그림자다. 또 한편에는 자아 가치 평가 문제가 있을 수 있다. 이와 관련해서는 내 책《돈의 심리학Die Psychologie des Geldes》에서 몇 가지를 밝히고 의미 있는 출구도 안내한다.

내가 하는 모든 일에도 역시 그림자가 있다. 예를 들면 직업에도 그림자가 있다. 나는 의사 또는 치료의 의무가 있는 치료사다. 나의 그림자 속에는 '의학 냉소주의자'가 깃들어 있다. 플로렌스 나이팅게일Florence Nightingale의 이상을 실천하는 간호사들도 고통받는 환자의 천사에서 죽음의 천사로 변하는 경우가 심심찮다. 또 정보와 진실을 전할 의무가 있는 저널리스트들은 신문 헤드라인에 조작과 은폐와 거짓을 숨긴다. 자신의 종교를 광적으로 확신하는 선교사는 비종교인과 대면했을 때 자신의 불신과 싸운다. 건강한 음식을 제공할 의무가 있는 농부들은 갖가지 살균제와 화약 비료로 인해 무덤을 파는 인부가 될 위기에 처한 한편, 장기적으로 지구 존속에 위협을 가한다. 장차 땅에서 더는 식량이 나지 않을 것이고 국민의 건강은 안 좋아질 것이다. 심지어 농부들도 그 사실을 알고 있다. 그래서 자신들이 먹는 곡식과 가축만큼은 아주 세심하게 다룬다. 요즘에는 은행원의 그림자가 가장 눈에 띈다. 수많은 은행원이 타인의 복지에 도움을 주지 않고 엄청난 돈을 벌어들이면서 국민이야 어찌되든 관심 밖이다.

취미도 그림자와 더불어 삶의 결핍을 보여준다. 여가에도 끊임없이 움직이려는 사람은 잘 움직이지 않는 직업을 가졌다는 사실을 뜻한다. 이런 이들에게는 육체적, 정신적으로 운동이 결핍되어 있을 수 있다. 예를 들어 취미로 달리기를 하는 사람은 직업이나 파트너 관계에서 앞으로 나아가려는 충동이 채워지지 않았을 수 있다. 체조를 즐기는 사람은 경력의 사다리에서 움직일 수 없는 상황일 수 있다. 속도를 즐기는 사람은 일상의 속도가 너무 느려 지루하다고 느낄 수 있다.

게임이 취미인 사람은 생활에 유희 요소가 그림자 속에 가라앉은 탓에 게임을 통해 삶에 유희를 끌어들이려 한다. 우표와 병뚜껑 등을 수집해 뭔가를 완성하는 것을 취미로 삼는 사람은 아마 삶에 전체성이 결여

되었을 것이다. 독서나 영화 감상으로 여가를 보내는 사람은 이렇게 체험 부족을 보상한다. 이런 경향은 유명한 사람의 전기를 많이 읽는 이에게서 특히 두드러진다. 그는 독서를 함으로써 자신의 삶을 사는 대신 타인의 삶에 참여한다.

물론 뒤집어 생각할 수도 있다. 위에 비유한 취미들은 그림자에 빛을 던지는 행위일 수 있다. 움직임을 요하는 취미는 늘 앉아서 일하는 직업을 견딜 수 있게 해준다. 결국 취미를 찾는다는 것은 직업에서 뭔가가 결핍되어 있기 때문이고, 직업에 존재하는 그림자를 감지하기 때문이다.

이처럼 자신의 그림자를 찾으려는 사람은 어떤 경우에든 찾게 된다. 얼마나 몰두해서 찾느냐, 얼마나 많은 삶의 영역에 그림자가 드리워져 있느냐의 문제일 뿐이다. 우리가 경탄하면서도 가지지 못한 성격이나 특성도 그림자에 속한다. 메리앤 윌리엄슨 Marianne Williamson은 이를 이렇게 표현했다.

> 찾으려고만 하면 그림자는 곳곳에서 발견된다!

우리를 가장 두렵게 하는 것은
우리의 부족함이 아니다.
우리를 가장 두렵게 하는 것은
우리가 도를 넘은 권력을 가졌다는 사실이다.
우리를 제일 경악하게 하는 것은
우리가 가진 빛이지 어둠이 아니다.
우리는 자신에게 묻는다.
내가 그토록 훌륭하고, 관대하고, 재능이 넘치고, 대단하다면 나는 대체 누구인가?
그렇지 못하다고 하는 당신,
당신은 대체 누구인가?[10]

공명의 법칙

✝

대립의 세계에는 여러 법칙이 있다. 첫 번째는 대립의 법칙이고, 공명의 법칙은 그 아래에 존재한다. 물론 첫 번째 법칙을 잘 알고 난 후에 두 번째 법칙도 지속적으로 잘 다루어야 한다.

공명의 법칙이란

이 법칙은 우리가 오직 공명하는 대상만 인식하고, 공명해야만 관계가 형성된다는 것을 뜻한다. 그러니까 라디오에 비유할 수 있다. 라디오에는 TV 전파가 수신되지 않으니 TV 프로그램이 나올 수 없다. 소리굽쇠에는 그것만이 내는 고유한 음이 존재하며, 그 음으로만 진동하고 공명한다. 우리도 어떤 대상에 초점을 맞추지 않으면 그것을 감지하지 못하고 중요하게 인식하지도 못한다. 그런 이유로 인류가 지나간 세월 동안 전자기파는커녕 자력과 전류를 모르고 지내온 것이다. 우리의 눈은 빛의 가시광선 스펙트럼에 공명하고, 귀는 귀가 감지할 수 있는 소리에 공명한다. 다른 생물은 우리와 다른 것에 공명한다. 예를 들어 박쥐는 초음파를 들을 수 있고, 개와 고양이는 고주파를 들을 수 있지만 우리는 둘 다 들을 수 없다. 그래서 개에게만 들리고 사람에게는 들리지 않는 도그 휘슬Dog Whistle이 있는 것이다.

세상에는 공명 현상의 규모가 어마어마하기에 지금껏 이 법칙을 주목하지 않았다는 사실이 오히려 놀랍다. 특히 공명의 법칙이 얼마나 기본적인 것인지를 오래전에 알 수 있었을 텐데 학문계에서조차 다루지 않은 것은 더욱 의아하다. 미국의 정신 병리학자 윌리엄 콘던William Condon은 인간의 의사소통이 공명 현상임을 증명했다. 그는 말하는 사람과 듣는 사람을 촬영해 아주 느린 동작으로 관찰하면서 듣는 사람이 말하는 사람과 내내 공명한다는 사실을 밝혔다. 표정의 움직임이 너무 미세해 눈으로는 전혀 인식할 수 없지만 슈퍼 슬로 모션에서는 얼굴 근육의 미세한 움직임을 뚜렷하게 볼 수 있었다. 다만 자폐증 어린이와 청각 장애인은 공명할 능력이 없다. 여기서 말하는 공명은 말한 내용을 듣고 그것에 반응하는 행동을 뜻하는 게 아니다. 표정이 동시에, 완전히 똑같이 변하는 것을 말한다. 이 때문에 시각 장애보다 청각 장애가 훨씬 견디기 어렵다. 청각 장애인은 다른 사람과의 공명이 불가능하지만 시각 장애는 공명을 방해하지 않기 때문이다.

감옥에서의 최악의 형벌은 바로 공명 금지다. 사람은 감각 박탈을 결코 견딜 수 없다. 그래서 격리 감금을 심지어 고문이라고 말한다. 독방 수감자들은 대부분 혼자 중얼거린다. 무시를 통한 공명 박탈은 어린이들

에게도 가장 혹독한 벌이다. 이런 벌을
받는 어린이들은 안절부절못하면서 몸
을 이리저리 흔들어 대거나 최악의 경우
머리를 벽에 쿵쿵 찧기도 한다. 오로지
리듬과 공명을 느끼기 위한 행동이다.

> 우리가 뭔가를 인지하고 중요
> 하다고 받아들일 때 항상 그
> 대상과 공명해야 한다. 그러면
> 그 대상도 우리와 관계를 맺게
> 된다!

    이런 상황에서 사람은 쉽게 미쳐버
린다. 한편 사람은 더는 아무것도 인지할 수 없는 상태에서 무無와 공명
할 수도 있다. 인도의 영적 스승이자 현대 요가의 창시자 스리 아우로빈
도Sri Aurobindo에게 일어난 일을 예로 들어보자. 아우로빈도는 자유를 위
해 투쟁하다가 영국인에게 체포당해 칠흑같이 어두운 지하 감옥에 갇혔
다. 모든 감각적 인지가 사라지자 아우로빈도는 내면에 존재하는 고요를
인지했다. 아우로빈도는 그것과 공명하여 고요, 무, 만물과 하나가 되었
다. 이때 얻은 아이디어에서 이른바 암흑 치료가 생겨났다.[11]

일상의 비밀 뒤에 있는 공명

    우리가 비록 의식하지 못하더라도 생활 속에서 공명 현상은 아주 많
이 일어난다. 각자가 최신 음향 기기를 갖추고 사는 시대에 살면서도 여
전히 음악회에 가는 이유를 생각해 보자. 뛰어난 성능을 자랑하는 디지
털 녹음본과 훌륭한 오디오 기기가 집 안에서 최적의 사운드를 만들어
내는 것쯤은 일도 아니다. 하지만 음악회에는 그와는 또 다른 숭고한 느
낌이 있다는 사실을 잘 안다. 그렇다! 음악회에서는 숭고함을 느낄 수

있다. 바로 공명 때문이다. 우리는 청중과 더불어 음악과 함께 진동한다. 우리가 모든 것과 함께 진동함으로써 모든 것을 바꾸는 엄청난 공명이 힘을 발휘한다. 물론 오케스트라나 밴드를 연주하는 음악가들도 같은 공명 속에서 진동하며, 지휘자를 비롯해 모든 사람과 공명한다.

이로써 위대한 지휘자의 비밀도 드러난다. 당연히 공명 때문이다. 지휘자는 작곡가의 음악으로 음악가들을 공명하게 만든다. 공명을 조성하는 지휘자는 음악의 창조자와 음악가들 사이에 다리를 놓는 사람이자 과거와 현재 사이에 다리를 놓는 사람이기도 하다. 지휘자는 옛 음악을 되살림으로써 많은 사람을 공명에 참여하게 하는데, 이때 충만감을 주는 어마어마한 에너지가 생겨난다. 성공적인 음악회는 항상 공명의 장이 된다. 또 공명에 참여하는 사람이 많을수록 분위기는 더욱 살아난다.

> 우리가 공명을 만들어 낼 때까지 어떤 것은 아주 오랫동안 비밀로 남는다.

연극 무대와 영화계의 스타, 최고의 트레이너와 코치의 비밀도 바로 공명이다. 그들이 공명을 잘 일으킬수록 사람들은 더욱 감동적이고 아름다운 체험을 한다. 그들이 얻는 명성과 인기의 기반은 바로 공명을 일으키는 능력이다. 사람들은 환자와 공명을 이룰 수 없는 심리 요법 전문의를 더는 찾아가지 않는다. 반대로 빠르게 공명하는 능력이 있을수록 환자와 자신의 명성에 이롭다.

마음가짐과 공명

공명도 마음가짐의 문제다. 한 사람이 휴가를 떠나는 차량으로 꽉 막힌 도로에 있다. 그는 긴 행렬 안에 있지만 그 안에서도 즐거운 휴가를 고대하는 사람들과 공명할 경우, 당사자는 교통 체증 뉴스를 보는 사람이 예상하는 것만큼 짜증이 많이 나지 않는다. 물론 급한 일이 있어 서두르는 사람, 진동에 몸을 맡기지 않는 사람들에게는 해당하지 않는 이야기다. 달리 말해 우리에게는 선택권이 있다. 교통 체증은 선택 상황이다. 우리는 공명에 들 때마다 좋은 기분과 행복을 얻는다. 상황마다 늘 공명을 일으킬 수 있는 사람이라면 심지어 치과에 가서도 좋은 기분을 느낄 수 있다. 여기에는 명상과 묵상의 비밀이 작용한다. 조용히 앉은 상태와 완전히 공명할 수 있는 사람은 지루해서 죽을 지경인 대신 단일성과 합일에 가까워지는 놀라운 경험을 할 수 있다. 하찮은 노동에 짜증 내지 않고 자발적으로 빗자루가 되려는 사람은 한순간 빗자루와 하나가 되어 공명과 에너지를 만들어 낼 수 있다. 이와 비슷한 것이 명상원에서 활용하는 청소 수행이다. 집안일을 할 때나 일상생활에 활용하면 좋은 방법이다.

한편 우리는 불만과도 쉽게 공명할 수 있고 불만이 퍼진 장을 형성할 수도 있다. 불만 세력의 장은 여러 면에서 고도로 발달한 나라, 실제로는 물질적으로만 부유한 나라에서 나타난다. 그래서 불교의 스승 틱낫한Thich Nhat Hanh은 이렇게 말했다.

"우리는 있는 그대로가 아닌 다른 것을 가지려 들 때 고통을 만들어 낸다."

> 이해한다는 것은 공명에 든다는 뜻이다. 이해할 수 없다고 느끼는 것은 공명의 결핍을 느꼈다는 뜻이다.

고통은 불만과 공명해서 생겨난다. 반대로 만족과 공명을 이루면 거의 모든 것과 조화를 이룰 수 있고, 따라서 아주 만족스럽게 살 수 있다.

공명에서 공명으로

공명을 하나의 현상으로 발전시키는 즉시, 우리는 곳곳에서 공명을 발견할 수 있다. 사물도 공명을 이룬다. 오래된 시계 상점에 가보면 벽에 걸린 시계의 추들이 거의 같은 리듬으로 똑딱거리는 것을 볼 수 있다. 모든 시계가 공명 속에서 같이 움직이는 것 같다. 옛날 라디오도 공명을 따른다. 다이얼을 돌릴 때 아직 정확한 주파수에 맞지 않았는데도 신호가 잡힌다. 공명을 이룬 것이다.

의대생은 학습 과정에서 놀라운 현상을 알게 된다. 각각 분리 노출된 상태에서 여전히 뛰고 있는 심장 세포들은 공명을 이루기 위해 무척 서두르는 것처럼 보인다. 심장 세포들은 서로에게 닿기 바로 전에 더욱 뚜렷하게 같은 리듬으로 뛴다.

세월이 흐르면서 오누이처럼 점점 닮아가는 노부부도 많다. 또 맹인과 안내견 사이의 공명도 인상적이다. 일반적으로 개와 개 주인이 서로 비슷하고 분위기가 일치하는 것도 놀라운데 이 또한 공명으로 설명할 수 있다.

장교들은 군인들이 발을 맞추어 행군할 때 다리가 붕괴될 수 있다는 사실을 잘 안다. 따라서 진동으로 인한 붕괴를 막기 위해 군인들은 일부러 동시에 발을 딛지 않는 식으로 공명에 대처한다. 이처럼 발을 맞추어 걸을 때 생기는 공명이 얼마나 큰 에너지를 일으키는지는 잘 알려져 있

다. 이것이 바로 로마 군인들의 결정적인 비밀이라 하겠다. 그렇지 않고서는 라티움Latium 지방에서 훈련도 받지 못한 농부 출신 군단이 모든 면에서 우위에 있던 에트루리아Etruria인들을 단박에 친 후 그리스의 문화를 비롯해 당시 세계의 모든 문화까지 손아귀에 넣은 사실을 설명하기 어렵다. 로마인들은 박자를 맞춘 행군을 통해 엄청난 시간과 에너지를 절약하고 먼 거리를 극복할 수 있다는 사실을 처음으로 인식한 사람들에 속한다. 이후 로마군은 모든 군대의 모범이 되었다. 오늘날에도 군인들은 똑같은 군복을 입고 단순한 군가를 부른다. 이렇게 해서 공명을 계속 증폭하는 것이다.

이 방식은 만트라Mantra(힌두교·불교에서 기도·명상 시 외는 주문. '진언'

이라고도 불린다 – 옮긴이)를 읊을 때도 같은 효과를 거둔다. 참가한 모든 이가 호흡의 리듬을 통해 공명하고 편안한 기분을 얻는다. 시간이 흐르면서 굳게 결속된 상태에 이르면 억지로 애쓰지 않아도 오랫동안 그 상태를 유지할 수 있다. 이때 세력의 장이 형성되고 에너지가 퍼지는 것을 뚜렷하게 느낄 수 있다.

춤을 출 때 리듬에 몸을 맡기고 사람들과 어울려 몸을 흔들면 저절로 음악과 공명하게 된다. 공명이 이루어지면 기분이 고조되고 몸이 붕 뜨는 것처럼 가벼운 느낌이 든다. 이와 비슷한 일이 민속 축제에서도 일어난다. 독일의 옥토버페스트 Oktoberfest 축제에서는 대뇌가 술기운의 영향을 받아 사회의 제약·경계·금기를 무너뜨리고, 낯선 사람들이 서로 팔짱을 끼고 맥주잔을 건넨다. 그러다 보면 어느새 원형적 리듬의 음악을 타고 다 같이 어우러진다. 말이 필요 없는 현장이다.

또 스포츠 경기장에서 파도타기 응원 역시 공명 현상이다. 관중석의 팬들이 파도타기를 하면서 서로와 공명한다. 팬들이 이룬 응원의 공명은 선수들에게도 영향을 미친다. 홈경기의 유리함을 생각해 보라. 파도타기에서 크게 조성된 공명은 열한 명의 선수에게 날개를 달아주는 것 같다. 물론 텅 빈 관중석이라면 홈경기의 유리함도 없다.

독일에서 68학생운동 68er-Bewegung(1960년대, 권위주의적 사회 구조와 전쟁 책임 등을 비판한 운동 – 옮긴이)이 한창이던 시기에는 몇몇 대학생이 대형 강의실에서 수업 중에 벌떡 일어나 박수를 치면서 "호, 호, 호찌민 Ho, Ho, Ho Chi Minh!"이라고 구호를 외치기도 했다. 이 구호는 너무나 단순하고, 너무나 유치하고, 또 효과 만점이었다! 당시 전 세계를 돌아다니는 래퍼들조차 베트남에서만 활동하던 호찌민이 누구인지 전혀 몰랐다. 그런데도 많은 사람이 박수와 이름이 결합된 공명에서 힘을 느꼈다.

심리 치료사와 환자의 심장 박동이 일치하는 현상도 공명의 법칙에 속한다.

공명은 다리를 놓을 수도, 부술 수도 있다.

경험 많고 노련한 치료사는 환자를 손쉽게 최면에 들게 하는 반면, 현장 경험이 적은 치료사가 그 일을 몹시 어려워하는 이유도 바로 공명 때문이다. 경험이 많은 치료사는 최면에 앞서 환자에게 편안해지는 호흡을 유도해 리듬을 조성한다. 반면 초보 치료사는 공명을 통해 자신의 신경과민과 불안을 환자에게 전달한다.

공명과 학문

학자들도 예전이나 지금이나 공명을 가까이해 왔다. 예전에 러시아 천문학자 몰차노프Molchanow와 독일 학자 테오도어 란트샤이트Theodor Landscheit가 이미 공명에 관한 본질적인 사실을 발견했다(하지만 이는 당시에 무시당했다). 몰차노프는 태양계의 비례를 비교하는 연구에서 태양계가 공명 체계를 이루고 있음을 알아냈다. 란트샤이트는 원자 구조가 태양계 구조와 완전히 유사 관계에 있다는 사실을 알아냈고, 이 구조들 역시 공명을 이루고 있는 사실도 알아냈다. 두 학자는 우주의 조화에 관한 괴테의 견해에 가까이 접근했다.

현대 학자들은 오래전부터 레이저 빛의 공명을 대상으로 공명의 법칙을 연구해 왔다. 다발로 묶인 레이저가 같이 진동하며 만들어 내는 에너지는 강철도 단번에 잘라낼 정도다.

물리학자들도 발신자와 수신자가 일정한 수치의 상응 관계에 있어야만 수신, 즉 공명이 발생한다는 사실을 오래전부터 알고 있었다.

정보 통신 기술 분야의 연구에서는 공명의 정의에 가까운 연구 결과를 내놓았다. 즉 공명이란 '서로 같지 않은 것이 일치를 이루어 진동하는 것'이다. 이때 연결 대상들은 물질적 동일성 때문이 아니라 신호와 형식 때문에 서로 연결되는 것으로 보인다. 근육 세포들은 모두 방추체(세포가 유사 분열을 할 때 생기는 실 같은 구조물로, 염색체를 양쪽으로 나눠주는 역할을 한다-옮긴이)의 특성을 가지고 서로 전형적인 진동 운동을 한다. 세포들은 말 그대로 한 줄에, 즉 한 힘줄에 모인다. 근육도 협동 운동을 하듯 움직인다. 결국 걸음을 걷는 단순한 동작에도 모든 근육이 참여해 공명을 이룬다. 조그만 물고기들이 거대한 떼를 이루어 마치 하나의 존재가 움직이는 것 같은 광경을 본 적이 있을 것이다.

> 학문은 공명을 연구한다. 하지만 아직 공명을 잘 모르는 상태다.

일반적으로 유기체의 모든 기관 세포는 상호 관계를 이루고 있으며, 아마 서로 공명을 이루고 있는 것 같다. 모든 만다라 문양의 공통 기호인 '중심을 둘러싼 춤'은 원자에서 세포에 이르기까지, 더 나아가 나선 성운에까지 널리 적용된다. 이것이 공명에 관한 보편적 증거일 것이다.

공명은 많은 것을 밝힌다

공명은 인간·동물의 모든 움직임의 비밀이자 발전의 비밀이고, 또 삶의 비밀이기도 하다. 하지만 공명은 그 자체로 비밀 현상의 설명이기

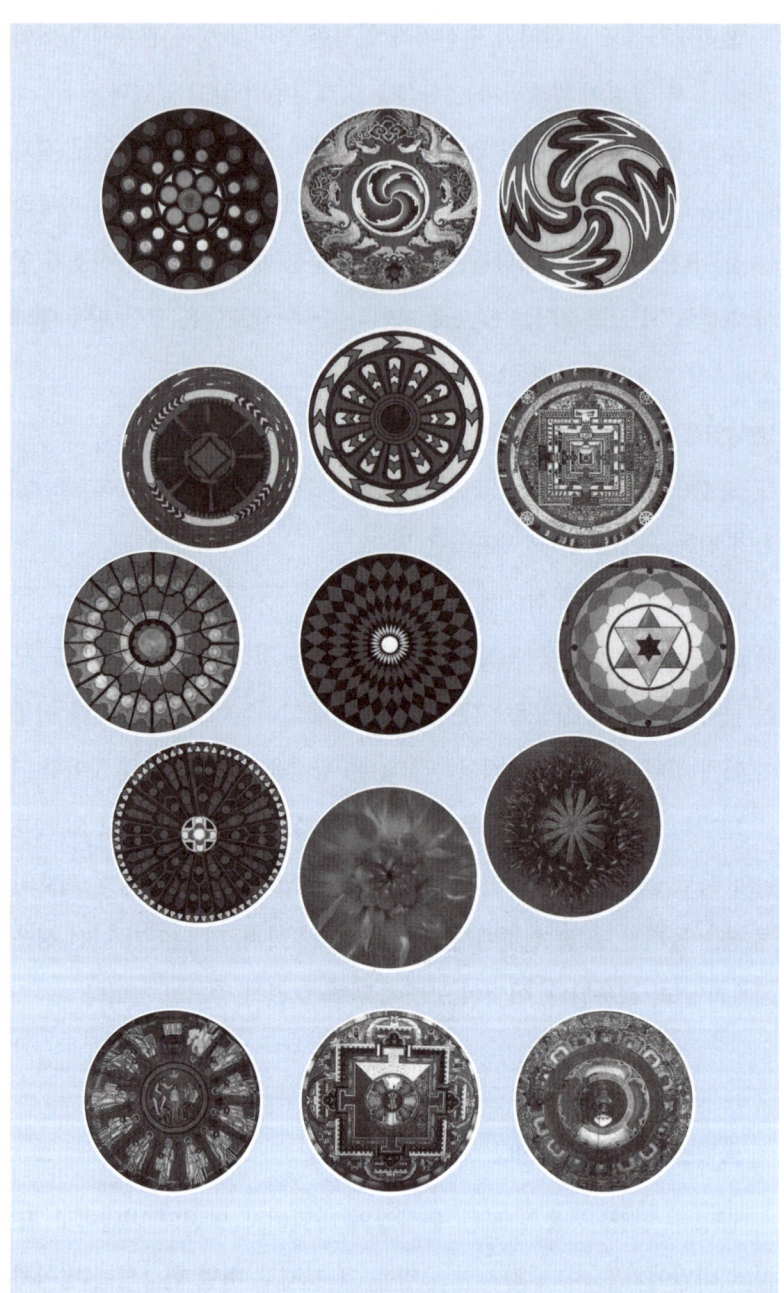

도 하다. 왜냐하면 우리가 아직 공명하지 않은 것은 모두 우리에게 비밀로 남아 있기 때문이다. 나에게 오페라 총보는 양자 물리학의 어려운 수학 공식처럼 봉인이 첩첩이 찍힌 책이나 다름없다. 비밀이란 결국 공명을 잘 이루지 못해 숨어 있는 것이다. 이렇기 때문에 비밀 교의는 쉽게 발견되지 않는다. 타로 카드도 상징적인 그림을 이용해 태곳적 발전의 길을 알려주지 못할 경우 그저 일상의 카드놀이가 되어 세상에 계속 비밀로 남아버린다.

이와 비슷하게 공명의 법칙도 학문계에 최근까지 알려지지 않은 채로 있었다. 오래전부터 무의식중에 공명을 다루고 있었는데도 말이다. 학문계는 최근에야 비로소 공명을 인식하게 되었는데, 1995년 이탈리아 파르마 대학교University of Parma의 신경 과학자 자코모 리촐라티Giacomo Rizzolatti가 이른바 '거울 신경'을 발견한 것을 계기로 공명에 주목하기 시작했다. 리촐라티는 현재 거울 신경 연구 팀의 책임자다. 거울 신경이라는 특수 신경을 다루는 분야는 뇌에서 공명을 일으키는 신경 세포를 연구한다. 상대방이 하품을 하면 거울 신경 때문에 주위 사람도 따라서 하품을 하고, 상대가 다리를 꼬면 곧 그를 따라 다리를 꼰다. 우리 내면의 많은 것이 계속해서, 가능한 한 자주 공명을 일으키려 한다. 거울 신경이 뒤에서 작용하기 때문이다.

새끼 원숭이가 부모 원숭이를 모방하고, 아이들이 모방을 통해 쉽게 배우는 것도 거울 신경 때문이다. 실제로 어린아이가 어른보다 훨씬 잘 공명한다. 아이는 다른 방법으로는 배우기 어려운 내용도 공명을 통해 쉽게 배운다. 세상의 모든 아이가 모국어를 별로 어렵지 않게 배워 유창하게 말하는 이유도 바로 여기에 있다. 아이들이 어른들과 공명하기 때문이다. 그래서 공명의 법칙을 모르는 교육자들에게 언어 교육을 맡기면 긴 시간을 들이고도 저조한 결과가 나올 수밖에 없다.

유감스럽게도 교육학은 공명의 발견 이전에 먼저 존재했다. 그 이유가 아니면 형편없는 교육의 결과를 달리 설명할 수 없다. 어쨌든 독일과 오스트리아에서는 교사의 월급도 적고 사회적 인정도 크게 낮아졌다. 하지만 현장에 있는 몇몇 교사들은 공명의 법칙을 항상 적용해 자신과 학생들의 생활을 좀 더 수월하게 만들었다.

보통 사람들도 늘 본능적으로 공명을 알고 있었다. 돈이 돈을 부르는 현상을 악마의 소행과 엮은 속담처럼 공명을 속되게 표현하기도 했다. 아무튼 언어는 공명의 세계를 다양하게 표현해 왔다. 예를 들어 '그와 끈이 이어져 있다'라는 표현은 사람을 끈으로 묶는다는 게 아니라 왠지 모르게 그 사람과 연결된 느낌이 들 때 사용한다. 또 '그와 코드가 같다', '주파수가 맞다'라는 표현도 공감의 느낌을 말한다. 어떤 사람이 특정 대상에게 '수신기를 켠다'라고 말할 때는 마음을 연다는 뜻이다. 우리가 일상적으로 쓰는, 기술 분야에서 나온 '공진하다'라는 동사도 공명이 일상생활에 끌어들인 표현이다.

공명은 온갖 상이함에도 불구하고 같이 진동하는 것을 말한다. 공명은 에너지를 절약하며, 자연이 선호하는 방식이고, 기쁨을 만든다.

교육학의 예처럼 공명이 여전히 발견되기를 기다리고 있는 것을 보면 공명의 법칙도 대립의 법칙처럼 우리가 제대로 인식하지 못하고 있다는 사실을 알 수 있다.

공명의 법칙의 결과

공명의 발견은 이미 개인의 영역에 큰 영향을 미쳤다. 사람마다 공명 관계에 있는 것을 자신의 세계라고 인지한다. 반면 공명하지 못하는 모든 것은 자신과 관계없다고 생각하고 이해하지도 못한다. 그래서 세계는 우리를 비추는 거울이 된다. 우리는 거울 속에서 보이는 자신을 언제든지 인지할 수 있다. 또 우리가 인지하는 모든 것은 우리와 관계가 있다. 그렇지 않으면 우리는 그것들을 전혀 인지하지 못하고 분별할 수도 없을 것이다.

그런데 세계가 거울처럼 우리를 비추고 있다는 사실을 오인하고, 세계를 우리와 상관없는 객관적인 것으로 착각하면 즉시 문제가 생긴다. 아침에 일어나 거울을 들여다보는 사람이 얼굴을 매만지다가 여드름을 짜겠다며 거울을 짜지는 않을 것이다. 하지만 우리는 아침에 욕실에서 나오자마자 거울을 상대로 한판 뜨기 시작한다. 배우자에게 왜 그렇게 얼굴을 찌푸리고 있느냐고, 기분이 나쁘냐고 묻는다. 배우자는 처음에는 아니라고 대꾸한다. 하지만 자신의 착각을 한사코 우기는 사람은 슬슬 상대방을 기분 나쁜 쪽으로 몰아가다가 심지어 현실로 만든다. 다시 말해 자신의 투사가 시간이 지나면서 공명을 거쳐 진짜가 될 수 있다는 이야기다.

거울을 거울로 인식하지 못하는 사람은 거울을 못마땅해한다. 옛 민속 축제에 있던 거울 미로를 보면 분명히 알 수 있다 거울을 거울로 보는 사람은 거울 미로를 쉽게 빠져나온다. 그러지 못하는 사람은 미로에 부딪혀 혹이 생긴다. 일상 상황도 비슷하다. 주변 세계를 거울로 인식하는 사람은 삶을 잘 헤쳐 나갈 수 있다. 반면 주변 세계를 우리와 상관없는 객관적인 것으로 여기는 사람은 항상 주변 세계를 못마땅해하고, 대결을 벌이고, 싸움에 연루된다.

거울을 탓해서는 안 된다. 거울은 자신을 파악하기 위한 최상의 수단이다. 따라서 우리는 거울과 동일한 주변 세계를 중요하게 받아들여 자기 인식에 활용해야 한다.

물론 주변 세계를 바꾸려 할 때도 즉시 문제가 발생한다. 거울에 비친 여드름을 짜내겠다고 거울에 두 손을 대고 짜낼 수 없듯, 세계의 근본적인 변화를 외부에서 꾀해서는 안 된다. 그 대신 우리 자신을 바꾸어야 하고, 그럼으로써 우리의 공명을 바꾸어야 한다. 단, 공명의 또 다른 가능성을 열어줄 행위로는 의례가 있는데, 의례는 나중에 다시 살펴볼 것이다. 아무튼 의례는 내적 상태를 유지하면서 외부적으로 변화를 시도하게 한다. 이렇게 함으로써 외부의 변화는 내면에 영향을 주고, 그렇게 새 공명이 일어난다. 외적 변화만 습관적으로 계속 시도해 봤자 중요한 문제는 해결되지 않고, 더 쌓이고, 뒤로 밀려날 뿐이다. 이는 문제를 한쪽으로 치워놓는 것이다. 하지만 사람들은 대부분 자신을 바꾸기에 너무 게으른 탓에 으레 기계적인 조치로 대충 때워 넘기려고 한다.《잠자는 숲속의 공주》에 나오는 왕이 한 조치처럼 거울을 상대로 씨름하는 것이다.

우리가 밖에서 부딪히는 일은 사실 내 안에서 처리해야 한다. 이럴 때 대립성과 그림자에 관해 알고 있으면 도움

> 누구나 자신의 세상에서 산다. 세상을 바꾸려는 사람은 자신을 바꾸어야 한다.

이 된다. 예를 들어 정직하지 못한 주변 사람 때문에 계속 골머리를 앓는

사람은 그 문제가 내면과 그림자에 있는 게 틀림없다. 물론 문제와 해결이 일대일로 정확히 맞아떨어지지는 않는다. 그러나 어디엔가 부정직함은 존재한다. 예를 들어 자신에게 정직하지 않을 수도 있다. 자신에게 정직하지 못하면서 다른 사람에게만 정직하려고 할 수 있다. 이런 사람은 자신을 향한 무지와 기피 때문에 자신이 부정직하다는 사실을 알지 못한다. 더욱이 이런 상황에서는 부정직함과 공명이 이루어지기 때문에 항상 외부에서 부정직한 일을 반복해 겪는다. 대립과 공명의 법칙은 협동해서 우리를 성장하게 하고, 자신의 부정직함을 깨닫게 한다. 그 결과 자신에게 정직해지면 외부 세계에서도 정직을 경험하게 된다.

공명은 양면을 가진 까닭에 우리는 긍정적 측면과도 부정적 측면과도 공명할 수 있다. 춤을 출 때 음악과 같은 리듬으로 몸을 흔드는 것은 좋은 측면이고, 부정직함의 예처럼 그림자 측면의 주변 세계와 공명하는 것은 부정적 측면이다. 부정적 측면에서 우리는 모르는 어떤 것과 공명을 이루게 된다. 왜냐하면 우리가 그것을 그림자 속으로 몰아냈기 때문이다.

> 우리에게 늘 일어나는 일은 우리와 공명할 수밖에 없다. 그것이 우리의 마음에 드는 것이면 깨어 있는 의식과 공명한다. 마음에 들지 않는 것이면 그림자와 공명한다.

순수하고, 모든 것을 통합한 현자는 주변 세계와의 문제도 없다. 현자는 어디에서든 최고로 좋은 세상에서 산다. 단 그리스도가 (현대 은행원의 전신인) 고리대금업자를 몰아내고 아버지의 성전을 깨끗하게 만든 성스러운 분노는 예외다.

~를 위해 성숙하다

　결국 어떤 일이 일어나거나 맞닥뜨린다는 것은 우리가 그 일에 공명하거나 그 일을 위해 성숙했을 때뿐이다. 우리는 추구하는 특정 경험을 위해 성숙을 촉진할 수 있다. 그러는 게 세상에서 잘 살기 위한 더 좋은 방법이다. 위대한 사랑을 꿈꾼다면 그것을 위해 성장하고 사랑에 마음을 열어야 한다. 돈에서 행복을 찾는다면 돈을 벌기 위해 성장해야 한다.
　재미있는 예를 보자. 한 노인이 수년 전부터 복권에 당첨되게 해달라고 신에게 빌었다. 세월이 지나면서 노인은 생활이 퍽 넉넉해졌지만 그래도 옛 습관을 버리지 않고 계속 신에게 빌었다. 아무튼 노인이 복권 당첨을 더 기대하지 않은 지 오래되었을 때 하늘이 열리더니 신이 쩌렁쩌렁하게 호통을 쳤다.
　"네가 그렇게 원한다면 적어도 복권을 한 장이라도 사야 하는 것 아니냐!"
　어떤 일을 하기에 충분히 무르익은 사람은 '갑자기' 사방에서 그 일과 맞닥뜨리게 된다. 어떤 사람이 동종 요법의 새로운 약제 효능을 배웠다. 그는 돌아가는 기차에서 풀사틸라Pulsatila 약제를 써야 하는 사람과 마주 앉고, 이그나티아Ignatia 약제를 써야 할 승무원이 승차권을 보여달라고 한다. 동종 요법에 관련된 서적, 영화, 사람 들이 마치 주문이라도 한 것처럼 일시에, '저절로' 나타난다. 그것은 그가 (공명을 통해) '주문'한 것이다. 이것이 바로 무언가가 우주에 주문한 것처럼 다가오는 순간이다. 이런 방식으로 일하고 싶은 사람은 모든 일의 상위에 존재하는 대립의 법칙을 주시해야 한다. 그리고 자신의 그림자를 절대 스쳐 지나갈 수 없다는 것, 주문한 모든 것은 언젠가 어떤 식으로든 값을 지불해야 한다는 사실을 분명히 알아야 한다.

공명의 법칙은 같은 관심을 가진 사람들을 모여들게 해서 서로 화합하게 한다. 그들이 비슷한 주제나 문제와 공명하기 때문이다. 앞으로 육식을 그만두겠다고 결심한 사람은 곧바로 주변에서 채식주의자들을 많이 만나게 된다. 게다가 가까운 지인 중 채식주의자가 많다는 사실을 알고 놀란다. 지인들은 오래전부터 육식을 하지 않았지만 그가 모르고 있었을 뿐이다. 그동안 채식을 인식하지도 않았고, 따라서 공명하지 않았기 때문이다.

꼭 필요한 도움이 사람이나 책, 영화, 경험의 형태로 문득 다가오는 것도 모두 공명의 법칙으로 쉽게 설명할 수 있다. 지금까지 해당 주제에 관해 성숙하지 않았던 까닭에 그 주제가 삶에 나타나지 않았거나, 주제를 인식할 수 없었던 것이다.

남태평양제도에 사는 (허구의) 선주민 인물 파파라기Papalagi도 비슷하게 공명 문제로 전깃줄과 자동차를 모르고 그냥 지나친다.[12] 인디언들은 처음 총을 보았을 때 총을 무서워할 수 없었다. 총을 모르니 공명할 수 없었기 때문이었다. 또 인디언 선조들은 범선을 간과할 수밖에 없었다. 범선이 그들의 세계상에 맞지 않았으니 역시 배와 공명할 수 없었던 것이다.

이쯤이면 아이들의 발달 단계도 공명과 매우 큰 관계가 있다는 사실을 짐작할 수 있다. 아이들은 당연히 어른들과 다르게 공명한다. 아이들은 아이들의

수변과 세계에 관한 의식적 선택이 공명에 영향을 미친다.

세계에서 산다. 아이들의 세계는 어른의 세계와 다르지만 그렇다고 해서 그 세계가 더 나쁜 것도 더 좋은 것도 아니다.

공명과 대립성

학계는 오랫동안 엔트로피Entropy 법칙을 믿고 가르쳐 왔다. 이 법칙은 열역학의 모든 과정이 완성되어 어디에나 온도가 똑같아지는 최대 엔트로피 상태에 달할 때 세계가 열사熱死로 종말을 맞이한다고 본다. 여기서 엔트로피는 무질서를 측정하는 척도다. 과거 자연 과학자들은 비가역적으로 증가하는 엔트로피로 인해 우주가 카오스로 되돌아갈 것이라 예측했다.

그러나 세월이 흘러 노벨화학상을 수상한 물리 화학자 일리야 프리고진 Ilya Prigogine이 산일 구조(열역학에서 외부와 에너지를 계속 주고받는 중에 자연스럽게 질서가 형성되는 현상 – 옮긴이)와 자기 조직화(외부의 명령 없이 시스템 내부의 상호작용만으로 질서가 자연스럽게 형성되는 과정 – 옮긴이) 이론으로 엔트로피 법칙의 대안적 사고 체계를 설명했다. 하지만 양의 원칙에 해당하는 엔트로피 법칙은 여전히 사람의 의식을 지배한다. 또 미국 세포 생물학자 브루스 립턴 Bruce Lipton[13]과 같은 기발하고 대담한 사고를 하는 학자들이 협동에 관해 언급하기 시작했다. 많은 사람이 협동이라는 새로운 사고방식을 따른다면 새로운 공명이 발전해서 모두가 같이 생존할 수 있지 않을까? 새로운 공명이 조성되면 엔트로피 법칙에 따른 암울한 예언도 더는 퍼지지 않을 것이다.

앞서 말한 것처럼 다윈은 양의 입장에서 생존 투쟁이라는 이론을 기술했고, 라마르크는 또 다른 전형인 음의 입장에서 협력과 시너지 이론을 기술했다. 그러나 라마르크의 이론은 다시금 빠르게 배제되었다. 사실 세상 모든 것에서 협력과 지원의 증거를 발견할 수 있지만 다윈과 우리는 너무 오랫동안 그 점을 간과해 왔다. 사람의 육체만 봐도 협력과 시너지 작용을 배제하는 일은 생각할 수 없다. 여기서 시너지 작용이란 장기와 조직이 같은 목적으로 협력하는 것을 말하며, 이 작용은 세포들 사이에도 지속적으로 일어난다. 균형과 중심 찾기에 힘썼던 중국 철학은 그 사실을 더 잘 알고 있었다.

다윈의 시대와 그보다 더 전 시대인 소크라테스의 시대, 그리고 고대 헤라클레이토스의 시대에도 이미 전쟁을 만물의 아버지라고 표현했다. 하지만 아버지를 둔 만물에 어머니도 필요하다는 사실은 중요하지 않았던 모양이다. 가부장제는 여성 극을 슬쩍 간과하거나 또는 너무 낮게 평가하고, 쉽게 잊어버리는 경향이 있다. 이유는 공명이 결핍되어 있기 때문이다. 하지만 지금은 음의 극과 새롭게 공명해 시너지를 내고 협력의 장을 형성하는 게 중요하다. 이에 관한 지식은 이미 오래전부터 있었고, 이제는 공명을 매개로 새로운 현실의 장을 건설해야 한다.

이런 의미에서 공명을 '현실의 음의 극 법칙'이라 할 수 있다. 이제 협력의 시대가 와야 할 것 같다. 하지만 음의 극으로 완전히 쏠려선 안 되고, 앞으로도 대립성은 계속 존재하며, 마찬가지로 대립성의 권리도 여전히 살아 있다는 사실을 무시해서는 안 된다. '이것 아니면 저것'이라는 양자택일이 아니라 '이것도 좋고 저것도 좋다'라는 통합이 공명에 잘 어울린다. 현실에 존재하는 대립과 공명의 법칙을 똑같이 인정하고 존

중해서 생존과 삶의 장점으로 활용하는
게 좋다.

> 전쟁은 대립으로 생명력을 얻어 세상을 파괴로 이끈다. 반면 공명은 서로를 필요로 하고, 합일로 이끈다.

이제 음의 극을 인정하고 그것의 도움을 받아 양의 극만 강조해서 발생한 문제를 해결해야 할 때가 왔다. 지금껏 십자군, 종교 재판관, 정복자, 식민주의자, 군국주의자, 파시스트, 공산주의자, 테러리스트, 독재자, 경영자, 투자 은행가들 등 각계의 파렴치한 대표자들이 자행한 '발작적 살인 광란'이 세계를 폐허로 만들어 놓았다. 그런데도 우리는 여전히 권력자라는 극단에 사로잡혀 이들에게 집착하고 있고, 뉴스는 오로지 권력의 옹호자와 추종자 들이 일으킨 끔찍한 사건의 쓰레기로 가득하다.

그리고 현재 사람들이 거의 모두 전쟁을 혐오하게 되었음에도 '위대한' 대원수, 황제, 왕이 아직도 다방면에서 이상화된다. 특히 팽창 정책은 경제 분야에서 대단한 성과를 거둔 것으로 여겨지고 정치 분야에서는 더 큰 세력을 떨치고 있다. 또 중소기업을 비롯해 인간의 운명을 가차 없이 무시하는 거대 콘체른Konzern(법률상으로 독립되어 있지만 경영상으로는 관련되어 있는 기업 결합 형태 – 옮긴이)이 전 세계에 퍼지고 있고, 그 경영자들은 날이 갈수록 존경받으며 많은 보수를 받는다. 삶에서 실제로 중요한 것보다 이런 권력자들을 더 존중하고 이상화하는 한, 공명의 법칙에 따라 우리도 그런 경향으로 기울게 된다.

우리가 예전부터 항상 음의 극에 의존해 살아왔다는 것은 무시할 수 없는 사실이다. 오늘날에도 우리가 끊임없이 불태워 열을 얻는 나무는 어머니 자연이 오래전에 만들어 둔 것이다. 우리는 숲에 전기톱을 들이 대고, 수십 년 동안 아무 말 없이 조금씩 자라난 나무들이 쓰러진다. 나무꾼이 우지끈 소리와 더불어 나무를 쓰러뜨리는 광경은 아주 눈에 띈다. 하지만 이제 다른 측면도 눈에 띄어야 하지 않을까? 자연에는 광합성과 성장의 어마어마한 에너지가 존재한다. 이를 '생물량Biomass'이라 일컫고, 이것이 바로 전기톱보다 훨씬 위대한 기적이다!

사실 공명 속에서 자연의 다른 측면, 즉 음의 극을 재발견하는 일이 좀 더 수월할 수도 있었다. 힐데가르트 폰 빙겐Hildegard von Bingen이 오래전에 녹색 에너지 비리디타스Viriditas(모든 존재를 푸르게 살아 움직이게 하는 창조적 에너지이자 신성한 생명력 – 옮긴이)를 언급한 적이 있었기 때문이다. 빙겐은 녹색 에너지 현상에 관해 수백 년 이후의 후손들보다 더 해박하게 알고 있었다. 세월이 흐르면서 음의 측면도 진화한다는 징후가 많이 발견된다. 곳곳에서 협력과 공생의 측면이 '갑자기' 나타난다. 세포 생물학자 브루스 립턴은 심지어 생명의 기초인 세포 영역에서도 협력의 증거를 발견했다. 이제 너무 심하게 기울어진 세계상을 바로 세워야 할 때가 되었다.

양이 있는 곳에는 음도 필요하다. 마르스가 활약하는 전투와 전쟁이 양의 극이라면, 사랑의 신 비너스는 음의 극이다. 비너스가 하는 일은 화해와 평화, 아름다움과 시너지 작용이다. 또 비너스는 올림포스Olympos 산의 중매인이다. 비너스의 도움으로 새로운 생명이 탄생하고 성장한다.

마르스와 비너스는 대립성 관점에서 보면 상대 게임자들이다. 따라서 대립의 법칙에 의하여 그 둘이 밀접한 관계가 되는 것은 어쩔 수 없다. 마르스와 비너스는 실제로 신화에서도 중요한 핵심 관계였고 둘 사이에서 에로스Eros와 하모니아, 포보스Phobos(공포의 신 – 옮긴이)와 데이모스Deimos(패배의 신-옮긴이)가 태어났다. 대립성에 덜 편협했던 고대 그리스인들은 양극의 결합이라는 상상을 하는 데 아무런 문제가 없었다. 그래서 전쟁과 평화, 전투와 사랑에서 하모니와 에로스라는 훌륭한 원칙이 생겨날 수 있었다. 마찬가지로 공포와 두려움의 원칙도 생겨날 수 있었다.

많은 이가 사랑의 신, 하모니와 사랑, 협력과 조화라는 음의 측면에 다시 합당한 자리를 부여하고 지속적인 관심을 보이고 있다. 특히 오늘날 우리는 사랑이라는 주제에 관해 참으로 많은 것을 알고 있다.

사랑이라는 공명 현상

서로 사랑한다는 것은 상대에게 마음을 열어 경계를 없애고 둘에서 하나가 된다는 뜻이다. 이렇게 하나가 된 이들은 두 사람이 각자 겪은 일을 합친 것보다 훨씬 많은 일을 경험하게 된다. 서로가 느끼는 감정을 교환하고, 완전히 새로운 일이 가능해진다. 예를 들어 둘이 섞여 아이가 생기기도 한다. 산성과 염기성이라는 대립 극이 만나 완전히 새로운 중성의 소금이 만들어지는 것과 같다.

사랑을 시작하는 단계에서 한 사람이 다른 사람에게 이렇게 물을지도 모른다.

"나랑 함께할래?"

두 사람이 함께하다 보면 결국 같이 자게 될 때가 오고, 비로소 서로 진동하게 된다. 섹스할 때 일어나는 리드미컬한 움직임은 그 순간에 생겨난 공명을 뚜렷하게 만든다. 그들은 또 사랑에 어울리는 표현과 에너지를 주는 공명을 끊임없이 추구한다. 그래서 같이 춤추고, 진동한다. 그네에 앉아 흔들림에 몸을 맡기기도 하고, 배를 타고 출렁이는 느낌을 함께하기도 한다. 물결에 흔들리는 배 안에 있으면 마치 태내에 있는 듯하다. 어머니가 숨 쉬고 걸을 때마다 부드럽게 태아가 움직였던 것과 같은 느낌이다. 두 반쪽이 만나 하나가 된 이들은 새로운 공명의 결과를 만끽한다. 둘이 있으면 더없이 강해진 느낌이 들고, 두 사람의 사랑에 끝이 없을 것 같다. 둘이 함께라면 커다란 나무도 거뜬히 뽑아낼 수 있을 만큼 힘이 세지고, 공기와 사랑만 먹고도 살 수 있을 것 같다. 더 나아가 신과 세계를 모두 끌어안을 수 있을 것만 같다.

이 모든 기분은 두 사람 사이에서 생긴 공명의 결과다. 사랑하는 사람은 매끼를 먹지 않아도 전혀 배고프지 않을 만큼 벅찬 충만함을 느낀다. 하나가 되는 감정을 느낌으로써 신에게 가까워진다. 두 사람 사이의 경계를 더는 느낄 수 없고, 둘의 사랑에서 우러난 정신과 영혼과 마음 상태에서는 불가능이 없을 것 같다. 그리고 두 사람의 사랑이 경계를 무너뜨려 모든 사람과 위대한 신들에게 마음을 열게 한다.

사람들이 일치와 조화를 이룰 때마다 이러한 현상은 더 큰 힘을 얻는다. 이전의 대립과의 간극이 클수록 이런 느낌은 더 커진다. 어린이들이 동물을 무척 사랑하는 이유도 여기에 있다. 어린이들의 사랑은 동물의 왕국 전체를 포용한다. 각계각층의 사람들도 커다란 간극을 뛰어넘어 공명의 에너지를 경험할 수 있다. 예를 들어 브누아트 그루Benoîte Groult의 소설 《바다 냄새 나는 여인Les Vaisseaux du cœur》14을 보면 파리Paris 출신의 지적인 여성과 브르타뉴Bretagne 출신의 어부가 불멸의 사랑에 빠진다. '불멸'이라는 단어는 만물이 소멸하는 대립의 세계를 초월해 두 사람이 특별한 공명을 이루었음을 말해준다. 로미오Romeo와 줄리엣Juliet, 트리스탄Tristan과 이졸데Isolde처럼 대표적인 세기의 연인들은 사회적 제약이 그들을 갈라놓았지만 위대한 사랑으로 그것을

> 극복한 심연이 깊고 클수록, 건너온 다리가 크면 클수록 공명의 느낌은 더 숭고하고, 사랑은 더 위대하며 황홀해진다.

뛰어넘었다. 서로가 오래 떨어져 있던 만큼 만나서 같이 진동하게 되면 엄청난 공명을 일으키고, 거기서 만들어지는 큰 에너지는 천상의 힘에 버금간다.

그런데 여기에 다시 대립성이 끼어든다. 왜냐하면 서로 반대인 대상이 상대를 끌어당겨 사랑을 나누고 합일을 경험하는 경향이 있기 때문이다. 결국 이 대립의 세계에서는 공명도 대립성을 극복함으로써 생겨나는 자유로움을 한번 겪어보게 하는 수단인 셈이다.

공명이 갑자기 일어나면 사랑을 특별한 것으로 보이게 할 수 있다. 그래서 첫눈에 반한 사랑이 뭔가 특별하고 매우 인상 깊은 것이다. 첫 순간과 시작의 비밀에 관해서는 나중에 좀 더 자세히 살펴보겠다. 아무튼 일시에 공명을 이루어 한순간 세계를 보는 시각과 느낌이 완전히 달라진 사람은 '삶이란 대립의 세계가 주는 것보다 훨씬 많은 무엇'이라는 사실을 깨닫는다.

이처럼 사랑은 대립의 세계에서 단일성을 경험할 유일한 기회라 하겠다. 바로 이 점이 사랑의 또 다른 매력이라서 모든 사람이 사랑에 빠질 수밖에 없다. 세상에 사랑을 다루지 않은 영화나 소설이 몇이나 될까? 사랑이 없는 삶은 공허하고 불만스럽게 보인다. 또 두 사람이 하나가 되었을 때 육체에서 오르가슴을 얻는다 해도, 인간 최고의 목표인 천상의

사랑을 맛보게 하는 합일의 경험은 육체를 초월한다. 그래서 오쇼 라즈니쉬는 '우주의 의식은 (전체) 피조물과 나누는 오르가슴'이라고 말했다.

물론 황홀함을 동반한 열애는 부모 자식 간의 사랑(때로 파트너 사이에 존재하는 내면의 깊은 사랑)과 구별할 수 있다. 이 두 가지 사랑의 형태는 모두 합일의 경험을 선물하지만 차이가 있다. 황홀함을 동반한 열애는 대부분 시간제한이 있는 반면, 내면의 깊은 사랑은 시간이 지날수록 더 많은 힘과 포용성이 더해진다. 이상적인 것은 황홀한 사랑이 발전해 내면의 깊은 사랑으로 넘어가는 것이다. 내면의 깊은 사랑은 발전의 특별한 동력이 되고, 신적인 단일성에 우리를 더 가까이 데려다 놓는다. 내면의 깊은 사랑은 모든 종교의 목적인 신의 사랑으로 가는 최고의 다리이기도 하다.

그래서 종교인들 스스로는 예상하지 않았다 해도 모든 종교가 사랑과 공명으로 귀결된다. 이슬람교는 말 그대로 신을 사랑하는 사람들의 종교이고, 유대교는 같은 것을 추구하면서 육체의 사랑을 시적으로 묘사하는 숭고한 사랑의 노래를 가지고 있다. 힌두교는 남녀 성기 링감과 요니를 숭배한다. '나는 이것저것 그리고 눈길이 닿는 모든 것이다Tat twam asi'라는 문구로 표현하듯이 섹스를 통해 세상에 존재하는 모든 것과 합일하는 것을 목표로 한다. 기독교는 특히 사랑의 종교라고 표현하면서 이웃을 내 몸처럼 사랑

어린 마리아Maria가 영성체를 받을 때 주교가 아이를 안히고 말했다.
"마리아, 네가 나에게 하느님이 어디에 계시는지 말해주면 오렌지를 하나 주마."
마리아가 대답했다.
"하느님이 어디에 안 계시는지 말씀해 수시면 제가 주교님께 오렌지를 두 개 드릴게요."

하고 더 나아가 원수도 사랑하라고 한다. 또 비술적 신비주의 철학은 완전히 융합하는 화학적 결혼을 목표로 삼는다.

《성경》에 따르면 천국에서는 만물이 합일을 이루어 차이를 구별할 수 없다고 한다. 즉 원죄를 지은 이후 대립성이 나타나 구별 능력이 삶에 들어온 것이다.

그럼에도 결국은 모든 것이 공명을 지향하고, 모든 것이 함께 진동해 아무것도 배척되지 않는다. 즉 삶이 합일을 이루는 것이다. 이는 종교적이고 신비주의적인 관점이며, 우주 열사 이론을 가진 학자들과는 반대되는 관점이다. 하지만 요즈음은 학자 중에도 이와 같은 관점을 가진 사람들을 찾아볼 수 있다.

공명의 법칙 활용법

잠든 파트너 옆에서 뒤늦게 잠을 청하는 사람은 잠든 파트너가 내는 숨결의 리듬에 의도적으로 동참할 수 있다. 두 사람의 숨의 리듬이 공명하면 깨어 있는 파트너가 서서히 자신의 호흡 리듬을 바꿀 수 있다. 잠든 파트너는 무의식중에 상대의 호흡을 따른다.

이처럼 낯선 패턴이나 낯선 영역으로 의도적으로 들어가는 일은 조작과 통제에도 쓰일 수 있다. 자신의 뜻대로 상황을 바꾸기 위해 의도적으로 공명에 들어갈 수 있다는 이야기다. 이 가능성에 관해 입을 다무는 것은 의미가 없다. 왜냐하면 공명을 통한 조작과 통제는 예전부터 이용되어 왔고, 현재는 대중 영합주의자 Populist 와 독재자가 즐겨 쓰는 술수이기 때문이다. 이들은 거대한 군중을 대상으로 공명을 일으키기를 특히 좋아한다. 예를 들어 군인들을 발맞추어 행진하게 해서 공명을 일으키는데, 이때 찬가나 전투가를 부르게 하면 더 쉽게 공명할 수 있다. 대중 영합주의자와 독재자는 우선 투사 경향이 큰 대중의 선입견에 동조해 단호한 연설로 확신을 심는다. 흥분한 어조로 장시간 연설해 군중을 공명하게 하고, 생성된 장을 광적인 확신에 차게 만들면 이제 군중을 완전히 사로잡을 수 있다. 이 전형적인 예로 히틀러의 종이자 잔학한 만행의 대변자 요제프 괴벨스Joseph Goebbels를 들 수 있다. 괴벨스는 연설로 군중을 자유자재로 다루어 이해할 수 없는 기괴한 찬성과 맹세를 받아냈다. 패전의 그림자가 짙은 당시에 괴벨스가 베를린 슈포르트팔라스트Berliner Sportpalast에서 한 연설은 그야말로 전설적이다. 독일은 스탈린그라드 전투Stalingrad War에서 패했고 동부전선의 군대들이 퇴각하던 시점이었다. 그럼에도 괴벨스는 군중에게 큰 지지를 받았다. "전면적 전쟁을 원하는가?"라는 괴벨스의 질문에 군중은 우레 같은 목소리로 "예!"라고 대답했다.

선거전에서도 여전히 공명을 이용한다. 선거전에서 승리하려면 동조의 장 형성이 관건이고, 유권자를 위한 정보 제공은 두 번째 문제다. 유권자들은 정보가 아니라 분위기와 여론을 파악해 표를 주기 때문이다. 아무튼 그 자체로는 나쁘다고 할 수 없다. 공명은 세계의 만물과 마찬가지로 대립의 법칙의 지배를 받기 때문에 좋게 사용될 수도 오용될 수도 있다. 그 예로 가스펠은 공명을 통해 안도감과 신적 황홀감에 도달하게 하는 장을 형성한다.

비단 미국뿐 아니라 서방 세계의 새로운 희망으로 떠올랐던 버락 오바마도 같은 방법으로 선거전을 치렀다. 오바마의 선거 기획실도 공명을 폭넓게 조성하는 일에 비해 정보 제공에는 크게 신경 쓰지 않았다. 오바마는 그가 원하는 바를 사실대로 말하지 않는 대신 변화와 희망에 관한 반복적인 연설로 추종자들을 사로잡았다. 오바마는 "네, 우리는 할 수 있습니다 Yes, we can"라고 했지만 그들이 무엇을 할 수 있으며 무엇을 원하는지는 정확하게 말하지 않았다. 그리고 대통령이 된 오바마는 계속 같은 방법으로 정치를 이끌어 나갔다. 오바마는 대중 앞에서 연설할 때마다 분위기를 이용해 장을 형성했다. 실제로는 새로운 시작을 위한 구조적 장이 형성된다는 희망만 있을 뿐이다. 그리고 희망은 현재에도 사람들을 사로잡아 더 의식이 깨어 있는 세계로 움직이게 한다.

광고, 유행, 사회적 본보기도 이렇게 마법처럼 사람들을 끌어당기는 장을 형성한다. 그리고 건전하고 비판적인 사고를 계속 마비시켜 방향을 조작한다. 그러지 않았다면 현대인들의 '뼈말라' 광기를 어떻게 설명하겠는가? 이 광기는 현대의 많은 여성을 병적인 체중 감소로 치닫게 한다. 여성들이 의류 회사가 제시하는 병적인 이상적 몸매를 따르는 것이다.

어느덧 여러 분야에서 나서서 뼈말라 광기를 지적한다. 나도《영혼의 거울로서의 육체》라는 책에서 이 광기를 반대했고, 광기의 배경을 자세히 밝혀놓았다. 우려의 목소리가 갈수록 커지고 내 책도 큰 성과를 거두어 많은 여성이 광기의 실체를 이해했다. 하지만 광기의 장은 여전히 끄떡도 하지 않는다. 많은 여성은 모델 몸매라는 광기가 고작 몇몇 남성의 명령에 따르는 것이며, 그 모델이라는 것도 사실 여성의 몸매가 아닌 남성, 아니 소년의 체형이라는 것도 인식하게 되었다. 그런데도 병들어 있고 또 병들게 만드는 이 비쩍 마른 모델 몸매의 장은 계속 세력을 더해 가기만 한다.

이처럼 이미 형성되어 있는 장을 반대하는 일은 매우 어렵다. 차라리 널리 퍼진 병적 몸매를 유지하는 편이 더 쉽다. 패션계에 건강한 여성을 위한 장을 형성하는 일은 엄청난 작업이 될 것이다. 그러려면 수많은 여성이 건강한 몸을 가지고 춤을 추며 흔들리는 느낌이 유쾌하다는 사실을 다시 깨달아야 한다.

사람을 공명하게 하는 것은 일종의 기술이다. 정치든 모델 유형이든 공명이 뚜렷해지면 각각의 상황에서 그것을 활용할 수 있다. 마찬가지로 누구든지 자신이 몰두하는 주제에 공명하고 거기에 맞춰 삶을 만들 수 있다. 이른바 성공을 보장하는 수많은 책이 이 방법을 제시한다.

말하자면 아름다움에 관련된 일을 하는 사람은 특히 아름다운 사물에 끌린다. 하지만 이것을 대립의 법칙이 방해할 가능성이 있고, 본인이 눈치채지 못한 그림자 문제가 있을 수도 있다. 그럴 경우, 공명의 법칙이 작동하지 않는다고 불평하게 된다. 하지만 공명의 법칙은 여전히 작동하고 있다. 그저 대립의 법칙이 더 우세할 뿐이다. 이 점에 관해서는 성공 처세술 책을 쓰는 수많은 저자가 침묵한다. 어쩌면 그들도 이 사실에 관해 아는 게 없기 때문인지도 모른다.

우리는 두 법칙의 지식을 연계해 발전을 촉진하는 주제와 아이디어에 공명하는 한편, 대립 극이 나타날 때 '원수를 사랑하라'라는 의미에서 상대에게 마음을 열 수 있다. 이 초기 기독교 교리는 사랑을 촉구해서 적대적인 대상과 공명하라는 뜻이다. 바로 공명 속에 성장의 최대 잠재력이 있기 때문이다. 만일 우리가 적과도 진동한다면 그들과 화해할 수 있다. 그럼 당연히 적이 우리에게 투사한 문제도 풀 수 있다.

우리가 세계의 아름다운 측면에 마음을 여는 동시에 반대 극에 있는

것에도 마음을 열면 악이 엄습해 우리
를 경악하게 하는 일도 일어나지 않는
다. 우리가 이미 악을 파악하고 있기 때
문이다. 명상 시처럼 단일성을 경험하기
위해 전체가 열려 있으면 단일성에 방
해가 되는 것도 포함해 모든 것을 파악하게 된다.

> 모든 명상은 깨달음을 얻게 하거나 지속되는 걸림돌을 알게 해준다.

우리의 도구, 언어의 공명

이 세상의 만물이 그러하듯 각각의 도구에도 공명, 대립 극이 있다. 만일 썰고 찍는 칼과 포크만 존재한다면 수프라는 음식은 생겨나지 않았으리라. 망치는 두드림과 못을 박는 데 공명한다. 하지만 드라이버와는 공명하지 않는다. 드라이버가 아무리 탕탕거리며 비슷한 신호를 보낸다 해도 말이다. 이처럼 모든 직업은 저마다의 공명을 가지며, 직업 그룹 내의 전문가들도 마찬가지다.

직업에도 공명이 존재한다는 사실을 아는 게 중요하다. 일례로 병원에 가서 의사를 찾는 일을 생각해 보자. 외과 의사와 공명하는 사람은 외과를 선택해 수술할 가능성이 크고, 내과 의사와 공명하는 사람은 약을 처방받으며, 심리 치료사와 공명하는 사람은 심리 치료를 받는다. 이는 서구 의학계에만 해당하는 게 아니라 대체 의학 전

> 도구라고는 망치만 아는 사람에게는 모든 문제가 못이다.
> -폴 바츨라비크 Paul Watzlawick

반에도 두루 통한다. 척추 지압사에게 공명하는 사람은 척추 치료를 받는다. 동종 요법에서는 글로불리 Globuli 라는 약을 주고, 꽃 추출물 치료법에서는 꽃의 에센스를 주며, 침술사는 침을 꽂고, 심리 분석가는 환자를 의자에 눕힌다. 이처럼 환자 대부분이 어떻게 치료받을지를 스스로 결정한다(공명에 이끌려 무의식적으로 결정하는 경우가 많다). 치료법에 관해 불평하는 일이 심심찮게 일어나지만 말이다.

책을 읽고 쓰기 위한 도구는 언어다. 우리는 언어를 무턱대고 쓰기 전에 언어에서 무엇을 기대할 수 있고 기대할 수 없는지, 언어가 어떻게 우리를 공명하게 만들고 어떤 식으로는 결코 공명하지 않는지 좀 더 자세히 살펴보아야 한다.

단일성과 대립성으로 생각해 보면 사실 완벽하게 정확한 언어가 필요하다. 하지만 우리는 그런 언어를 가지고 있지 않다. 우리가 쓰는 언어는 대립성의 일부다. 따라서 단일성과는 관계가 없다. 언어는 여성 극과 남성 극 사이에서 한 번도 균형을 이룬 적이 없고, 남성의 논리를 요구하고 장려하며 여성의 논리를 낮춰 본다. 예를 들어 "넌 왜 그렇게 생각하는 게 여자애 같냐!"와 같은 비난은 여성을 얕잡아 보는 데서 나온 말이다.

우리는 언어를 사용할 때 여성 극을 끊임없이 무시한다. 예컨대 해가 비치는 일요일 Sunday 은 빛나는 남성의 원칙과 대응시키면서 여성을 반영하는 달 Moon 로 월요일 Monday 을 표현해 일을 시작하는 우울한 날로 폄하한다.

이와 비슷하게 우리는 오른쪽과 왼쪽이라는 방향에도 가치를 평가한다. 오른쪽을 올바른 길이라 말하는 반면, 왼쪽은 기울어진 삐딱한 길이라고 말한다. 이런 식의 평가와 차별은 더 나아가 다른 민족을 일컬을 때도 해당한다. 또 좋지 않은 일에는 '공산당 같다'라는 표현을 쓰면서 현재 가장 강력한 문화의 표본인 미국 영어를 무분별하게 섞어 쓴다. 그러면서 미국이 인디언 문화를 파괴한 이후로 어떠한 문화 흔적도 남아 있지 않은 나라라는 사실은 전혀 생각하지 않는다. 한마디로 언어는 참으로 고약한 도구다. 언어를 너무 믿지 말아야 한다. 언어도 역시 우리를 삐딱하게 만들 수 있다.

공명과 내림성 체험하기

✝

현실에 존재하는 두 가지 큰 법칙을 알게 되었으니 이제 두 법칙을 감각적으로 경험해 볼 차례다. 다음의 간단한 실험으로 두 법칙을 한층 분명하게 이해하고, 체험할 수 있다. 만일 이 실험을 한 번도 해보지 않았다면 좋은 기회다. 이 실험을 해보기 전에는 더 책을 읽지 말라. 실험은 기껏해야 30초밖에 걸리지 않고 부득이할 경우 옆 사람의 도움 없이 혼자서도 할 수 있다. 겨우 30초다.

> 다음 페이지에 있는 검은 가면에 시선을 고정한다. 눈을 깜박이지 않고 30초간 계속 쳐다본다. 눈물이 흘러내려도 괜찮다. 눈물은 결과에 영향을 주지 않는다. 한순간도 가면에서 시선을 떼지 않는 것이 중요하다. 약 30초 후 눈을 감고 무엇이 보이는지 확인하라.

마치 괴물같이 보이던 가면을 계속 본 뒤에 눈을 감으면 대립성으로

인해 반대 극이 두드러진다. 즉 빛의 형상이 보이는 것이다. 이 현상도 공명으로 해석할 수 있다. 기독교 신자라면 예수 그리스도의 얼굴이 가장 많이 보이고, 불교 신자에게는 부처의 얼굴로 보일 수 있다. 어떤 이는 이 형상을 체 게바라Ché Guevara라고 인식하기도 한다. 체 게바라는 인권 운동의 아이콘으로 빛의 형상을 가진 존재다.

중요한 것은, 괴물 같은 형상을 쳐다본 지 단 30초 후 이것이 빛의 형상으로 바뀐다는 사실이다. 이는 '현실'이라고 일컫는 '외부의 세계'가 전혀 존재하지 않는다는 뜻이다. 빛의 형상은 대립성을 조정하고 싶은 내면의 욕구일 뿐이다. 말 그대로 내면에서 조화를 부려 나타난 것이다. 이 현상은 개인적 공명과 각 문화에 맞는 공명을 통해 나타난다. 이처럼 간단한 실험이 대립성과 공명으로 나타난 빛의 형상을 보여준다.

물론 반대로도 (대립의 법칙에 따라) 같은 현상이 일어난다. 즉 지속적으로 천사와 빛의 형상만 쳐다본 사람은 내면에서 그림자의 형상과 괴물이 솟아 나온다. 우리의 영혼은 모든 치우침에서 평형을 이루려 하기 때문이다.

이 실험 결과는 단순하지만 많은 사람에게 충격을 준다. 자기 내면의 빛에 가까이 접근하려는 사람은 영혼에 존재하는 어두운 그림자와 대면해 해결을 보아야 한다. 항상 빛에만 몰두하는 사람의 경우, 그의 영혼은 반대로 움직여 평형을 유지하려 하기 때문이다. 우리가 끊임없이 암흑의 측면을 은폐하려는 한 대립의 법칙은 우리를 놓아주지 않는다. 우리는 왜 그토록 많은 지성인이 그림자의 함정에 빠지는지 실험을 통해 직접 경험해 보았다.

따라서 '그림자 치료'가 빛을 향해 가는 더 좋은 방법이다. 빛에 몰두하는 일은 존중받을 가치가 있고 물론 정상적인 일이다. 그러나 이때 한 가지, 자신의 그림자를 파악하고 있어야 한다. 빛에 몰두하는 것은 바로 그림자를 불러일으키는 방법이다. 이 사실을 알면 빛에 몰두하는 일도 훌륭한 그림자 치료가 된다. 빛에 몰두하는 사람이 준비되지 않은 상태에서 그림자를 만나면 충격을 받는다. 눈에 드러나지 않은 그림자가 있는 한 빛은 종종 자취를 감추고, 이는 우리에게 좌절감을 준다. 그림자는 항상 존재하는 빛이 비치지 못하게 한다.

> 빛과 그림자는 서로에 속해 있다. 빛과 그림자를 분리하려고 애쓰는 사람은 그 사이에 시간이라는 환영을 끼워놓을 뿐, 결국 차례차례 빛과 그림자를 경험하게 된다.

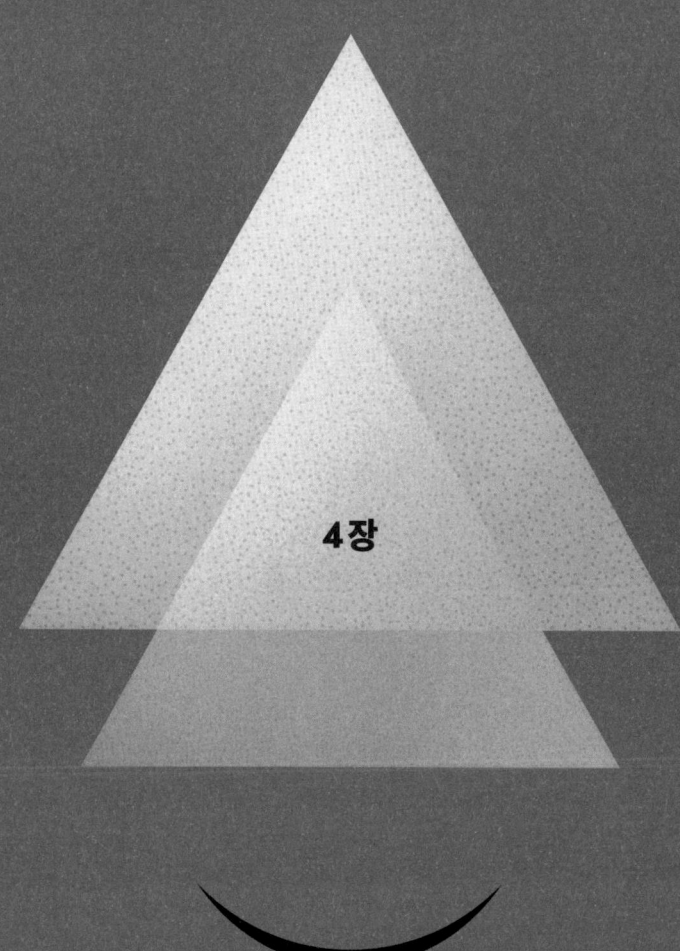

인지:
우리의 현실은 얼마나 현실일까

†

자신의 감각을 믿어 의심치 않던 사람은 앞의 실험으로 꽤 당혹감을 느꼈을 것이다. 그러니 좀 조심할 필요가 있다. 왜냐하면 우리는 전자기파 스펙트럼 영역 중 매우 한정된 부분만 볼 수 있기 때문이다. 청각도 마찬가지다. 우리는 음파의 대부분을 들을 수 없다.

맨눈으로는 적외선과 자외선 사이의 매우 협소한 부분만 볼 수 있다. 그렇기 때문에 우리는 위험해질 수 있다. 눈에 보이지 않는 것을 모두 놓쳐버리기 때문이다. 그 예로 피부는 자외선에 노출되면 화상을 입는 정도에 그치지만, 스펙트럼에서 자외선 바로 옆에 존재하는 방사선에 노출될 경우 암의 원인이 될 수도 있다. 서구 의학계에서도 암 발병 원인의 50퍼센트를 방사선으로 본다. 청각도 제한적이라는 면에서 그리 다를 게 없다. 중파, 단파, 초단파만 해도 라디오 같은 기계를 통해야만 인지할 수 있다.

게다가 우리가 뭔가를 인지했다고 믿는 모든 것에 착각이 더해진다.

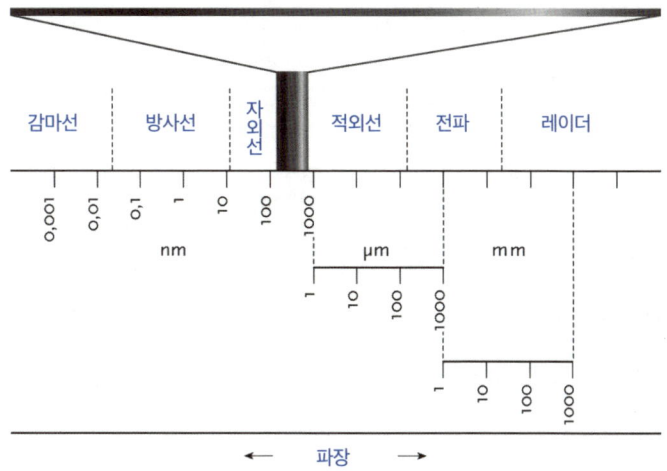

왜냐하면 우리가 인지한 모든 것이 사실이 아니기 때문이다. 현대 영화의 전신인 '엄지손가락 영화'는 조그만 책자의 책장을 빠르게 넘길 때 그림이 움직이는 것처럼 보이는 현상을 이용한 것이다. 영화는 눈의 착시 현상을 한층 뚜렷하게 보여준다. 영화는 완전히 정지된 그림들로 만들어진 것이기 때문이다. 오직 영사기의 속도에 맞추어 움직임의 환영이 생겨난다. 옛날 영화를 보면 1초당 바뀌는 그림의 수가 적어서 움직임이 불완전하다. 예를 들어 마차의 바퀴가 갑자기 뒤쪽으로 돌아가는 것처럼 보이기도 한다.

더 나쁜 상황도 있다. 우리의 시각이 유일하게 옳은 것이며, 따라서 객관적인 상像과 결과를 얻을 수 있다고 믿는다면 몇 가지 단순한 예만으로도 이 환영은 무너진다. 다음의 평행한 두 직선을 보았을 때 길이가 같다는 사실이 쉽게 믿기지 않을 것이다.

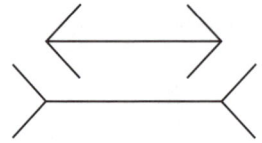

두 직선은 길이가 같다. 그러나 끝에 있는 각 때문에 착시가 일어난다. 두 직선의 길이를 재서 확인해 보라.

다음 그림에서는 직선 AB가 직선 AC보다 훨씬 짧아 보인다. 두 직선을 실제로 재본 후에야 비로소 착각이 사라진다. 두 직선은 길이가 같다. 하지만 우리가 무의식적으로 두 직선을 평행사변형과 비교하기 때문에 길이가 다르게 보이는 것이다.

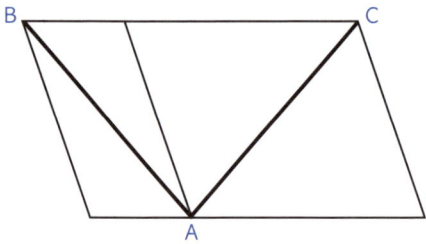

다음 그림에서는 가운데의 공의 크기를 비교하면 왼쪽 공이 더 작아 보인다.

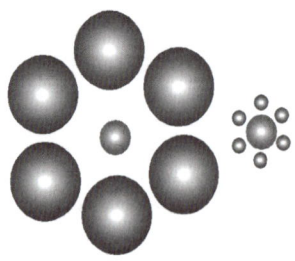

이것도 역시 비교 때문에 생겨난 환영이다. 왼쪽의 중심에 있는 공은 주위에 꽤 큰 공들이 둘러싸고 있어 상대적으로 작아 보이는 반면, 오른쪽 중심에 있는 공은 주위에 아주 작은 공들이 둘러싸고 있어 상대적으로 커 보인다.

> 결국 모든 것이 상대적이다. 수프에 들어 있는 머리카락 세 가닥은 상대적으로 많지만 머리에 나 있는 세 가닥은 상대적으로 적다.

이런 상대성 경험은 실제로도 매우 간단하고 또 널리 퍼져 있다. 자신이 훌륭한 사람으로 보이고 싶으면 여러모로 자신보다 경력이 적은 사람을 주변에 두면 된다. 한 예로 내 지인 중 한 사람이 박사 학위를 땄는데 나중에 보조 식품 판매자가 되었다. 내가 이유를 묻자 그는 수많은 인재가 우글거리는 전공 분야에서보다 이 분야에서 성공하는 게 훨씬 쉽다고 답했다. 이처럼 상대성의 활용은 참으로 간단하다.

하지만 환영 파괴는 계속된다. 이른바 자연 과학의 객관적 측정이라는 것도 다만 비교하는 일에 지나지 않기 때문이다. 측정 대상은 그게 무엇이든 특정한 수치에 비교당한다. 예를 들어 길이 측정은 20세기까지 프랑스 파리에 있는 '미터원기'라는 X 모양 자를 기준으로 했다(1983년 이후 미터 단위는 진공 상태에서 빛의 속도를 초 단위로 계산한 것을 기준으로 새로 정의했다). 프랑스 혁명 이후 파리에 있는 미터원기는 백금과 이리듐으로 제작해 같은 온도를 유지한 상태에서는 비틀리지 않았다. 그런데 미터원기는 서양의 길이 측정 도구다. 더욱이 나라마다 엘레Elle, 야드Yard 등 여러 가지 길이 측정 단위가 있다. 이처럼 우리는 항상 비교만 할 수 있을 뿐이므로 각각의 주변 환경에 의존할 수밖에 없다. 개인의 인지 과정과 자연 과학의 측정 과정도 마찬가지다.

하이젠베르크Heisenberg의 불확정성 원리가 이 같은 현상을 더욱 분명하게 설명한다. 불확정성 원리는 물체의 위치와 속도를 동시에 정확하게 측정할 수 없다는 이론이다. 일반 독자는 이 사실에 별 감동을 안 받을지도 모르겠다. 하지만 1920년대부터 물리학자들은 이 이론 때문에 꽤 안절부절못했다. 그들이 구축한 고정된 세계상을 뒤흔드는 이론이기 때문이었다.

이와 비슷한 게 비트겐슈타인Wittgenstein의 토끼-오리 그림이다.

이 귀여운 동물의 왼쪽을 쳐다보면 오리같이 보이고, 오른쪽을 보면 토끼같이 보인다. 누구든 즉흥적으로 오리와 토끼를 알아볼 수 있지만 동시에 두 동물을 보는 것은 불가능하다. 이 그림은 깨달음의 그림이 될 수 있다. 우리는 이 그림을 오리에서 토끼로 차례차례 인지할 수 있지만 눈의 인지 속도가 느리기 때문에 두 동물을 동시에 볼 수는 없다. 차례차례 연속 과정이 필요하다. 연속 과정은 전과 후를 대조하게 만들고 기준 시점과도 대조하게 만든다. 한편 기준 시점은 다시금 (힌두교에서 '거대한 두 개의 환영'이라고 일컫는) 공간과 시간을 끌어들인다.

자, 이번에는 말을 타고 가는 사람의 그림을 보자. 말 탄 사람이 당신을 향해 다가오고 있는가? 아니면 당신에게서 떠나가고 있는가?

말 탄 사람이 떠나가든 다가오든 다 옳다! 이 그림은 두 모습을 함축한 것이다. 그런데 삶이 내게로 날아오는 것 같은 기분을 계속 경험하는 낙관주의자는 공명에 의해 말을 탄 사람이 나에게 다가오는 모습을 본다. 반면 모든 게 자기를 떠나버리는 것 같은 기분을 자주 느끼는 비관주의자는 자신을 떠나는 사람을 본다.

인지와 정치

우리는 두 가지 모습을 다 가진 그림을 통해 정치라는 게임을 꿰뚫어 볼 수 있다. 많은 사람이 정치라는 게임을 너무 진지하게 받아들인다. 내가 세미나에서 하듯 말 탄 사람의 그림을 두고 표결해 본다고 가정해 보

자. 참가자들 중 3분의 2는 자신에게 다가오는 사람을 보고, 나머지 3분의 1은 떠나가는 사람을 본다. 두 모습을 다 보는 사람은 극히 적다. 이제 우리가 의회를 열어 말을 탄 사람이 어느 방향으로 가느냐를 놓고 논쟁을 벌인다고 가정해

> 우리는 사물이 동시에 존재한다는 사실을 알 수는 있다. 그럼에도 두 사물을 동시에 보는 일은 불가능하다. 그 사이에 시간이라는 환영이 필요하기 때문이다.

보자. 이때 다수결의 원칙을 적용해 소수의 의견을 거부할 수 있다. 하지만 다수결로 소수를 제외한 일이 각 입장의 진실 여부를 말해주지는 않는다. 다수도 소수도 자신의 입장이 진실이라고 주장할 수 없다. 이것은 오직 공명의 문제일 뿐이다.

그렇다 한들 민주주의가 기존의 조건에서 국가 관리를 위한 최상의 제도일 수 있다는 사실은 변함이 없다. 하지만 민주주의의 메커니즘과 그 한계를 안다는 것은 문제의 해결책을 찾는 데 큰 도움이 된다. 또 운명의 법칙이 정치에도 해당한다는 사실을 아는 것도 물론 도움이 되겠다. 정치에서는 다수가 옳다는 전제 아래 다수가 국민의 권리를 확정한다. 독일에서는 국회의원의 3분의 2 이상이 찬성하면 헌법도 바꿀 수 있다.

당파마다 자신들의 특별한 판단 기준이라는 안경을 쓰고, 자신들이 일으킨 공명에 따른 세계를 보느라 다른 것을 보지 못한다. 그러는 한 다양한 입장과 공명에 관해 토론해 봐야 모두 허튼소리에 지나지 않는다. 이 상황에 도움이 되는 것은 각자가 판단 기준이라는 안경을 쓰고 있다는 사실을 인정하는 일이다. 그 안경이 어떤 것이며, 우리를 어떤 계획에 끼워놓는가를 알아야 한다.

정치판에서는 각자의 공명에 의해 확정된 입장을 고수하며 싸우는

것보다 공명을 통찰하고 확장하려는 시도가 훨씬 의미 있을 것이다. 의회는 오직 공명을 반영할 뿐이다. 따라서 모든 당파가 진실과 동떨어져 있을 수 있다.

모든 사물과 존재는 최소한 두 개의 얼굴을 가진다. 그리고 우리는 양자 중 선택권을 가진다.

각 당파는 나름대로 정당성이 있다. 그러니 당파 구성원들이 차차 의식을 확장해서 다른 측의 입장을 이해하는 게 이상적이다. 그런데 현장에서는 심지어 정치가 그 일을 방해하고 당파를 억압하려고 한다. 어떤 사람이 이른바 '적대적인' 공명에 동참하려는 시도만 해도 배신이라고 비판한다.

이런 관점에서 보면 다른 방법으로 결정을 내리는 이른바 원시 민족이 오히려 덜 원시적으로 보이기도 한다. 미국 인류학자 진 휴스턴Jean Houston이 보고한 아프리카 부족민들은 의견이 만장일치에 이를 때까지 계속 문제 제기 노래를 부른다. 우리에게는 이 결정법이 생소해 보이지만 좀 더 생각해 보면 사람들은 노래를 부르며 서로 공명하고, 시간을 들여 문제가 무엇인지 깨닫는다. 부족민들은 이 방법으로 옳은 결정에 이르러 목적한 결과를 얻는다.

미국 심리 생물학자 버넌 B. 마운트캐슬Vernon B. Mountcastle은 대상과 사건을 받아들이는 감각을 학문적으로 언급한 적이 있다. 그는 '정확한 감각'이란 '지각 환상'이라고 주장했다. 그에 따르면 우리는 모두 '뇌의 감옥'이라는 우주에 산다고 한다. 감각은 세계를 재현하는 것이 아니라 하나의 추상일 뿐이다. 이 주장은 우리를 성장시켜서 '집시의 정원Garten der Zigeuner으로 가는 여행'이라는 또 다른 경험을 하게 도와준다. 그 여행을 위한 준비를 해보자.

한쪽 엄지를 세우고 팔을 앞으로 뻗어 눈과 멀리 떨어져 있는 물체 가운데에 둔다. 이제 엄지에 초점을 두고 쳐다보면 멀리 있는 물체가 두 개로 보인다. 반대로 멀리 있는 물체에 초점을 두고 쳐다보면 엄지가 두 개로 보인다. 엄지가 두 개로 보였다면 당신은 '집시의 정원' 입장권을 얻은 것이다.

이제 도형 세 개로 이루어진 두 기둥으로 시험해 보자. 책을 똑바로 세워 두 기둥을 잘 보이게 한다. 그런 다음 한쪽 팔을 뻗어 엄지를 두 기둥 사이에 둔다.

엄지에 초점을 두면 순간 기둥이 두 개가 아니라 네 개로 보인다. 그리고 눈과 손을 움직이다 보면 중간에 있는 두 기둥이 겹쳐져 이제 기둥이 세 개만 보인다. 이 상태에서 가만히 계속 쳐다보고 있으면 가운데에 있는 기둥 색깔이 빨간색에서 보라색으로, 보라색에서 파란색까지 변하는 한편, 바깥쪽 기둥의 색은 변하지 않는다. 이 행위를 계속하다 보면 가운데 기둥의 도형들이 입체로 변하고, 도형의 위치가 서로 바뀐다. 한마디로 시간이 흐르면서 중간 기둥이 가장 생생하고 화려한 반면 바깥쪽의 두 기둥은 흐릿하다가 가끔 사라지는 것 같기도 하다. 이제 시각 유희를 마쳐도 될 때다.

이 연습에서 놀라운 점은 실재하지 않는 가운데 기둥이 가장 생생하고 뚜렷하게 보인다는 것이다. 우리가 현실이라고 일컫는 그 속에 가운데 기둥은 전혀 존재하지 않았다. 반대로 바깥쪽 두 기둥은 실재하면서도 그리 뚜렷하게 보이지 않는다. 그러니까 우리는 외부 현실에서 전혀 존재하지 않는 어떤 것을, 심지어 그렇게 짧은 시간에, '실재 사물'보다 훨씬 뚜렷하게 본다.

실제로 집시는 이 정원을 영혼의 그림 세계로 떠나는 여행의 출발점으로 삼았다. 이와 비슷하게 이슬람교도들은 《알라딘과 요술 램프》에 나오는 날아다니는 양탄자를 이용하는지도 모른다. 이들은 기둥이 묘사된 기도용 양탄자에서 기도를 드릴 때마다 바깥 두 기둥을 볼 수 있다. 이 기둥들은 집시의 정원을 단순화한 식으로 배치되어 있다.[15] 수많은 이슬람교도가 양탄자 위에 앉아 고요 속에 침잠한다. 그들은 곧 같은 영혼의 세계로 여행을 떠나 영혼의 날개를 타고 날아오른다.

환영의 세계

아직도 객관적 지각이라는 환영에 매달려 있다면 다음의 환영 세계로 좀 더 깊이 들어가 보자. 첫 번째 그림은 언뜻 보면 나선형으로 보인다. 하지만 연필로 나선형의 선을 따라가다 보면 곧 이 그림이 나선형이 아니라 같은 중심을 가진 원이라는 사실을 알게 된다.

두 번째 그림을 정면에서 보면 간격이 제각각인 네모와 선이 꽤 어지럽게 그려져 있는 것 같다. 하지만 책을 들고 측면에서 그림을 보면 평행한 선들이 일렬로, 규칙적으로 그려져 있다.

다음 그림에서 우리는 대조 때문에 놀림거리가 된다. 우리가 가지고 있는 기대가 명도의 차이를 오판하게 만드는 것이다. 검은색 막대의 교차점에서 빛이 밝게 솟아오르는 것은 분명히 환영이다.

가운데에 있는 교차점에 뭔가 특별한 것을 기대하기 때문에 그렇게 보이는 것이다. 더욱이 여기에 대조가 더해진다. 검은색과 대조를 이루는 흰색은 흰색끼리 있을 때보다 더 하얗게 보인다. 조금만 더 생각해 보면 실제로는 결코 그럴 수 없지만, 저 가운데 부분은 흰색보다 더 하얗게 보이는 듯하다.

이런 유희거리는 얼마든지 있다. 아래 그림도 사실은 전혀 그렇지 않은데 움직이고 있는 것 같은 착각을 일으킨다.

현실 뒤에 있는 현실

지각 환상은 영화가 살아 움직인다는 착각을 주는 것을 넘어 어안이 벙벙한 결과를 만들어 낸다. 이 결과 어떤 시각에서 보면 시간과 공간으로 이루어진 환상의 세계에서 벗어나 또 다른 현실의 영역을 들여다볼 수 있다.

앞서 언급한 것처럼, 인류의 가장 오래된 문서인 힌두교의 경전 《베다》에서는 시간과 공간을 '우리의 눈을 속여 실재를 바로 보지 못하게 하는 거대한 환영'이라고 한다. 고대 이집트인들은 '이시스Isis의 베일이 사람들의 눈을 가려놓았다'라고 믿었다. 그래서 앞에 놓인 세계의 환영을 꿰뚫어 보는 법을 배울 때까지 오랫동안 진짜 현실을 못 본다고 말했다. 시공간의 환영과 관련해 또 다른 언어적 비유나 그림을 들면, 미국 문화 인류학자 겸 작가 카를로스 카스타네다Carlos Castaneda는 라틴아메리카의 샤먼 세계의 비유를 책에 기술하려고 애썼다. 하지만 샤먼 세계가 그에게 매우 큰 인상을 남겼는지 그는 책에 자신의 경험을 더 많이 남겨놓았다. 아무튼 시공간의 환영을 이해하는 데는 다음 연습이 도움이 될 것이다.

'눈 만다라 연습'은 일종의 명상이다. 15분 동안 생생하게 각성한 의식으로 이것을 수행하면 시간과 공간의 환영을 극복할 수 있다. 상대방의 눈이 이상하

> 환영이 가득한 세계, 그렇다면 이 세계는 환영인가?

게 희미해지면서 눈이 살아 활기를 띠는 것처럼 보일 수 있다. 시선을 계속 가만히 두면 눈 주변으로 서서히 상대방의 얼굴도 변한다. 변하는 얼

굴이 기이하게 늙어 보일 수도 있다. 환경에 따라 그 사람이 나이를 먹었을 때의 얼굴을 볼 수도 있다. 반대로 얼굴이 어려지면서 그의 아기 때 얼굴도 볼 수 있다. 이 경험만으로도 너무 깊은 인상을 받아 도중에 방어 반응을 일으킬 수도 있다. 가장 흔한 방어는 눈을 감아버리는 것이다. 이러면 당연히 두 사람의 연습은 끝난다. 또 다른 공포 반응은 웃음으로 회피하는 것이다. 웃음은 자체로 항상 건강한 것인데, 이 경우는 본질을 피해 가는 반응의 하나다.

눈 만다라 연습

이 연습은 두 사람이 하는 것이다. 거울 앞에서 혼자 연습할 경우 아주 주의해야 한다. 또 심리적으로 불안정한 사람은 이 연습을 하지 말아야 한다.
두 사람이 마주 앉은 상태에서 상대방의 의자에 다리가 닿을 정도로 가까이 다가간다. 각자 한쪽 무릎을 상대방의 무릎 사이에 끼운다. 이제 15분 동안 상대방의 왼쪽 눈을 쳐다보다가 살아 있는 만다라에서 시선을 떼는데, 가능한 한 눈을 깜빡이지 않는다. 두 손은 무릎에 가만히 둔다. 얼마 지나지 않아 눈물이 흐르거나 눈이 축축해질 수 있다.

우리는 이 경험으로 인지의 질을 완전히 바꿀 수 있다. 우리는 이 연습을 통해 일반적으로 보이는 얼굴 뒤에 숨겨져 있는 완전히 다른 얼굴을 본다. 상대방의 얼굴에서 천사 같은 모습을 볼 수도 있다. 대립성 차원에서 당연히 반대 현상이 일어날 수 있고, 상대방의 악마적인 측면의 그림자가 나타날 수도 있다.

이 경험은 매우 인상 깊고 감동적일 수도 있지만 두려움을 불러일으킬 수도 있다. 이 연습을 파트너와 할 때 우리는 그림자의 발현을 상대방에게 투사하고, 천사는 기꺼이 자신으로 받아들인다. 물론 모든 사람에게는 두 측면이 다 존재한다. 중요한 것은 이 연습이 현실을 조금도 바꾸지 않는다는 사실을 확실히 알아두는 것이다. 연습은

> 늙음, 천사의 얼굴과 악마의 얼굴은 가까이에 있다. 다만 시간에 의해 분리될 뿐이다.

다만 있는 그 자체를 보여줄 뿐이다. 하지만 경우에 따라 그 자체가 충분히 경악스러울 수 있다.

혼자 거울을 쳐다보면서 이 연습을 할 경우 타인에게 투사할 기회가 없기 때문에 큰 두려움을 불러올 수 있다. 또 한 가지, 연습이 15분을 넘어서는 안 된다. 음악이나 알람 시계로 시간을 정해놓는 게 중요하다.

이 연습에서 사람의 확장을 경험하는 것은 마치 상대방의 삶에 있는 여러 정거장 중 한 시점의 그를 경험하는 것과 같다. 따라서 자연히 의식의 확장을 경험하고, 시간의 상대성을 느낄 수 있다. 상대방이 가진 두 측면을 다 경험한 사람은 대립성으로 가는 넓은 통로를 얻고, 이 세계에 대립성이 널리 편재해 있다는 사실을 안다. 이때 자신의 순간적 공명 때문에 천사 또는 악마의 얼굴을 보는 것이다.

원인 탐구의 간략한 역사

결국 우리는 현실을 보는 게 아니라 눈과 뇌를 매개로 세계에 상상을 투입해 해석한다. 생각할 때도 이와 비슷한 과정이 일어난다. 이제 그 역사를 잠깐 살펴보자.

분석과 원인 탐구라는 서구적 방법은 어느덧 당연한 일이자 유일하게 결과를 보장하는 방법인 것 같다. 사실 분석적 방법은 우리가 일반적으로 생각하는 것보다 그리 널리 확산되지 않은 새

괴테도 모든 피조물이 '비유'라고 말했다. 그러나 전 세계 종교인들은 오늘날에도 비유를 이용해 세계를 이해하고 있다.

로운 방법이다. 그리고 (대립의 세계에서 통상 그렇듯이) 최소 한 가지 대안이 있다. 오늘날에도 인류의 대다수는 유추 사고에 의지하는 종교적 세계에 살고 있다. 유추 사고는 수백 년 전까지 우리 세계를 지배했고 현재에도 종교인의 삶을 규정한다.

현대의 분석적 사고는 고대 아리스토텔레스Aristoteles로부터 시작되었다. 그의 스승인 플라톤만 해도 스승 소크라테스의 유추적 세계상을 기록하면서 그것을 향한 의심을 입 밖에 내지 않았다. 아리스토텔레스가 비로소 플라톤과 소크라테스의 생각을 좀 더 잘 이해하기 위해 세계상의 분류를 시도했다. 아리스토텔레스는 현대로 치면 미국 심리학자 리처드 밴들러Richard Bandler, 영문학자이자 언어학자인 존 그라인더John Grinder와 비슷한 방법을 이용했다. 이 두 학자는 최면 치료사 밀턴 에릭슨Milton Erickson의 아이디어에서 교수법을 추출해 냈다. '신경 언어 프로그래밍Neurolinguistic Programming, 이후 'NLP'이라고 이름을 붙인 이 방법은 곧 치료 분야에 널리 퍼졌다. 그전까지 밀턴 에릭슨의 천재성은 널리 알려져 있었지만 그의 치료법은 배우기가 쉽지 않아 전수하기도 어려웠다. 하지만 밴들러와 그라인더가 NLP 방법으로 에릭슨의 요점을 가르치고 배울 수 있게 한 것이다.

아리스토텔레스 역시 그와 비슷한 방법으로 플라톤의 생각을 여러

가지로 분류해 나누고 거기에 인과 관계를 끌어들였다. 아리스토텔레스는 이른바 4원인론을 발견했는데, 그중에 목적인Causa Finalis이 당시에 가장 큰 인상을 주었다. 이 원인은 무엇을 목적으로 추구하는지를 밝히는 것이었다. 이어 아리스토텔레스는 작용인Causa Efficiens을 발견했고, 이것은 어디에서 무엇이 유래했는지를 밝히는 것으로 과거를 끌어들인다. 작용인은 현대의 자연 과학적 사고를 가진 사람들에게 중요한 요인이 되었다. 그 밖에 아리스토텔레스는 형상과 견본의 원인을 밝히는 형상인Causa Formalis도 구분했는데, 형상인은 오늘날 영국 생물학자 루퍼트 셸드레이크Rupert Sheldrake가 우리에게 다시 이해시키려 하는 것이다. 마지막으로 모든 시대에 걸쳐 논쟁의 여지가 없는 물질 원인인 질료인Causa Materialis이 있다. 이렇게 간단한 예를 통해 현실을 분류한 4원인론을 이해하게 된다.

하지만 생생한 현실을 기술한다는 것은 자연 과학의 세계에서는 쉽지 않다. 또 기술하는 과정에서 현실은 극히 제한될 수밖에 없다. 제법 긴 스포츠 경기만 해도 사건을 파악하는 일이 결코 쉽지 않다. 하물며 겨우 10초밖에 걸리지 않는 100미터 달리기에서 일어난 사건을 파악하는 것은 너무 어렵다. 우리가 100미터 달리기를 보면서 포착한 것은 출발 순간뿐이다. '왜 갑자기 여덟 명의 남자가 동시에 뛰어가지?' 하는 사이에 이미 경기는 끝났다.

현대 자연 과학은 항상 재현 가능한 원인, 즉 과거에서 일어나 현재까지 영향을 미치며, 늘 같은 방식으로 반복해 나타나는 작용인을 필요로 한다. 위의 달리기 예에서 작용인은 출발 신호탄이다. 출발 신호탄이 없는 100미터 달리기는 존재하지 않으며, 신호탄은 당연히 과거부터 미래까지 영향을 미친다. 물론 스포츠 팬들은 이 여덟 명의 선수가 단지 신호탄 때문에 10년 동안 고된 훈련을 해왔겠느냐고 질문할 수 있다. 당연히 여덟 명의 선수는 금메달을 따는 게 목적이고, 그 때문에 오랜 기간 훈련했다. 바로 여기에 미래를 지향하는 목적인이 작용한다. 목적인이 이처럼 뚜렷한 원인인데 자연 과학에서는 오늘날에도 인정되지 않는다. 현시대에서는 인문 과학자들이 목적인을 전문으로 다룬다. 반면 이들은 작용인에 주의를 기울이지 않는다.

100미터 달리기 결승에는 형상인도 중요하다. 왜냐하면 형상인이 규칙을 만들어 진행 과정을 정하기 때문이다. 예를 들어 형상인은 선수들이 자전거를 타고 결승 지점으로 가는 행위 등을 금지한다. 한편 질료인은 물질을 담당하는 부분으로 달리기 궤도, 스타트 블록, 운동선수의 근육 등이 이에 속한다. 질료인에 관해서는 늘 논란의 여지가 없다.

이 네 가지 원인이 다 중요하고 또 다 있어야만 서로를 보충하며 전체를 만족스럽게 기술할 수 있다. 아마 아리스토텔레스도 이와 같이 생각했을 텐데 오늘날 우리만이 전체를 생각하지 않고 전문화된 영역에 갇혀 끙끙댄다.

의학에서는 이 현상이 유난히 뚜렷해 비극적이기까지 하다. 세월이 흐르는 동안 의학은 다리를 걸치지 않은 곳이 없다. 아주 일찍이 인문 과학과 함께 인지학(루돌프 슈타이너Rudolf Steiner가 초감각적인 세계와 인간의 관계를 설명한 이론 – 옮긴이)의 지지를 받았던 예전의 의학은 특히 목적인과 맥락에 큰 관심을 두었다. 그러나 후대의 현대 의학은 그것과 단호히 경계를 긋고 자연 과학이 되려고 노력함으로써 과거에서 원인을 찾는 작용인에만 관심을 두었다. 그 일이 뿔을 바로잡으려다 소를 죽이는 결과가 되었다. 왜냐하면 아리스토텔레스의 4원인론에서 목적인과 작용인은 서로 이상적인 보완 관계이기 때문이다. 또한 원인을 규명하는 데에는 형상인과 질료인도 꼭 필요하다. 아무튼 질료인은 현재까지 해부학과 같은 분야에서 문제없이 다루고 있다. 사람들이 작용인과 질료인을 무리 없이 같이 묶어 생각하는 것처럼 목적인과 형상인도 다시금 통합할 수 있을 것이다. 그래야 완전한 상을 얻을 수 있다.

완전한 전체 상을 얻는 일은 바로 원형 의학(질병이 더 깊고 무의식적인 패턴, 즉 원형의 영향을 받는다는 가정에 기반한 접근법 – 옮긴이)에서 성공적으로 이루어졌고, 《출구로서의 질병Krankheit als Weg》과 《상징으로서의 질병》 등 질병 증상의 의미를 밝히는 내 책의 기초가 되었다. 물론 책을 쓰면서 자연 과학적 접근을 중요시했다. 해부학과 생리학을 주로 다루며, 질료인을 포함해 기초를 제시하고, 그 기초 해석에서 목적인의 맥락이 드러난다. 또 어떤 인자가 언제부터 환자의 발병에 영향을 미쳤는지, 어떤 기관에 인자가 잠복해 있었는지도 또 다른 흥미의 대상으로 남는다. 그러나 그보다 더 중요한 질문은 전체는 어떤 결과를 낳는가, 그것이 유일무이한 사람의 삶에 어떤 역할을 하는가, 형상인은 무엇에 목적을 두는가 하는 것이다.

사고의 규칙과 관련해서도 보편적인 조언을 하나 하겠다. 우리는 아리스토텔레스의 가르침을 따라 정신을 확장해서 네 원인의 모든 측면을 중요시하고, 세계상에 포함하는 게 좋다.

하나의 원인보다 네 개의 원인이 더 많은 것을 알려준다!

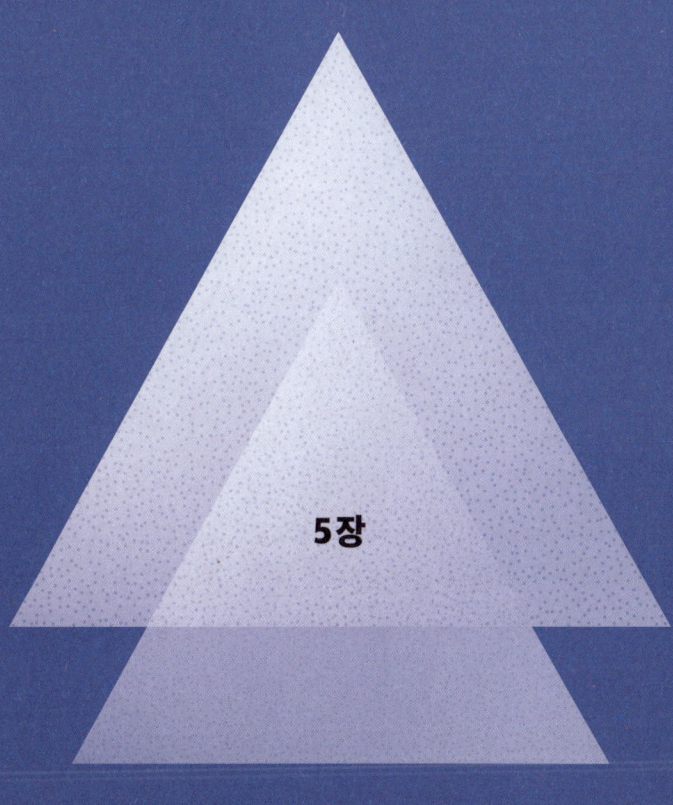

5장

인식법:
분석과 통찰

†

학자들은 현실과 삶의 법칙을 연구할 때 분석이라는 학문적 방법을 쓴다. 하지만 분석이라는 단어가 이미 보여주듯이 이 방법은 늘 연구 대상을 더 세분하다가 결국 파괴하는 경향이 있다. 학자들이 내놓는 연구 결과란 문서 형식으로 차곡차곡 지식 자원을 늘리는 식의 이해를 말한다.

반면 동양의 전통문화와 원시 샤먼 문화에 속한 사람들은 개인의 경험과 자신의 영혼을 지향하는, 내적 깨달음에 이르는 방법을 쓴다. 그 결과는 삶의 지혜다.

인식을 위한 이 두 가지 방법은 전통적으로 서로 접촉한 적이 거의 없다. 왜냐하면 학자들은 개인의 경험을 거의 탐구하지 않고, 연구에 사적인 경험이나 주관을 가능한 한 배제하려 들기 때문이다. 하지만 절대로 그럴 수 없다는 게 또한 학자들의 고민거리다. 게다가 학문을 통해 최근에 발견한 사실이 이를 뒷받침한다.

'연구는 항상 관찰자와 관찰 대상과의 상관관계로 이루어진다.'

한편 명상과 삶의 지혜를 중시하는 사람은 분석하는 경향이 적다. 두 인식법이 서로 부딪치는 경우, 미국 문화 인류학자 겸 작가 카를로스 카스타네다는 현실을 전체적으로 파악하는 동양의 방법이 뛰어나다는 사실을 강조한다. 분석적으로 들여다보는 서양의 방식은 종종 궁극적인 것도 진리도 아니다. 궁극적 진리는 경험으로만 알 수 있다.

나는 몇 년 전 인식 과정의 차이를 경험으로 확실히 알게 되었다. 나는 토착 주술사와 함께 아마존Amazon강 정글에 있는 '성스러운 식물'을 찾아 나섰다. 나는 당시 서구인들이 성스러운 식물과 그 식물에 포함된 알칼로이드Alkaloid의 효능에 관해 알고 있다는 내용을 읽은 후였다. 나는 두꺼운 영어 책 두 권을 넣은 배낭을 메고 아마존강 정글의 가장 외진 구석까지 들어갔다. 주술사는 학교에 다닌 경험이 아예 없었으니 본인이 사용하는 식물의 생화학 작용에 관해서는 전혀 알지 못했다. 그래도 스페인어를 조금 할 줄 알아서 페루의 복잡한 대도시 이키토스Iquitos에 가서 서구의 의례를 공부하려고 한 적이 있었다. 그때 주술사는 가톨릭 미사가 무척 인상 깊었지만 미사에 사용되는 (또 다른) '성스러운 식물'에서 나온 와인은 입에 대보지도 못한 터였다. 와인을 마시면 어떤 작용이 일어나는지 알 기회가 없었다. 가톨릭 주술사가 성스러운 식물로 만든 음료를 혼자만 마셨던 것이다. 아마존강의 주술사는 직접 와인을 구해 한번 마셔보았는데 영 실망스러웠다. 그래서 그는 원래 자신의 길 안내자였던 성스러운 식물 곁에 되돌아왔다.

환각 증상을 일으키는 덩굴 식물 아야후아스카Ayahuasca를 복용할 때는 차크루나Chakruna 같은 식물로 모노아민 산화효소Monoamine Oxidase 저해제를 첨가해야 위장이 헐지 않으면서 약의 효과를 볼 수 있다. 나는 주술사에게 이 사실을 어떻게 알았느냐고 물었다. 주술사는 어리둥절한 표정으로 나를 쳐다보았다. 이번에는 주술사의 대답에 내가 무척 놀랐다. 그는 식물에게 물어본다고 했다. 열대 우림 지역을 돌아다니던 중에도 그는 중요한 식물의 혼을 불러내 말을 걸어야 한다고 재차 강조했다. 나도 점점 그의 말뜻을 알 것 같았다.

아무튼 주술사는 내 영혼의 그림 세계로 떠나는 매우 인상 깊은 소풍길을 알려 주었다. 그는 내게 축복이나 다름없는 신비로운 여행 안내자였다. 그 일이 어떻게 가능했는지 나로선 전혀 알 수 없었지만 실제로 주술사는 노래를 불러 나의 내면의 그림에 영향을 주고 심지어 조종도 할 수 있었다.

반면 나의 생화학 지식은 아무에게도, 심지어 나 자신에게도 깊은 인상을 준 적이 없다. 지식이 나를 감동시키지 않았기 때문이다. 생화학 지식은 책에서 얻은 것이고, 내 경험의 깊이가 더해지지 않은 것이기에 별 가치가 없었다. 솔직히 말하면 아무 가치가 없었다. 나는 학문적 방법을 배척하지는 않았지만 아마존강에서 겪은 경험들 때문에 내면의 그림들을 보는 직관적 인식에 더 큰 가치를 두게 되었다.

> 직관적 인식은 큰 가치가 있다. 그러나 학문적 방법을 버려서는 안 된다.

두 가지를 서로 보완할 수 있는 인식법이 있다. 첫째는 모든 것을 세분해 파괴하는 분석이라는 양의 인식법이고, 둘째는 내적 접근을 통해 전체를 파악하고, 전체를 유지한 상태에서 평가하는 음의 인식법이다.

두 번째 방법이 일상생활에서 얼마나 중요한지는 다음의 예에서 잘 알 수 있다. 연설자가 연단에서 의자에 기대어 앉아 있다. 그는 머리를 쳐들고 수많은 청중을 흘낏 보며 팔짱마저 끼고 있다. 우리는 그를 보고 오만하고 콧대가 높다고 생각한다. 그런데 어떻게 그런 생각이 들었을까? 학문적 방법을 선택해 분석하고 세세히 뜯어본다고 가정해 보자. 먼저 그의 코가 질타의 대상이다. 그래서 코끝의 피부 세포를 몇 개 떼어내 슬라이드에 놓고 현미경으로 관찰해 보지만 오만함의 흔적은 어디서도 찾아볼 수 없다. 더 나아가 전자 현미경으로 세포핵과 유전자까지 샅샅이 들여다본들 현재의 유전학 수준에서는 오만함의 증거를 절대로 찾아낼 수 없다.

현실에서는 누구도 이런 터무니없는 방법으로 오만함의 증거를 찾지 않는다. 이런 경우 당연히 음의 인식법을 택해 전체를 조망한다. 우리는 연설자를 전체적으로 관찰한다. 우리가 받은 인상의 이미지를 하나하나 쌓아 오만함이라는 전체 그림을 형성하는 것이다. 팔짱을 낀 모습과 뒤로 기대앉는 자세, 청중을 흘낏 쳐다보는 시선도 오만함에 포함된다. 이런 인식법을 상징적이라 일컬을 수도 있겠다. 하지만 '상징하다'의 어원인 그리스 동사 '심발레인 Symbállein'은 '조립하다', '던져 모으

> 우리는 세계를 상징적 혹은 악마적 방법으로 관찰할 수 있다. 악마적 방법은 우리를 세계 속으로 더 깊이 얽혀 들어가게 한다. 상징적 방법은 세계를 초월하게 한다.

다'라는 뜻이다. 실제로 우리는 각각의 인상을 모두 한곳에 모아 그 결과로 '콧대 높음'을 도출해 낸다.

양의 인식법인 분석은 '악마적 Diabolisch'인 방법과 같다고 볼 수 있다. '디아발레인 Diabállein'이라는 동사는 '두 개로 쪼개다', '나누다'라는 뜻이다. 자연 과학의 방법은 나누어 세분하는 과정을 모방하는 것이기에 악

마적이다. 그리스도의 말에 따르면 악마는 이 세계의 주인이고, 따라서 자연 과학적 방법은 이 세계에 잘 맞는다는 결론을 내릴 수 있다. 이 방법은 세부, 디테일을 지향하는데 앞서 말했듯이 그 디테일에 악마가 숨어 있다. 반대로 전체를 조망해 파악하는 음의 인식법은 세계를 초월하는 길로 이끈다.

내면의 그림 활용하기

내면의 그림 활용법을 동양 태고 문화에 속한 것으로 여긴다면 서양 문화를 제대로 모르는 것이다. 서양에서도 이 인식법이 많이 사용되었다. 더욱이 자연 과학은 생겨난 지 비교적 얼마 안 된 학문이다.

서양에서도 건축가는 집 그림이 머릿속에 그려지지 않으면 결코 집을 짓지 않았다. 역사적으로 아주 중요한 학문적 성과도 연구자의 비전과 내면, 꿈의 그림으로 등장한 경우가 드물지 않다. 아인슈타인은 자신이 발견한 일반 상대성 이론이 무미건조한 지능 덕이 아닌 비전 덕택이라는 사실을 공공연하게 말했다. 독일 화학자 아우구스트 프리드리히 케쿨레August Friedrich Kekulé는 당시 유기 화학계의 주요 난제였던 원자 구조에 관한 해답을 난로 앞에 앉아 잠시 조는 사이에 얻었다. 케쿨레의 꿈에 자기 꼬리를 물고 있는 뱀이 나타나 그를 놀리듯 눈앞에서 빙글빙글 돌았다. 그는 잠에서 깬 후 그토록 오랫동안 찾던 답을 얻었다. 벤젠 구조의 비밀은 바로 '고리'였던 것이다. 케쿨레의 꿈에 벤젠 고리가 나타난 것을 기초로 이후 유기 화학이 생겨났고, 유기 화학은 현대 약리학의 기초가 되었다.

또 DNA 구조의 발견으로 노벨상을 받은 제임스 왓슨James Watson 과 프랜시스 크릭Francis Crick에 관해 오늘날 두 가지 사실이 알려져 있다. 그중 하나는 그들이 결정적인 결과를 어떤 여성 학자에게서 넘겨받았고 그의 이름은 묻혔다는 것, 그리고 두 번째는 저서 《이중 나선Die Doppelhelix》16에서 그들이 유희를 하듯 해답을 찾았다고 서술한 것이다.

학문 분야뿐 아니라 역사에도 이와 같은 에피소드와 전설이 많다. 영국 항해사 프랜시스 드레이크Francis Drake 경은 스페인의 아르마다Armada 무적함대의 돛대 끝머리가 보일 때까지 잠을 자다가 그것도 모자랐는지 그 유명한 프랑스식 볼링 게임까지 했다. 그런데 그 게임이 제독들을 광기로 몰아넣었다. 볼링을 마치고 각자의 배로 돌아간 제독들은 무적함대를 완전히 무찔러 버렸는데, 어떻게 그럴 수 있었는지 지금도 설명할 수 없다. 또 프랑스 정치 담당 주교 리슐리외Richelieu는 중요한 결정을 앞두고 늘 한 시간씩 잠을 잤다. 그런 식으로 외부 조언자들을 배제하고 내면의 조언자에게 귀를 기울였던 것 같다.

고대 의학은 환자를 사원에서 자게 함으로써 잠복기 상태의 질병에 관한 해답을 직접 찾게 했다. 다시 말해 환자의 의식 속에서 해답을 찾은 것이다. 환자는 내면으로 향하는 긴 준비를 한다. 그리고 그리스 의술의 신인 아스클레피오스Asclépios에게서 치료법을 듣기 위해 사원의 특별한 장소에서 특별한 시간에 잠을 잤다. 이 비교 제례에서 비롯된 의술은 내면의 그림으로 들어가는 방법이었다. 사제 또는 사제 의사가 환자에게서 내면의 그림을 불러일으킨 이 방법은 오늘날 명상 수행 과정과 매우 비슷하다.17

티베트 사람들에게는 애초에 내면과 외면 그림 사이에 근본적인 차이가 없다. 그래서 티베트 사람들에게는 모든 그림이 항상 내면에 존재한다. 이런 이해 방식은 서구의 방법으로도 증명된다. 왜냐하면 우리 눈은 실제로 카메라와 같은 구조로 되어 있어서 외부의 현실 중 머릿속에 들어온 그림만 받아들일 수 있기 때문이다. 말하자면 그림을 환산하기 위해서는 항상 뇌가 필요하다. 그리고 뇌가 내면에 있다는 건 당연하지 않은가.

눈은 빛의 자극만 받아들일 뿐 그림은 인지하지 못한다. 빛의 자극은 안구의 뒷부분에 있는 망막에서 전기 신호로 전환되고, 시신경을 거쳐 시각피질이라고 하는 대뇌피질 후두엽에 전달된다.

> 모든 그림은 내면에 존재한다. 그래서 평온함 속에 (창조적) 힘이 있다.

실제로 내면의 그림만 존재한다는 관점에서 보면 탄트라 불교 의례에서 시각화 작업을 중요시하는 티베트 사람들이 옳다.

미국 심리 종양학 전문의 칼 사이먼턴Carl Simonton은 내면의 그림이 얼마나 결정적인 역할을 하는지를 더블 블라인드(누구에게 약을 투여하는지를 실험 대상자와 의사가 모두 모르는 약리 심리학 실험법 – 옮긴이) 연구를 통해 증명해 보였다. 사이먼턴은 명상 수행으로 암 환자의 수명이 두 배 이상 연장되는 것을 증명했다. 그럼에도 불구하고 명상법은 의학계에 도입되지 않았다. 유감스럽게도 의학계는 늘 제약 산업의 수중에 있었기 때문이다. 내가 직접 경험한 것처럼 오늘날에도 명상법은 제약 회사의 입장에서 여전히 달갑지 않은 경쟁 상대이며, 환자에게 해가 되는 것으로 치부된다.

의학계의 한 분야인 심리 신경 면역학은 정신과 면역 체계의 결합을 연구한다. 여기서 나온 결과는 아주 인상 깊고 기이하기도 하다. 즉 샤먼들이 행해온 옛 의술의 효과가 이제 학문으로 입증된 것이다. 사실 이는 연구를 할 필요도 없고, 샤먼들이 의술을 행하는 현장을 보기만 하면 알 수 있는 일이었다. 아무튼 심리 신경 면역학이 내놓은 결과에 이제 우리는 기뻐할 수 있게 되었다. 예를 들면 심리 신경 면역학은 어떤 기관에 웃음을 유도하면 실제로 그 기관에 혈액이 활발히 순환해 치료가 촉진된다는 사실을 증명했다. 우리는 그런 사실을 수십 년 전부터 알았고 환자들을 그 방식으로 치료해 왔다. 나는 명상 수행에서 내면의 웃음으로 들어가는 방법을 활용했고, 그것이 이 책으로 발전했다. '내면의 웃음'이야말로 내가 제일 좋아하는 말이다. 태국의 도교 수련 지도자 만탁 치아Mantak Chia도 심리 신경 면역학이 생기기 훨씬 전부터 같은 방법을 썼다. 어쨌든 학문을 철석같이 믿는 사람들도 이제 내면의 그림 인지라는 전통적 방법을 신뢰하게 되었다. 이것은 심리 신경 면역학의 순기능이다.

학문은 오늘날 많은 현대인에게 유일한 종교가 되었다. 교양이 부족한 현대인들은 대부분 학문적 사고 능력이나 유추 능력이 없어서 학문을 맹신한다. 그것이 얼마나 위험한 일인지는 독일 공영방송에서 보도하는 제약 회사 콘체른의 간계를 예로 들 수 있다.[18] 학문적으로 무슨 결과가 나왔다 하면 곧바로 협박, 뇌물 수수, 굴종이 혼합된 부작용이 나타난다.

내면의 웃음은 실제 웃음과는 전혀 관계가 없다. 사실 내면의 웃음이란 신체의 한 부분으로 주의를 돌리기 위한 수단에 지나지 않는다. 이와 마찬가지로 자율 훈련법(정신 요법에서 사용하는 훈련법으로, 깊은 이완 상태에 스스로 들어가는 것을 뜻한다 – 옮긴이)에서 따뜻한 느낌을 만들어 내는 방법도 오래전에 우리가 확립한 방법으로, 상급 단계로 들어가면 역시 내면의 그림을 가지고 작업한다. 자율 훈련법의 창시자 요하네스 하인리히 슐츠Johannes Heinrich Schultz는 불교의 명상을 모방해 이 방법을 고안했다고 밝혔다. 그는 실로 그릇이 큰 사람이었다.

현대의 수면 연구도 내면의 그림을 이용해 치료하는 방법을 학문적으로 뒷받침한다. 수면 연구는 (보통) 깨어 있는 상태에서는 뇌파의 진동수가 상승할수록 창의력이 떨어진다는 사실을 증명했다. 사람이 흥분해 이성을 잃은 상태에서는 뇌파 진동수가 70헤르츠까지 올라가는데, 이때 창의력은 거의 0에 이른다. 흥분해 날뛰는 사람은 당연히 좋은 해결책을 찾을 수 없다는 이야기다. 뇌파가 상당히 높은 베타Beta 영역인 21~38헤르츠에 있으면 초조, 스트레스, 공포가 지배한다. 하지만 심신을 안정시키고 주의 깊게 들을 수 있는 상태에 이르면 뇌파 진동수는 20헤르츠 아래로 떨어진다. 내면의 그림을 볼 수 있는 명상 때와 같은 깊은 이완 상태에 들어갈 때 뇌파 진동수는 14헤르츠 이하로 떨어진다. 그리고 이때 알파Alpha 상태라고 하는, 창의력이 뚜렷하게 상승하는 상태에 도달한다. 안정 상태가 더욱 깊은 차원에 이르면 뇌파 진동수는 7헤르츠 이하로 떨어지는데 이 범위를 세타Theta 영역이라고 하며 창의력은 한층 더 높아진다. 이 영역에서 훌륭한 정신 치료사가 행동한다. 뇌파가 3헤르츠 이하가 되면 깊은 수면 상태인 델타Delta 영역에 들어간다. 이 영역에서는 오직 요가 수행자들이나 라마교 승려들의 의식만 활동한다. 우리는 매일 밤 수면 중에 이 모든 상태를 연속해 겪는다. 눈동자가 빠르게 움직이는 렘수면 단계에 들어가기 전에 다시 베타 상태에 도달해 내면의 그림이 동반된 꿈을 꾼다.

　오늘날 우리는 수면 연구를 통해 꿈의 각 단계와 꿈의 그림들이 정신 건강에 얼마나 중요한지를 알게 되었다. 우리는 꿈의 그림을 통해 낮에 일어났던 일을 정신적으로 가공한다. 꿈이 시작될 때 누군가가 깨워 꿈이 중단되면 보통 때만큼 잠을 많이 잤어도 축 처지는 기분을 느낀다. 꿈을 못 꾸게 한 상태에서 3일 밤이 지나면 환각에 시달리는 첫 실험 대상자가 생긴다. 다시 말해 뜬눈으로 꿈의 그림들을 보는 것이다. 그런 식으로 7일 밤이 지나면 모든 실험 대상자가 정신병이라고 일컫는 상태가 된다. 다만 고도로 훈련받은 정예 군인, 아기를 보살피는 어머니는 꿈을 꾸지 못하게 했을 때 열흘까지 버틸 수 있었다.

꿈은 정신 건강을 위해 반드시 필요하다.

　삶을 결정하는 법칙들의 관점으로 내면의 그림 작업을 보면 한층 더 본질에 가까운 측면들을 발견할 수 있다. 그중 한 가지는 최면 상태에서 의식이 뚜렷하게 집중된다는 것이고, 또 다른 측면은 처음으로 떠오른 생각, 즉 시작의 법칙 속에 기회가 존재한다는 것이다. 여기서 시작의 법칙이란 시작 속에 이미 모든 것이 들어 있음을 뜻한다.

최면: 의식의 힘

　우리는 특별한 의식 상태에 매력을 느낀다. 그래서 원시 부족 사람들이 고도로 의식을 집중한 상태에서 창으로 뺨을 뚫거나, 불타는 석탄 위에서 춤을 출 때, 인도의 탁발승이 하는 기묘한 행위를 볼 때 감탄한다. 이런 행위는 의식을 고도로 집중해 고통을 전혀 느끼지 못하는 최면 상태에서 가능하다.

우리는 최면 상태를 알고 있을뿐더러 익숙하기도 하다. 다만 그것을 깊이 생각해 본 적이 없고 그 상태가 썩 달갑지 않을 뿐이다. 고속도로를 장시간 달리다 보면 가끔 최면에 빠지곤 한다. 그럴 때는 차를 한 시간이나 몰고도 기억하지 못한다. 그런 상태를 '감기 최면'이라고 하며, 정신 치료사가 치료에 이용하기도 한다. 하는 일이 꽉 막히고, 넌더리가 나고, 더는 아이디어가 떠오르지 않을 때 필요한 것은 단 한 가지, 몰입되는 흥미진진한 영화를 보는 것이다. 그러면 어느새 답답하던 기분이 사라진다. 영화 장면에 집중하자마자 우리의 의식은 '코감기로 꽉 막힌 상태'에서 '신나고, 마음이 열리고, 긴장감으로 또렷해진 상태'로 바뀐다. 영화, 콘서트, 연극, 대화, 그 밖에 마음을 사로잡고 생각을 집중하게 만드는 일을 하는 사이에 코감기와 같은 답답한 현상이 사라진다. 기도가 다시 열리니 숨

육체의 증상은 의식 상태에 크게 좌우된다.

도 잘 쉬어지고 생각도 술술 풀린다. 이 같은 일종의 최면 치료는 널리 퍼져 있다. 이 치료는 최면 같은 상태에 접근할 수 있을 뿐 아니라 질병 증상을 해석해 해결책을 알려주기도 한다. 왜냐하면 육체의 증상이 의식 상태에 달려 있음을 확실히 체험하는 순간이기 때문이다.

서구에서는 최면을 치료법의 한 형태 또는 쇼의 막간극쯤으로 여긴다. 나는 치료를 목적으로 최면을 걸어 환자의 의식을 차단하는 것은 적절치 않다고 생각한다. 치료를 위해서라면 반대로 더 많은 의식이 필요

하다. 하지만 의식의 기능과 다양한 의식의 차원을 이해하는 데는 최면이 가장 적합하다.

나는 〈최면의 나라Hypno-Land〉라는 오래된 쇼에서 아주 인상적인 현상을 봤다. 최면술사는 관객들에게 두 손을 깍지 껴보라고 한다. 그리고 이제 손이 딱 달라붙어 떼어내지 못할 거라고 암시했다. 최면술사가 손을 떼어보라고 하자 거의 모든 관객이 쉽게 손을 떼어냈다. 관객 중 극소수만 깍지 낀 두 손을 풀지 못했다. 최면술사는 그들에게 무대 위로 올라오라고 청했다. 최면술사는 그들에게 이제부터 무척 기이한 일을 할 것이라고 암시했다. 그리고 각자에게 특정 행동을 지시하면서 음악을 한 소절씩 들려주었다.

최면술사는 암시를 걸어둔 사람들을 관객석으로 돌려보냈다. 이제 남은 일은 곡 전체를 연주하는 것이었다. 최면술사의 '실험 쥐'가 된 사람들은 자신이 앞서 들었던 선율을 듣자마자 무대 위로 기어오르더니 최면술사가 주문한 행동을 했다.

한 부인은 큰 소리로 아리아를 불렀다. 아리아를 부를 능력도 재능도 없는 부인이 열심히 부르던 노래는 갑자기 시작한 것처럼 갑자기 끝났다. 부인에게 들려준 선율 한 소절이 지나고 다음 선율이 또 한 남성을 자극했다. 무대 위에 오른 남성은 재능을 타고난 스트립 댄서처럼 행동했다. 다행히 상황이 너무 민망해지기 전에 선율이 끝났고 이어 한 신사가 무대 위에 올랐다. 신사는 자신의 '달의 민족'에게 달의 언어로 열정적인 인사말을 했다. 그가 인사말을 마치지마지 관객석에서 한 부인이 벌떡 일어나더니 또 유창한 달의 언어로 대답했다. 이런 식으로 광기가 계속되었다. 관객들은 이 기이하기 짝이 없는 광경에 놀라 입이 떡 벌어졌고, 등골이 오싹해졌다.

최면 쇼는 관객들의 반응이 너무 부정적이어서 중단되고 말았다. 모든 사람이 이따위 쇼는 그만두어야 한다고 했다. 또 인간의 품위를 거스르는 공연이라고 거세게 비판했다. 사회단체의 대표자가 이 공연을 봤다면 두려움을 느꼈을지도 모르겠다. 자신들이 대중에게 어떻게 영향을 주었는지를 사람들이 꿰뚫어 볼 수 있는 공연이었기 때문이다.

사실 이 쇼는 사람을 조종하는 게 얼마나 쉽고, 원격 조종 프로그램이 얼마나 빠르게 주입될 수 있는지를 보여준다. 사람은 조종을 당할 때 자신에게 일어나는 일을 전혀 모른다. 최면술사가 암시를 줄 때 기억을 지워버리라는 명령을 내렸기 때문이다.

이것을 객관적으로 요약하면 이렇다. 우리는 모두 전혀 알지 못하는 프로그램으로 가득한 존재일 텐데 그 사실을 인식하지 못한다. 대부분은 아예 모른다. 물론 앞에 묘사한 최면 쇼에서는 '적합 테스트'에 합격한 극소수만이 최면에 걸려들었다. 하지만 우리는 모두 이런저런 종류의 최면에 영향을 받을 수 있다.

오늘날 대부분의 발달 심리학자들은 삶을 결정하는 프로그램, 즉 교육이 대체로 네 살 말쯤에 끝난다고 본다. 이것은 (삶의) 시작이 얼마나 중요한지, 그리고 또래 집단을 이루는 나이가 되기 이전에 부모의 역할이 얼마나 결정적인지를 알려준다. 시작이라는 놀라운 마법에 관해서는 나중에 더 자세하게 다룰 것이다.

> 우리는 모두 전혀 알지 못하는 프로그램으로 가득한 존재일 텐데 그 사실을 인식하지 못한다. **대부분은 아예 모른다.**

최면 교육에서 아주 인상 깊은 경험을 한 적이 있다. 한 실험 대상자가 손에 뜨거운 석탄을 받을 것이라는 암시를 받았다. 사실 그가 받은 것은 차가운 감자였다. 하지만 손에 감자를 올려놓자마자 그는 비명을 지르며 황급히 감자를 떨어뜨렸다. 손에는 물집이 생겼다. 심리 치료사인 나는 이 실험의 수수께끼를 제법 잘 풀 수 있었다. 이 예는 의식의 우세함을 매우 뚜렷하게 보여주었다.

이어 훨씬 안타까운 상황이 발생했다. 한 실험 대상자는 사막에서 길을 잃은 지 벌써 사흘째인데 이제 물이 바닥났다는 암시를 받았다. 그리고 그에게 화장실에서 소변을 보라고 했더니 그는 농도 짙은 소변을 몇 방울 짜냈다. 바로 이어서 그에게 구원을 암시하며, 이제 오아시스에 도착해 깨끗하고 신선한 물을 몇 리터 마셨다고 이야기했다. 그는 시원하게 많은 양의 소변을 보았는데 농도가 옅어 물같이 깨끗했다. 어떻게 그토록 짧은 시간 내에 생리학적으로 그런 일이 일어났는지는 지금도 수수께끼다. 아마도 신체에는 물리적 치료사의 논리를 넘어서는, 의식과 관련된 더 수준 높은 논리가 있는 것 같았다.

또 다른 실험에서는 대학 교육을 받은 실험 대상자에게 과제를 주었다. 바닥에 신문지를 깔고 그 위에 서게 한 후 어떤 일이 일어나도 신문지를 벗어나서는 안 된다고 했다. 이어 그에게 암시를 걸었다는 사실을 지웠다. 신문지 위에서 벗어나지 말라는 실험은 다른 대상자들에게도 계속 시도했지만 모두 실패로 돌아갔다.

처음에 실험 대상자들은 신문지 위에 서 있어야 하는 이유가 어느 정도 논리적이라고 생각했다. 하지만 시간이 지니면서 그 이유가 점점 더 이상해졌고, 자신이 받은 교육 수준에 비추어 볼 때 받아들일 수 없는 언급이 계속되었다. 예를 들어 '신문지 위에 있는 게 잘 고립된 상태이기 때문에 더 따뜻하다', '사람은 아무튼 자신이 원하는 곳에 서 있을 권리가 있으므로 당신은 신문지 위에 서 있어야 한다'라는 등의 앞뒤가 맞지 않는 언급이었다.

아마 합리화는 생각보다 삶을 훨씬 많이 규정하는 것 같다. 대다수의 사람은 태어난 지 최초 4년 내에 이식된 프로그램을 무의식중에 따르기 때문에 합리화와 투사 경향이 크다. 유능한 심리 요법 의사는 삶에 이미 스며든 이런저런 프로그램들을 환자에게 의식하게 만들어 줌으로써 지금껏 상상할 수 없었던 새로운 자유를 누릴 수 있게 해준다.

그리스-아르메니아 출신의 비교도이자 작가, 안무가, 작곡가인 게오르기 I. 구르지예프 Georgii I. Gurdzhiev는 이 상황을 다음과 같은 비유로 요약했다. 인류는 커다란 침실 안에 있는 것과 같아서 그 안에서 거의 모든 사람이 깊이 잠들어 생생한 꿈을 꾸고 있다. 물론 그들은 꿈속에서 자신이 깨어 있다고 생각한다. 오직 한 구석에 실제로 깨어 있는 사람이 있는데, 그는 주위의 모든 사람이 잠들어 꿈을 꾸고 있다는 사실을 깨닫는다. 그러는 사이에 침실 한가운데서 어떤 사람이 막 깨어나 어리둥절해서 눈을 비빈다. 그는 자신이 내내 잠들어 있었고, 꿈을 꾸었으며, 그동안은 그저 깨어 있었다고 믿었을 뿐이라는 사실을 좀처럼 이해하지 못한다.

최면 실험이 보여준 것처럼, 우리에게 프로그래밍된 것은 삶에 결정적인 영향력을 행사할 수 있다. 일례를 들면 신문에 안전사고 관련 기사가 난 적이 있었다. 사건은 간단하다. 냉장차 운전

> 장자가 꿈을 꾸었다. 꿈에서 장자는 나비가 되어 즐겁게 날아다녔다. 꿈에서 깨어난 후에 장자가 자문했다.
> "장자인 내가 꿈에서 나비가 된 것인가, 아니면 나는 나비인데 장자라고 꿈을 꾸는 것인가?"

사가 금요일 오후, 공장 마당에 차를 세
워놓고 냉각 장치가 가동 중인 화물 창
고 안으로 들어갔다. 곧이어 다른 운전
사가 와서는 화물 창고의 문이 열려 있

> 산을 옮길 수 있다는 믿음은 그
> 이상의 일을 가능하게 한다.

는 것을 보고 누가 부주의하게 열어두었다고 생각해 문을 닫았다. 화물
창고에 갇히게 된 운전사는 매우 놀랐다. 그는 월요일 오전이 되기 전까
지 아무도 자신을 발견하지 못해 틀림없이 얼어 죽을 것이라고 생각했
다. 이틀 후, 운전사가 생각했던 그대로 동사 증상을 보이는 사망자가 발
견되었다. 신문에 기사가 난 것은 바로 동사 증상 때문이었다. 운전사는
얼어 죽을 이유가 전혀 없었다. 다른 운전사가 냉각 장치를 끄고 퇴근했
기 때문이다. 그러니까 창고에 갇힌 운전사는 자신에게 주입한 프로그램
과 그것에서 비롯된 예상 때문에 죽은 것이다.

플라세보, 육체를 지배하는 의식

앞에서 이야기한 심리 종양학 전문의 칼 사이먼턴이 보고한 예가 있
다. 말기 암 환자가 미국 병원에서 마지막 기회를 잡게 되었다. 새로운
약이 개발되었는데 아직 안전성은 검증되지 않았지만 동물 실험에서 연
구자들의 모든 예측을 뛰어넘은 효과를 보인 것이다. 환자의 동의 없이
새 약을 실험적으로 투여해도 되는 독일의 대학 병원과 달리 미국에서
는 항상 환자의 사전 동의를 얻어야 한다. 죽음에 임박한 환자는 마지막
지푸라기라도 잡고 싶은 심정으로 새 약에 모든 희망을 걸었다.

실제로 약은 놀라운 효과를 보였다. 전이된 모든 암세포가 단기간에 사라지고, 시간이 조금 더 지나자 근원 종양까지 사라졌다. 그는 완전히 치료되어 퇴원했다. 그리고 관행적으로 하는 검사만 남아 있었다. 그는 걱정스러운 마음으로 검사를 마쳤고 더는 암세포가 자라지 않는다는 결과가 나왔다.

여기까지는 좋았다. 그런데 그가 또 다른 검사를 받기 위해 대기실에서 기다리다가 자신이 복용한 약이 나온 의학 잡지를 보게 되었다. 기사에서는 놀랍게도 그 약이 동물 실험에서 보였던 효과를 전혀 충족하지 못했다고 했다. 몇몇 단기적 개선과 간혹 치료가 되는 경우를 제외하고 아무런 효과가 없어서 제약 회사에서 약을 회수한다고 했다. 당황한 환자는 담당 의사에게 불안한 마음을 토로했다. 의사는 환자에게 당신이 바로 그 치료된 몇몇 케이스에 속하는 행운아라는 확신을 심어주려 애썼다. 그러나 환자는 필름을 되돌려 암세포 전사들이 운동장을 가득 메운 내면의 그림을 만들었다. 의사가 플라세보Placebo[19] 효과를 일으켜 줄 가짜 약을 투입해 다시 게임을 반복했지만 환자는 새 게임에 참여하지 않고 얼마 지나지 않아 사망하고 말았다.

다행히도 가짜 약 연구는 이런 예를 밝힐 만큼 발전했다. 실제로 플라세보 연구는 두 가지 무릎 관절 수술법을 비교하는 데서 시작되었다. 미국 정형외과 의사가 실험 대상자 두 그룹과 가짜로 수술한 비교 대상자 그룹을 하나 더 두었다. 그 결과 놀랍게도 두 수술법이 차이가 없는 것으로 드러났다. 더욱 놀라운 일은 가짜로 수술한 그룹도 결과에 전혀 차이가 없었다는 것이다. 달리 말해 가짜 수술도 진짜 수술과 똑같이 성공적인 결과가 나온 것이다.

이어 심장외과의도 대체 장기 수술을 앞둔 환자들에게 비슷한 실험을 했다. 이 실험에서도 대체 장기 수술을 받은 환자들과 가짜로 수술을 받은 사람들은 차이를 보이지 않았다.

이런 결과를 보면 현대 의학에는 생각보다 훨씬 많은 최면과 마법이 작용하는 것으로 보인다. 자연 과학을 연구하는 전문가들끼리는 옛날부터 이 마법의 요인을 알고 있었고, 이 현상을 '마약 의사'라고 부른다.

> 플라세보 약의 경우 자가 치유력을 촉진하는 결정적인 요인으로 이른바 '마약 의사'가 작용한다.

연구자들은 더블 블라인드 연구를 통해 가짜 약과 환자의 자기 최면 능력을 배제하려 한다. 환자와 의사 모두 전혀 정보가 없는 상태에서 진행되는 더블 블라인드 연구는 엄격한 사전 기준에 따라 기계적으로 진행된다. 그리고 연구자들의 바람과 달리 이 연구는 모든 의학 분야에서 심리 작용의 뛰어난 영향을 보여주는 최상의 증명을 내놓는다.

오늘날에는 환자의 자기 최면과 자가 치유력 촉진 여부가 치료의 결정적인 요인이라는 사실이 점점 더 분명해지고 있다. 더블 블라인드 연구는 이 요인들을 배제했을 때 상대적으로 결과가 나쁘게 나온다는 사실을 대표적으로 보여준다. 이 연구는 엄격한 방식을 고수하기 때문에 의사들은 치료 시 의식의 영향이 어마어마하다는 사실을 충분히 인식한다. 물론 그들이 거듭 그 사실을 인정하지 않더라도 말이다.

내면의 그림에 의한 영향은 여기서 그치지 않고 드라마틱한 발전을 거듭한다. 미국 내과 의사 래리 도시Larry Dossey는 심장병 말기 단계에서 고통받는 환자들을 두 그룹으로 나누었다(두 그룹은 장기적인 비교를 허락했다). 의사는 한 그룹의 환자들에게 이름과 생년월일을 적게 한 다음 그것을 기도회에 몰래 전달했다. 그때부터 기도회 사람들은 전혀 모르는 환자들을 위해 매일 기도했다. 얼마간 시간이 흐른 후, 두 그룹은 엄청난 차이를 보였다. 매일 기도를 받은 환자 그룹에서 합병증과 사망 수가 현저하게 줄어든 것이다. 이는 통계적으로 전혀 예기치 못한 일이자 설명할 수도 없는 결과였다.

이 결과는 완전히 낯선 사람들이 보내는 기대와 기원도 치료 과정에 결정적인 영향을 준다는 사실을 보여준다. 달리 말하면 기도가 실제로 치료를 돕는다는 것이다. 신앙을 가진 사람들에게는 당연한 사실이었겠지만, 이는 이제 학문적으로도 증명되었다. 하지만 유감스럽게도 이 연구 결과는 현대 의학과 제약업계에 도입되지 않았다.

제약 산업이 의사들을 강력하게 장악하고 있기 때문일 것이다. 의사들은 그 대가로 다시금 보상을 받는다. 결국 의존성과 두려움과 나쁜 양심으로 버무려져 굳은 체계가 생겨나는데, 그 체계는 환자들의 복지를 조금도 신경 쓰지 않을뿐더러 사실상 의사들에게도 전혀 도움이 되지 않는다. 그 체계가 갑자기 온 세상에 드러나 붕괴되면 결과는 은행 파산과 비교해 조금도 나을 게 없다. 그런 일이 일어난 후에야 또 "왜 사전에 좀 더 잘 관리하지 못했을까?"라는 말이 나올 게 뻔하다.

학문적으로 볼 때, 기도는 사람을 건강하게 만들고 건강을 유지하게 한다. 종교적 입장에서 볼 때, 기도는 기도하는 본인과 기도의 대상자를 돕는다.

의식이 기계에 미치는 영향

　미국 학자들은 한발 더 나아간 실험을 했는데 그 결과가 놀랍기 그지없다. 이 실험은 우리가 지금껏 가지고 있는 세계상을 깨뜨렸다. 동물 행동학자 콘라트 로렌츠Konrad Lorenz에 의하면, 실험자들이 방금 알을 깨고 나온 새끼 거위들에게 첫 대면자로 조그만 로봇을 보여주었다. 혼자 돌아다니며 잔디를 깎는 기계와 비슷한 로봇이었다. 직사각형 구역에서 정확히 한가운데 세워둔 로봇이 통계적인 개연성에 따라 규칙적으로 움직이기 시작했다. 다시 말해 로봇이 오래 돌아다닐수록 사방을 골고루 돌아다닌다는 이야기다. 이번에는 오른쪽 세로 면에 새끼 거위들이 있는 사육장을 놓았다. 그러자 로봇은 모든 이의 예측을 벗어나 움직였다. 로봇은 새끼 거위들에게 지나칠 정도로 자주, 가까이 다가갔고, 훨씬 오랫동안 머물러 있었다. 실험을 반복해도 결과는 마찬가지였다. 새끼 거위들에게는 어미라고 착각한 로봇을 끌어당기는 무언가가 있는 듯했다. 이 실험은 결국 의식이 결정적인 요인이라는 결과를 내놓았다. 이 외에는 위의 현상을 달리 설명할 수 없었다.

　이 실험에서 예기치 않은 다른 결과도 나왔다. 앞 실험과 비슷한 조건으로 이번에는 시끄럽게 소음을 내는 로봇을 직사각형 구역에 놓아두고 움직이게 했다. 그리고 밤에는 오른쪽 세로 면에서 사람이 잠을 잤다. 그러자 로봇이 이동 경로를 바꾸어 잠자는 사람으로부터 멀어졌다. 로봇은 통계적으로는 예상할 수 없을 정도로 사람과 멀리 거리를 두었다. 사람은 잠든 상태에서도 (알 수 없는 방법으로) 소음을 내는 인자를 밀어낼 수 있는 듯했다. 이 실험도 의식이 결정적인 요인임을 다시 한번 증명해

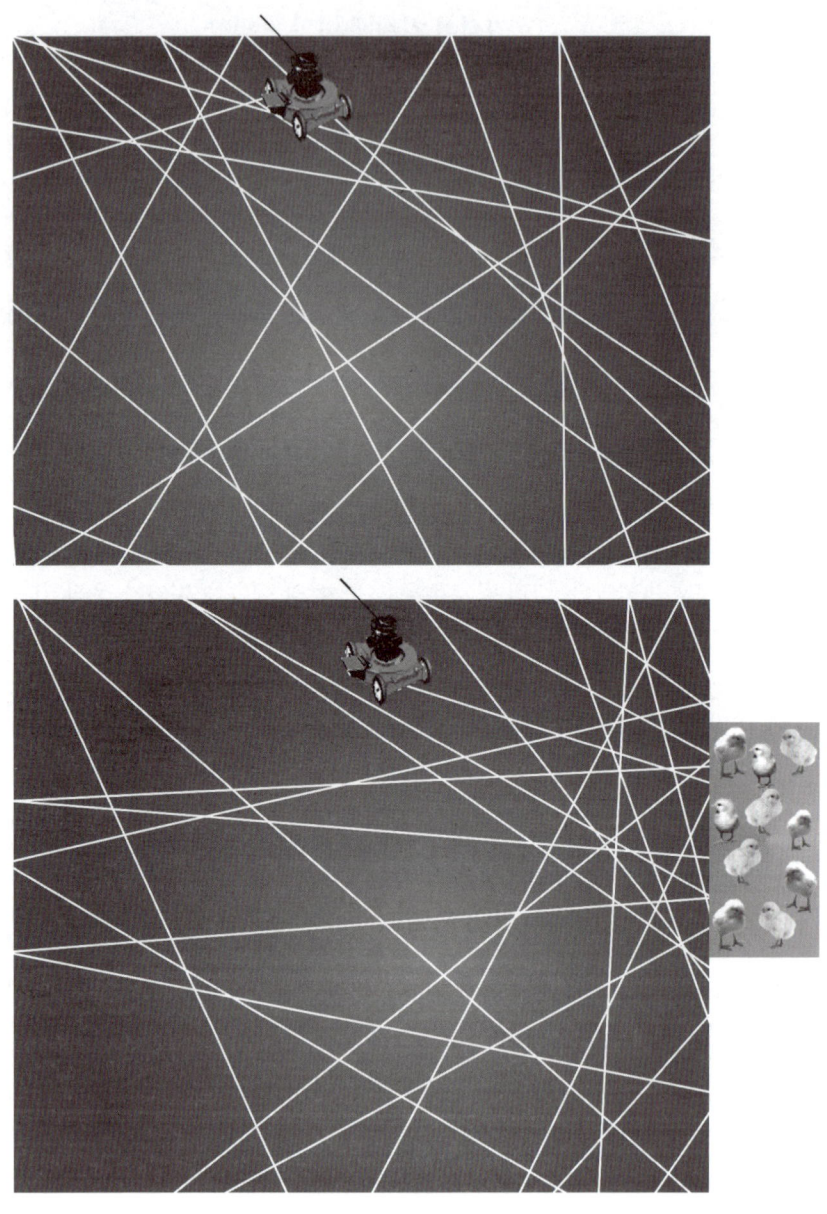

새끼 거위들이 로봇을 끌어당기는 것 같다

보였다.[20]

의식이 타인의 의식에 영향을 줄 수 있다는 사실은 오늘날 더 의심받지 않는다. 의식이 물질에도 영향을 주므로 신체와 장기에도 영향을 줄 수 있다는 사실 역시 완전히 문외한들만 의심을 품을 뿐, 상황을 전체적으로 파악하는 의사가 의심하는 경우는 아주 드물다. 하지만 서구 의학계 의사들 가운데 적지 않은 사람들이 아직도 의심을 품는다.

심지어 기계도 의식의 영향을 받을 수 있다고 증명한 이 새롭고 놀라운 결과는 우리를 정신의 신세계로 나아가게 한다. 실제로 심리 요법 전문의들 가운데 기계와 도구에 영향을 미치는 이들이 많다. 이 경향은 이른바 라디오닉Radionik 분야(특정한 기계 장치를 사용해 질병 진단 및 치료를 시도하는 대체 의학 분야-옮긴이)에서 가장 크게 발전했다.

질병을 치료할 때 예민한 치료 기계를 다루는 사람은 곧 치료사와 기계 사이에 논리적으로 설명하기 어려운 뭔가가 있다는 느낌을 받는다. 물론 기계와 환자 사이에도 그런 것이 존재한다. 즉 기계가 모든 거짓을 밝혀낼 수 있다는 사실을 알면 환자는 태도를 바꾼다. 우리가 교통사고로 죽을 가능성을 확실히 인식하면 신호를 위반하지 않는 것처럼 무의식은 훨씬 빠르게 저항을 포기한다.

> 우리가 자신과 의식을 신뢰하면 의식은 훨씬 널리 영향을 미친다.

더 나아가 치료사가 기계를 좋아하느냐 싫어하느냐에 따라 기계의 수명마저도 크게 달라진다. 그런 경험들은 일화로 남아 있다. 일례로 스포츠카 경기의 세계적인 선수 니키 라우다Niki Lauda가 차 사고로 병원에 누워 있는 동안 2위인 알랭 프로스트Alain Prost가 대신 출전해 같은 차를 몰았다. 알랭 프로스트는 세계 선수권자가 되었다. 기자가 알랭 프로스트에게 중요한 질문을 했다.

"라우다의 차와 당신의 차에는 어떤 차이가 있었습니까?"

그러자 프로스트가 대답했다.

"라우다는 경주하는 내내 차를 욕하고, 나는 차에게 다정하게 말을 걸지요."

컴퓨터를 쓰는 사람은 가끔 컴퓨터와 자신 사이에 논리적으로는 설명할 수 없는 일이 일어나는 것 같은 느낌을 받을 것이다. 우리는 앞으로 그런 비논리적인 일도 염두에 두어야 한다. 학계에서는 이미 비논리적인 일의 단서를 찾는 연구를 진행하고 있다.

의식과 물질

그럼에도 현대 세계에서는 거의 모든 것이 물질을 중심으로 움직인다. 더욱이 오늘날에는 물질이 전대미문의 범위로 삶을 지배한다. 반면 의식과 내용의 질은 점점 더 낮아진다. 앞서 인용한 《도덕경》의 문구가 물질과 내용의 차이를 설명한다. 바퀴를 보면 텅 빈 가운데를 중심으로 모든 것이 돈다. 집의 경우, 내부의 빈터에서 삶이 이루어지는데도 우리는 집의 외형에만 매달린다. 마찬가지로 꽃병도 그 안이 비어 있음을 잊고 산다.

의대생은 시체를 이용해 의학을 배우기 시작한다. 이 점은 앞으로 자세히 다룰 시작의 법칙의 관점에서 보면 우려스러운 게 한두 가지가 아니다. 많은 의대생이 평생 사람을 중심에 두지 않고 물질에 머물며 너무도 기계적인 방식에 사로잡힌다. 사실 시체는 한때 사람의 영혼이 거주했던 곳으로 인간의 모든 물질을 여전히 가지고 있다. 하지만 우리는 죽음 이후 의식(내용)이 존재하지 않는 상태에서 모든 형태가 얼마나 빨리 경직되고 부패하는지를 안다. 그럼에도 의사들은 육체와 영혼, 형태와 내용을 구별하는 일에 자주 어려움을 겪는 것 같다(아마 시체로 의학을 배우기 시작하는 그들의 불운과 관계가 있을 수 있다).

오늘날에도 끊임없이 인용되는 루돌프 피르호Rudolf Virchow의 발언이 그 사실을 분명하게 보여준다. 저명한 세포 병리학자였던 피르호는 '빈번하게 해부를 했지만 한 번도 영혼을 발견하지 못했다'라는 말을 남겼다. 피르호의 이 말은 지금도 자주 인용된다. 피르호가 세포 병리학자로서 시체에서 영혼을 찾으려 했던 일이 매우 특이했기 때문이다. 그리고 100년이 더 지난 후 외과 의사들도 피르호와 비슷한 어리석음을 보여주었다. 그들도 수술을 하면서 수천 구가 넘는 육체를 절개해 살펴보았지만 당연히 영혼을 찾아낼 수 없었다. TV 공학자들이 외과 의사들과 비슷한 맥락으로 말을 한다면 이렇게 주장할 것이다.

"수천 대가 넘는 TV를 뜯어봤지만 그 속에서 TV 프로그램을 발견하지 못했다."

심리 분석가 알렉산더 미처리히Alexander Mitscherlich[21]는 신체 기관에서 의식을 제거하면 심신 상관 질병이 생긴다고 본다. 이 논리는 생명의 세계 어디서든 증명된다. 의식이 사라져 가는 곳은 쇠한다. 그러다가 의식이 완전히 사라지면 질병 상태가 죽음으로 이어진다. 의식은 생명을 형성하고 형태가 와해되지 않기 위한 필수 불가결한 상위 정보인 것 같다.

따라서 의식이 모든 장기와 부분을 관장하고 보살피는 한 유기체는 건강하다. 반면 해당 장기가 맡은 임무에 의식이 더는 관여하지 않으면 질병이 시작된다. 그래서 우리는 증상을 통해 배후에 있는 의식의 문제는 무엇이며, 그와 더불어 생명의 과제는 무엇인지를 추측해 볼 수 있다. 사는 동안 의식하지 않는 부분이 많아지면 병에 걸리는 부분도 더 많아지고, 삶은 점점 힘겨워진다. 해당자가 완전히 의식을 포기하면 장기는 말을 듣지 않기 때문에 다른 것으로 대체해야 한다. 영혼이 육체라는 집에서 완전히 떠나면 그것을 죽음이라고 말한다. 죽음은 종종 단계적으로 조짐을 보인다.

> **자문해 보라. 나는 아직 살아 있는가, 아니면 이미 죽었는가? 나의 어디가 아직 살아 있고, 어느 부분에서 자신과 삶을 포기했는가? 《상징으로서의 질병》의 관점에서 보면 병을 앓는 기관이 귀중한 힌트를 준다. 《영혼의 거울로서의 육체》의 관점에서 보면 내가 소홀히 한 부분은 내가 해야 할 과제를 보여준다.**

정보는 물질이 아니다. 육체는 죽어가는 과정에서 살아 있는 유기체와 비교해 무게가 줄지 않는다. 죽는 과정에서 무게가 손실된다는 소문은 어쨌든 학문적으로 증명되지 않았다. 정보는 무언가를 표현하고, 영향력을 행사하기 위해 몸체가 있어야 한다. 이를 보여주는 예가 기술 세계에 산더미처럼 쌓여 있다. CD나 책은 정보를 담고 있지만 그렇다고 해서 CD나 책 자체가 정보는 아니다. 누군가가 CD나 책을 파괴할 수는 있지만 그렇게 해서 저장된 노래나 내용을 없앨 수는 없다. 하지만 독재자나 지배자 들은 정반대의 착각을 하며 서적을 불태우고 금지한다.

그들은 이런 방식을 이용해 아이디어와 내용이 사람들의 의식 속에서 장을 형성하지 못하게 하고, 더 나아가 현실을 조성하는 일을 방해한다.

또 책을 인쇄하고 CD를 찍어낸다고 해서 내용을 불멸의 것으로 만들 수도 없다. 내용은 사람들의 의식 속에서 확고하게 자리 잡아야만 불멸의 것이 될 수 있다. 그것이 예술가와 작가 들의 관심사이기도 하다. 출판은 그들의 첫 목표일 뿐이다. 작가와 예술가 들에게는 가능한 한 많은 사람의 의식 속에 확고하게 자리매김하는 게 진정한 목표다. 그렇게 해야만 장이 형성되고 세대를 넘어 지속된다(하지만 장은 나중에 형성된다).

이와 비슷하게 DNA 유전자도 정보 자체가 아니라 정보를 '담고' 있을 뿐이다. 뇌도 물론 정보를 '담고' 있기만 할 뿐이다. 정보와 의식이 표현되려면 뇌가 필요하다. 하지만 뇌는 라디오처럼 방송을 수신하기 위한 필수 전제 조건이다. 뇌가 의식을 생산하지 않는 것은 TV 수신기가 프로그램을 생산하지 않는 것과 같다. TV 수신기를 파괴해서 프로그램을 파괴할 수는 없듯, 뇌를 파괴한다고 해서 의식이 파괴될 수는 없다. 따라서 우리는 정보, 정보를 담고 있는 몸체, 정보 전달자를 구별해야 한다. 어떤 사람에게는 금방 알 수 있는 것이 학문적으로 그릇된 방향에 빠진 사람들에게는 꽤 어려운 일일 수 있다.

> 뇌는 의식을 생산하지 않는다. 또한 뇌가 의식인 것도 아니다. 뇌는 의식을 표출할 수 있게 해 줄 뿐이다.

다음 네 장의 사진에서 특히 눈을 주의 깊게 살펴보자. 네 장의 사진이 같은 사람의 일생을 보여준다는 사실을 쉽게 알 수 있다. 하지만 과연 그럴까?

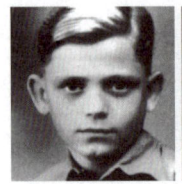

　모든 세포는 7년마다 한 번씩 재생된다. 첫 번째 사진 속 소년이 가지고 있던 분자를 그 옆 청년이 더는 가지고 있지 않다는 사실은 이미 학문적 정설로 확립되었다. 10년 이내에 모든 분자와 더불어 원자도 바뀐다. 따라서 소년이 가지고 있던 원자는 노인이 되었을 때 단 하나도 남아 있지 않다. 그럼에도 노인은 사진을 보며 이렇게 말할 것이다.

　"이게 내 젊었을 적 모습이라네."

　연속성은 물질이 아닌 서로 연결된 정보, 영혼에 의해 확정되는 것으로 보인다. 비록 눈에 보이지 않고, 물질적으로 파악하거나 측정할 수 없다 해도 결정적인 것은 영혼이다.

　많은 사람이 이런 경험을 했을 것이다. 어렸을 때 배운 뒤 한 번도 하지 않았던 일인데 어른이 되어서도 할 수 있다. 그것도 부지불식간에 말이다. 어떻게 그럴 수 있을까? 시간이 흐르면서 모든 세포와 분자와 원자가 바뀌었는데 말이다. 그 이유는 영혼과 의식에 있다. 영혼과 의식은 육체의 물질에서 독립해 있는 게 분명하다.

> 의식이 자유롭게 펼쳐질 때 육체는 생각보다 더 많은 일을 할 수 있다.

　나의 예를 곁들인다. 나는 스키를 아주 잘 타서 경기에 참여한 적도 있었는데 열일곱 살 때 그만두었다. 이후 치과 수련의를 하던 때 환상적인 스키 환경이 마련되었다. 동료들은 거의 20년이나 스키를 타지 않은 나를 초보나 다름없다며 놀려댔다. 스키를 신고 제대로 서지도 못할 거라면서 말이다. 리프트에 앉은 나도 내심 예전 세포가 뇌에는 물론 근육에 단 하나도 남아 있지 않다는 생각을 했다. 리프트에서 내린 나는 곧 출발했다. 놀랍게도 나는 스키를 탈 수 있었다! 게다가 나를 놀린 동료들보다 훨씬 잘 탔다. 그 후로 또 20년이 지난 지금도 스키를 탈 수 있을 것 같다. 프로그램이 저장되어 있으므로 내 안의 뭔가가 이를 가능하게 할 것이다.

만물에 의식이 있다

모든 창조 역사가 이야기하듯 의식이 처음에 있었고, 물질은 의식이 있어야만 형태를 얻을 수 있었다. 《요한 계시록》에 나오는 구절을 보자.

> 태초에 말씀이 있었고, 말씀은 신과 함께 있었다. (……) 그리고 말씀은 육신이 되었다.

이렇게 물질적 의미의 창조가 이루어졌다.

고대 이집트인은 신이 창조에 관해 파피루스에 최초로 써놓았다고 믿었다. 오스트레일리아 선주민은 신이 창조를 노래했다고 하는데, 인도인의 경우도 이와 비슷하다. 경전 《베다》에 따르면 불의 신 아그니 ^{Agni} 또는 만트라 '옴^{OM}'이 창조를 일으켰다. 태초에 관념^{Idee}이 있었다는 것은 《성경》의 창조 역사에도 계속해 기술되어 있다. 《창세기》에는 사실 두 가지 창조가 있는데, 우리는 첫 번째인 '관념의 창조'를 대부분 무시하고 지나간다. 그리고 두 번째인 '물질의 창조'를 또 크게 오해하고 있다.

말하자면 아이디어와 정보를 구성하기 위해서는 우선 의식이 있어야 한다. 정보와 아이디어는 의식을 통해 형태를 얻는다. 여기에서 최소 두 가지 결론이 나온다. 첫째, 형태와 형상을 가진 살아 있는 모든 것은 의식도 가져야 한다. 둘째, 의식이 물질보다 상위에 있다는 위계가 생긴다. 선조들이 이 두 법칙성을 당연시한 것에 비해 현대인들은 무척 이해하기 어려워한다.

> 형태와 형상을 가진 살아 있는 모든 것은 의식도 가져야 한다. 여기에서 의식이 물질보다 상위에 있다는 위계가 생긴다.

사람이라면 누구나 의식을 가지고 있다는 이야기는 너무도 당연하다. 하지만 항상 이렇게 여겼던 것은 아니다. 오래전 가톨릭교에서(물론 전적으로 남성만 있는) 가장 똑똑한 이들이 '여성도 혹시 영혼, 아니마를 가지고 있을까'를 놓고 격렬한 논쟁을 벌였다. 우리도 알다시피 오랜 논쟁 끝에 여성에게도 영혼이 있다는 쪽으로 결론을 내렸다. 비록 가톨릭교회의 조직을 위해서는 성과 없는 일이었지만 말이다. 그러나 유럽 외에 사는 다른 피부색의 인간에게도 영혼이 있다고 인정하는 일은 계속 결론이 나지 않았다. 처음에는 노예들에게 베풀기에 너무 큰 관대함이라 쉽게 결심하지 못했던 것이다. 스페인 수도승 라스카사스Las Casas는 가톨릭교회의 수장을 위해 금광에서 뼈 빠지게 일하다가 파리처럼 목숨을 잃어간 '빨간 짐승'을 보호하려는 동정심에서 아프리카에서 온 '검은 짐승'으로 이들을 대체했다. 당시는 '포획한' 선주민들을 유럽으로 데려와 하나씩 우리에 넣어 구경거리로 내놓던 때였다. 시간이 지나 가톨릭 측에서 피부색이 다른 인간도 영혼이 있다는 결론을 내렸지만 그 또한 초반에는 세계 조직에 별 영향을 미치지 못했다.

> 형태, 형상 그리고 안정성을 가진 것은 의식도 가지고 있어야 한다. 그러지 않으면 쇠락할 것이다. 의식의 유무는 크기나 쓸모에 달린 게 아니다.

이후 동물 보호가들은 몸집이 큰 동물도 의식을 가지고 있다는 사실을 인식했지만 이것이 인정받기까지 또 오랜 과정을 거쳤다. 베른하르트 그르치메크Bernhard Grzimek 교수는 당시 가혹한 사냥에 희생당하던 세렝게티Serengeti 지역 동물들의 생존을 위해 끊임없이 투쟁했다. 오늘날에는 적지 않은 사람들이 작은 동물과 심지어 식물도 의식을 가지고 있다는 사실을 인정하기에 이르렀다. 앞에서 한 설명을 근거로 이는 너무도 당연한 이야기다. 그리고 모순되지 않으려면 모기와 잡초도 의식을 가지고 있다는 사실을 인정해야 한다. 대상의 크기, 사람에게 쓸모 있느냐 없느냐에 따라 의식의 유무가 정해질 수는 없다.

의식과 위계질서

많은 현대인이 위계질서의 결과로 어려움을 겪는다. 지난 100년 동안 위계질서라는 단어는 심하게 부당한 대우를 받았다. 과거 말할 수 없이 큰 존경으로 섬기던 모든 것은 위계질서로 조직되었다. 반대로 오늘날 어떤 집단에서는 위계질서가 거의 욕에 가까운 단어가 되었다. 현재 공공연하게 위계질서로 조직된 것은 가톨릭 성직자 계급, 군대, 독재 정권과 몇몇 뻔뻔한 기업이 전부다. 나머지 조직에서는 위계질서가 여전히 존재하고 활용된다고 전제하면서도 그 사실에 관해 왠지 모를 수치심을 느낀다. 실제로 민주주의 국가가 얼마나 많은가? 또 얼마나 많은 나라가 민주주의 국가임을 자처하는가? 그러나 자세히 들여다보면 형식적으로만 민주주의를 내세우는 국가들이 훨씬 많다.

사실 위계질서는 그 무엇으로도 대체할 수 없다. 위계질서 없이는 아무 일도 되지 않는다. 동등한 권리의 공동 결정이라는 의미에서 민주주의를 심장이라고 한다면 그 체계는 불규칙한 심장 박동이라 할 수 있으며 삶과 모순된다. 자세히 들여다보면 우리의 육체라는 소우주에도, 세계라는 대우주에도 위계질서가 존재한다. 위계질서는 많은 경우 생존에 필수다. 오늘날 위계질서를 지극히 나쁘게 평가하는 이유는 특히 인간 세계에서 이를 오용한 탓이다. 우리는 위계질서라는 단어가 합당한 의미를 되찾도록 해야 한다.

> 위계질서는 많은 경우 생존에 필수다.

'위계질서'에 해당하는 그리스어 '히에라르키아 Hierarchía'는 '성스러운 자의 지배'를 뜻하고, 독일어 두덴 Duden 사전에는 '최고 사제 직위'라고 나와 있다. 그런데 이 의미로 이야기하는 경우는 드물다.

심장은 위계질서의 원칙을 가장 간단하게 보여준다. 각각의 심장 근육 세포는 단순히 작은 모터가 아니라 전기 자극을 주는 동력원이기도 하다. 그래서 분당 10회 정도의 낮은 빈도로, 자체적인 리듬으로 뛴다. 물론 이 빈도로는 생명을 유지할 수 없다. 심장의 다른 구조들도 마찬가지다. 이른바 히스His 다발과 푸르키네Purkyně 섬유가 그보다 자체 리듬이 강하지만 그렇다 해도 생명을 유지하기에는 충분하지 않다. 방실 결절이 자체 빈도 40회로 생존을 기대하게 하지만 그것도 삶을 근근이 이어나갈 정도에 지나지 않는다. 이는 심장에서 훨씬 위쪽에 있는 동방 결절 때문이다. 동방 결절은 심방에서 한 번 박동할 때마다 다른 모든 동력원의 힘을 빼앗고 전기를 방전시킨다. 이러는 한 심장 기능은 잘 돌아간다. 다른 모든 동력원이 새로운 박동을 위한 힘을 형성하려고 하면 동방 결절이 이를 방전시키기 때문이다. 다른 곳에서 비정상적인 전기 신호가 생기면 심장은 규칙적으로 뛰지 못한다. 말하자면 동방 결절은 '동등한 이들 중 첫 번째'와 같은 식으로 다른 동력원을 지배한다. 인간적 관점에서 볼 때 이 엄격한 위계 패턴이 삶을 가능하게 한다. 이를 다른 구조에 다 적용할 필요는 없지만 일부 영역에서는 심장처럼 위계질서를 지켜야 한다는 사실을 인정해야 한다.

한편 우리도 지구의 생물계에 위계질서를 확립했고 그것을 포기할 뜻이 없다. 사람을 만물의 꼭대기에 있는 존재라고 여기고 최상의 위치에 서고자 한다면 위계질서가 존재한다는 사실을 인식해야 한다. 또 모든 존재에 의식이 있다는 사실을 인정해야 한다. 이러한 인식의 발전을 통해 사람도 위계질서 내에 있으며, 더 높은 상부에 관해서는 극소수만 인식하고 있다는 사실도 분명히 알게 된다.

다시 한번 심장으로 돌아가 보면, 단순한 심장 근육 세포는 위계질서에서 제일 아래에 있고 동방 결절은 제일 위에 있다. 그러나 동방 결절도 유기체 전체의 공익 아래에 있어야 한다. 예를 들면 동방 결절은 뇌가 보내는 명령을 받아들여 수행한다. 위험이 다가오면 맥박 수가 올라가는 것도 그 때문이다. 개개인도 물론 위계질서 아래에 있어야 한다. 회사도 위계질서를 요구하고, 맹렬한 종교는 더욱 그렇다. 우리는 그런 요구를 거부할 수는 있지만 어쨌든 국가와 국법에는 속해 있어야 한다. 각 국가는 실제로 모든 것이 위계질서로 조직되어 있고, 최상위에 정부가 있다. 정부는 또다시 규모가 더 큰 국가 연합, 예컨대 유럽에서는 EU가 있고, 아메리카 대륙에는 미합중국 연합체가 있다. 물론 이 국가들이 전 세계의 문제를 논의하는 국제연합 United Nations, 이후 'UN'에 속해 있다면 이상적이라 하겠다.

이런 식으로 계속하다 보면 결국 지구는 '자기 마음대로 할 수 있는 존재'가 아니라 태양계의 다른 행성들과 더불어 황도의 질서를 따르고 있다는 사실을 알 수 있다. 또 태양계는 우리은하에 예속되어 있고, 우리 은하는 아직 내다볼 수 없는 우주에 예속되어 있다.

이처럼 세상 곳곳에서 위계질서를 볼 수 있다. 따라서 대안이 없고, 자연에 의해 이미 주어진 위계질서라면 우리는 이것에 주목하는 게 좋다. 소우주에 해당하는 육체와 대우주 세계에도 존재하는 위계질서를 위반하면 큰 문제가 생긴다. 육체의 한 기관이나 조직의 세포가 위계질서를 거부하고 다른 길로 들어설 경우 그것을 '암'이라 부른다. 한 국가의 개개인이 테러리스트처럼 위계질서를 인정하지 않고 예속되기를 거부하면 대개 전쟁을 일으키는데 이 또한 육체의 암이나 다름없다. 만일 인류가 지구의 위계질서를 거부한다면 위와 비슷한 반작용을 불러올 것이다. 이런 증거는 충분하다. 인디언 크리Cree족의 격언은 이런 상황을 적확하게 짚어낸다.

"너희가 마지막 나무를 쓰러뜨리고 마지막 물고기를 잡고 나면, 그때야 돈을 먹을 수는 없다는 사실을 깨달을 것이다."

현명한 사람은 사람도 하나의 종이며, 자연의 균형을 제멋대로 깨뜨리면 해를 입는다는 사실을 오래전부터 알고 있다. 생명이 있는 곳은 반드시 의식이 있다. 우리 관점에서 이야기하면 위와 아래가 같다.

따라서 우리는 만물에 주어진 자리를 인정하고 거기에 속할 책임이 있다. 이 책임이란 위계질서에서 우리 아래에 있는 존재들, 예를 들어 동식물을 보살피고 위로는 법칙을 존중하는 것이다. 영적, 종교적 사람들 입장에서 말하면 우리 위에 존재하는 신을 향한 존중도 포함한다.

공명의 법칙은 위와 아래, 하늘과 땅의 일치를 위해 존재한다. 공명의 법칙을 가장 분명하게 표현하는 문구는 앞에서도 언급한 적이 있는 헤르메스 트리스메기스토스의 '위와 아래가 같다'다. 기독교에서는 주기도문 또는 《마태복음》의 산상수훈에 나오는 '아버지의 뜻이 하늘에서와 같이 땅에서도 이루어지소서'라는 기도문이 이와 비슷하다. 이탈리아에 있는 시에나Siena 대성당에는 녹색 석판(연금술의 핵심 텍스트를 담고 있다고 여겨지는 신비로운 석판 - 옮긴이)을 가지고 있는 헤르메스 트리스메기스토스의 그림이 있다. 그의 법칙은 위계에서 모세의 율법보다 상위에 있기 때문에 다른 석판에 따로 새겨져 있다.

위와 아래가 같고, 안과 밖이 같다.

만물에 존재하는 위계질서를 인정하면 법칙들의 위계도 이해할 수 있다. 단일성은 최상위 영역에 있는 신에 해당한다. 그 밑으로 양극 대립의 인간 세계가 시작한다. 공명의 법칙은 지구와 세계에 하늘을 가져온다. 이를 《성경》의 말로 바꾸면 '신이 자신의 모습대로 인간을 창조했다'이다. 고대에는 그리스 델포이Delphoe의 신전 입구에 '너 자신을 알라'라는 문구가 있었다. 그리고 신전 안에는 '그럼으로써 너는 신을 알게 된다'라는

시에나 대성당에 있는 헤르메스 트리스메기스토스 벽화

문구가 있었다고 한다. 파라셀수스Paracelsus는 이 상응 법칙을 완전히 지상으로 끌어내려서 앞에서 언급한 비유, 즉 소우주(육체)가 대우주(세계)와 같다고 표현했다. 시작에 이미 모든 것이 있다는 시작의 법칙은 모든 영역에 적용된다.

    우리는 위계질서의 모든 측면을 다 통찰할 수는 없다. 그렇다 해도 유추를 통해 학문이 허용하는 것보다 훨씬 많은 것을 알 수 있다. 전체를 종합적으로 조망하면 곧 또 하나의 법칙을 발견한다. 예를 들어 현대 천체 물리학은 우주에서 각각의 천체가 다른 천체들과 멀어져 간다는 사실을 측정했고, 그것은 결과적으로 우주의 팽창을 뜻한다. 이 상황은 풍선 표면에 모든 것이 그려진 모양으로 상상할 수 있다. 풍선을 불어 크기가 점점 커지면 풍선 위에 그려진 것들은 서로 멀어진다.

학자들은 오랫동안 이 지식을 완전한 진리라고 세상에 알리면서 우주는 영원히 팽창할 것이라 여겼다. 그러나 스티븐 호킹Stephen Hawking은 우주의 팽창은 현실의 단면을 기술한 것에 지나지 않는다고 말했다. 스티븐 호킹은 우주의 팽창 운동이 미래에는 전복될 것이라는 증거를 발견했다. 이후 그는 힌두교의 창조 신화에 나오는 법칙과 매우 유사한 세계상이 진실이라고 확언했다. 힌두교의 창조 신화에서는 세계의 시대가 창조의 신 브라마Brahma가 쉬는 호흡의 순환으로 이루어져 있다고 한다. 이에 따르면 창조는 단일성의 호흡이다. 여기서 《요한 계시록》의 태초에 관한 문구가 떠오른다.

―――――
단일성에서 다양함으로, 그리고 다시 단일성으로 되돌아온다.
―――――

> 태초에 말씀이 있었고, 말씀은 신과 함께 있었다. (……) 그리고 말씀은 육신이 되었다.

육신은 영혼이 신에게 돌아갈 때 다시 해체된다.

생활 속에 있는 다른 비유를 보자. 우리는 만다라의 중앙에서 비롯된 생명 잉태로 시작해 만다라의 바깥 테두리로 발전해 나가는데, 그것은 오로지

―――――
여기에서 여기로, 중심에서 중심으로, 끝없는 여정.
―――――

삶의 중심으로 되돌아오기 위해서다. 실제로 모든 창조 신화가 단일성으로부터 세계가 발생했다는 이야기로 통일되어 있으니 우리는 이 비유를 받아들일 수 있다.

시작의 법칙

이제 우리는 앞서 여러 번 운을 뗀 시작의 법칙에 이르렀다. 이 법칙은 모든 위계 영역에 적용되며, 깨달음을 얻는 길에서 결정적인 법칙일 수 있다. 예를 들어 명상하는 사람이 처음 떠오르는 생각을 중요하게 받아들이는 법을 배우면 명상 시 엄청난 에너지와 효과를 거둘 수 있다. 처음부터 집중하고 의식적으로 훈련하면 누구나 쉽게 배울 수 있다. 다음 연습을 해보자.

> **동물!**
> 위의 단어를 읽은 뒤 눈을 감고 처음으로 떠오르는 내면의 생각이 무엇인지 보라. 즉 마음속에서 제일 먼저 보이는 동물을 생각하면 된다.

처음에 떠오른 동물은 바로 자신과 관련된 동물이고, 이는 수많은 샤머니즘 문화에서 널리 알려진 토템Totem(고대 사회에서 신성하게 여긴 동식물 – 옮긴이) 또는 힘을 부여하는 동물이다. 같은 방법으로 내면의 눈앞에 제일 먼저 떠오르는 나무에도 의미가 있다. 예를 들어 켈트Celt 족에서 믿는 나무가 신탁을 내리는 상황과 비슷하다.

이 간단한 방법을 이용한 내면의 그림 작업은 놀라운 효과가 있는 진단 수단이자 치료제가 된다. 명상 수행으로 암 환자의 수명이 두 배 이상 연장되었다는 사이먼턴의 주장처럼, 그림자 치료는 서구 의학자들이 생각했던 것보다 치유력이 훨씬 크다.

시작에 모든 것이 있음을 뜻하는 이 법칙은 우리의 삶을 규정하는 법칙 중 하나다. 비록 대립의 법칙과 공명의 법칙의 아래에 있지만 그래도 그 의미가 매우 크고 또 모든 법칙과 관련되어 있다. 쉽게 말해 우리는 '첫눈에 반하다'라는 표현에서 이 법칙을 직관적으로 이해할 수 있다. 언제부턴가 학문도 시작의 법칙을 매우 세세하게 증명하고 있다. 생물학에서는 오래전부터 유전자 연구를 통해 씨앗 안에 이미 나무 전체가 들어 있고, 알 속에도 존재 전부가 들어 있다는 사실을 알았다. 물론 사람의 난자도 마찬가지다. 의식이 깨어 있는 사람은 한 사건이 시작될 때 그 안에 이미 사건의 추이가 뚜렷하게 담겨 있다는 사실을 경험으로 안다. 그래서 그는 모든 시작을 중시하고 주의 깊게 관찰한다.

새해를 맞아 운세를 보고 미래를 예견하려는 이유도 바로 여기에 있다. 또 많은 사람이 연중 기념일을 축하하며 그때마다 새로운 시작의 기준으로 삼는다. 두 사람이 만난 날이나 진정으로 관계가 시작된 날, 결혼식을 통해 두 사람이 합법 관계로 확정된 날을 기념한다. 기념일은 과거의 어떤 날을 축하할 뿐 아니라 새로운 순환의 시작을 생생하게 체험하고, 새로운 시작 속에 들어 있는 무언가(기대하는 바)를 찾아내기 위한 것이다. 경제에서도 시작이 기회라는 사실을 알기에 새 제품의 판매 촉진 행사를 열어 마음을 다진다. 그런 새로운 출발이 새로운 가능성을 열어주며 미래를 긍정적으로 만들기 때문이다.

다른 기념일들 중 생일을 중시하는 이유도 생일이 새로운 시작을 만들고 미래를 보여주기 때문이다. 점성술에 능한 사람은 태양력으로 새로운 생명이 탄생하는 해의 정확한 별점을 계산한다. 당연히 점성술은 시작에 모든 것이 존재한다는 생각에서 출발하고, 바로 이런 생각이 점성술의 기초가 된다. 즉 점성술은 사건의 시작을 순간 포착으로 촬영하는 것이라 할 수 있다.

점성술의 많은 부분은 현대 자연 과학의 일부로 받아들여져 미신이라는 오명을 벗게 되었다. 심리 치료사 프리츠 리만Fritz Riemann은 저서《공포의 기본형Grundformen der Angst》을 불멸의 책으로 만들었고, 이어《삶을 돕는 점성술Lebenshilfe Astrologie》[22]을 집필했는데 이 책은 저자의 신빙성 있는 작업을 그대로 반영했다. 기업인이자 사진작가인 군터 작스Gunter Sachs도 점성술을 학문적으로 증명하기 위해 방대한 작업을 했다. 작스는《점성술 기록Die Akte Astrologie》[23]을 쓰기 위해 스위스의 모든 출생 등록부를 수집해 자료화하고, 뮌헨München에 있는 대학교에서 유명한 통계학자들을 고용해 점성술이 각각의 별자리에 관해 수준 높은 진술을 할 수 있는 학문이라는 사실을 증명했다. 우주를 구성하는 물질에 관해 지식이 조금이라도 있는 사람이라면 작스가 단순히 태양의 위치만 끌어들인 게 아니라 뚜렷한 증거도 발견했다는 사실을 알 수 있다. 점성술을 심층적으로 연구한다면 이 분야에 어떤 가능성이 숨어 있는지를 충분히 예상할 수 있다.

시작 속에 모든 것이 들어 있음을 말하는 시작의 법칙은 오늘날 여러 학문 분야에서 폭넓은 지지를 받고 있다. 저널리스트이자 기업 고문인 맬컴 글래드웰Malcolm Gladwell은 베스트셀러《블링크Blink!》[24]에서 시작의 법칙에 관해 썼다. 글래드웰은 헤르만 헤세Hermann Hesse의 '모든 시작에 마법이 깃들어 있다'라는 표현을 증명하는 현대의 연구 결과를 다량 인용했다. 그는 처음에 떠오른 생각과 직감을 신뢰하는 법을 배우면 삶을 얼마나 더 발전시킬 수 있는지 학문적 근거를 들어 알려주었다.

> 그리고 모든 시작에 마법이 깃들어 있다. 그 마법이 우리를 보호하고 살아가는 데 도움을 준다.
> -헤르만 헤세

사회학자들은 모든 것을 쪼개는 분석법을 통해 첫 파편에 이미 본질적인 모든 것이 포함돼 있다는 사실을 알아냈다. 사회학자들은 누군가와 파트너 관계로 발전할지 아닐지를 평가하는 첫 관찰에서 이미 결정적인 힌트를 얻었다. 그들은 80퍼센트 이상의 적중률로 첫 번째 관찰에서 누가 헤어지고 누가 관계를 유지할지를 예견했다. 더욱 놀라운 사실은 심리학을 배운 적이 없는 피험자들도 비슷한 예견을 했다는 것이다. 이들도 잠시 파트너 관계를 관찰한 것만으로 누가 헤어지고 누가 관계를 지속할지를 80퍼센트의 적중률로 예견했다.

글래드웰은 더 나아가 우리에게 직감 같은 것이 있고, 그래서 상황을 바로 간파하는 경우도 종종 있다는 연구 결과를 풍부하게 내놓았다. 이는 예술품을 평가하는 사람이 감정서를 작성할 때, 의사가 환자를 진단할 때, 판사가 재판할 때도 적용된다. 이들은 판단의 근거와 소견을 작성하는 데 많은 시간을 들이지만 그것은 대부분 첫 직감을 합리화하는 작업일 뿐이다.

물론 시작의 법칙에도 극복하기 어려운 유일한 단점이 있다. 바로 선입견이다. 이것은 첫인상에 부정적인 영향을 줄 수 있다. 자신이 가진 선입견이나 프로그래밍에 관해 잘 알고 있어서 이 핸디캡을 극복한 사람은 삶을 더 성공적으로 만들 수 있다.

아무튼 수많은 인사 담당자나 임대인 들은 자기를 소개하는 대화에서 시작의 법칙을 경험한다. 사실 지원자의 첫인상과 첫마디에 모든 게 결정된다. 그런데 지원자의 화려한 스펙 증명 서류 때문에 착각하거나 첫인상을 무시할 경우 대부분 후회한다. 반면 첫인상을 신뢰하면 실망하는 일이 드물다. 예외적으로 첫눈에 반한 사랑은 실망할 수 있다. 특히 두 사람이 대립의 법칙을 모르고 있을 때 더 그렇다. 대립의 법칙이 첫인상과 시작의 법칙보다 훨씬 우세하기 때문이다. 물론 하위 법칙 중 하나를 활용하면 그래도 많은 일이 수월해지고, 거의 모든 과정을 훨씬 단축할 수 있다. 성공적인 삶을 이루기에는 충분치 않지만 말이다.

> 첫인상을 신뢰할 줄 아는 사람은 수많은 우회를 피하고 더 많은 시간을 아낄 수 있다.

일상생활을 하다 보면 언뜻 아무 관계도 없는 것같이 보여도 종종 시작의 힘에서 결정적인 결과가 나올 때가 있다. 내 개인적 예를 들어보겠다. 어느 날 나는 친구의 어린 딸을 데리고 여행을 떠났다. 친구 부부는 여행지로 먼저 출발한 상태였다. 이른 아침이라 도로가 텅 비어 있었다. 내가 몇 미터 가지 않았을 때 BMW 운전자가 차선에서 비키라고 경적을 마구 울렸다. 사실 그 운전자가 내 차를 추월해 가는 건 어렵지 않았다. 그 상황에서 내가 할 수 있는 것은 두 가지였다. 하나는 모든 BMW 운전자에게 욕설을 퍼붓는 것이었다. 하지만 그래봤자 무슨 소용이 있으랴? 다른 하나는 이 '껄끄러운 시작'의 의미를 찾는 일이었다. 그래서 나는 친구 딸에게 혹시 두고 온 게 없냐고 물었다. 아이는 다 챙겼다고 대답했지만 나는 찜찜한 느낌을 떨칠 수가 없었다. 그리고 도시가 바뀌는 경계선에 와서야 아이 어머니가 특별히 눈에 잘 띄는 곳에 놓아둔 여권을 챙겨 오지 않았다는 사실을 알게 되었다. 차를 돌려 20분을 되돌아가기란 그리 번거로운 일은 아니었다. 아마 스위스 국경선에서 되돌아갔다면 훨씬 많은 시간이 지체되었을 것이다.

> 당신에게 결정적이었던 삶의 순간들을 점검하며 자신을 되돌아보라. 당신이 처음에 모든 것을 알아챌 수 있었을 만한 일이 존재할 것이다. 처음 느낌에 빠르게 마음을 열었더라면 일 전체가 어떻게 끝을 맺었을지 생각해 보자.
> 우선 감정적으로 크게 동요하지 않은 일들, 예컨대 학교에 입학한 첫날 또는 처음으로 수영을 배운 날 같은 것부터 시작한다. 그다음으로 당신이 직업을 시작했을 때, 마지막으로 시작의 법칙의 관점에서 다양한 종류의 인간관계들도 되돌아보라. 교사, 의사, 사장의 첫인상은 어땠는가?
> 별 중요할 게 없는 시작이 쭉 이어졌다. 이제 당신의 자녀와 배우자도 이 시작의 법칙의 관점에서 관찰해 보라.

시작의 법칙 활용법

시작 속에 이미 모든 것이 들어 있다면 우리는 종교·국가·조직 그리고 모든 프로젝트의 기원에 어떤 관심사가 들어 있으며, 거기에서 무엇이 발전되어 나왔는지를 알 수 있어야 한다. 이제 그것을 알아보려 한다. 우선 유대교, 기독교, 이슬람교로 시작할 것이다. 그럼으로써 세계에 가장 많이 퍼져 있고 가장 세력이 큰 종교 공동체에 관해 알게 될 것이다. 그다음으로 세계 최강대국 미국의 기원을 살펴보고, 이어 세계에서 아주 성공하고, 부유하며, 가장 오래된 동시에 강력한 조직체인 가톨릭 교회, 마지막으로 자동차 콘체른의 퍼스트 클래스 프로젝트를 살펴볼 것이다.

사라Sarah는 점점 나이가 들어가는데도 남편 아브라함Abraham에게 위대한 혈족의 시조가 되어야 할 아들을 낳아주지 못했다. 사라는 아브라함에게 하녀 하갈Hagar과 잠자리를 해서 첫아들을 얻도록 허락했다. 하갈은 이스마엘Ismael을 낳았고, 사라는 이스마엘을 아들로 삼았다. 하느님이 나중에 사라를 임신할 수 있게 만들어 친아들 이삭Isaac을 낳았지만 이삭은 서열상 둘째 아들이었다. 자신의 피와 살로 이루어진 자식이기에 이삭을 훨씬 아끼고 사랑한 사라는 결국 눈물을 이용해 첫아들 이스마엘과 생모 하갈을 내쫓아 버렸다. 그렇게 해서 이삭은 장자의 자리에 올랐다. 또 이 기회를 철저히 활용해 그동안 통용되던 법을 어기고 이스라엘의 족장이 되었다. 쫓겨난 이스마엘도 거대한 규모의 후손들을 두었다. 이스마엘과 이삭의 후손들이 격한 싸움을 벌일 것은 이미 예견된 일이었다. 이스마엘은 이스마엘족 또는 아랍인의 시조가 되었다. 그리고 이스마엘은 아버지 아브라함에게 가까워지려고 시도했으나 그때마다 퇴짜를 맞았다.

후대에 와서도 비슷한 상황이 똑같은 방식으로, 너무도 오랫동안 계속되고 있다. 팔레스타인 사람들은 여전히 주권이 없다. 그리고 오늘날 팔레스타인 내에서 주권을 인정받지 못하기 때문에 계속 모욕을 당한다. 이들은 전과 다름없이 탄원자이며, 이런 상황이 그들을 광분케 만든다. 반면 이스라엘 사람들은 당시나 지금이나 더 좋은 무기와 권력을 가지고 있다. 또 이스라엘 사람들은 시조 아브라함이 당시 상속법을 어긴 것과 마찬가지로 심지어 국법과 UN을 무시한다. 두 민족의 이러한 기원을 이해하지 못하는 사람은 세대를 걸쳐 이어지는 이스라엘 민족과 이스마엘족 간의 딜레마를 풀지 못할 것이다. 모든 시작이 매우 꼬인 상황이다.

초반에 연방주 결합 체계가 느슨했던 미합중국은 (인간적으로 볼 때) 다섯 가지 근원에서 발생했다. 첫째, 애초에 아메리카 대륙에서 살던 인디언들은 이 땅이 지속적으로 발전해도 그 영향을 누릴 수 없을 정도로 극심하게 격하되었다. 그러나 인디언들은 지금도 여전히 '중요한 존재'로 남아 있다. 도둑맞은 땅이 계속 역사를 형성하며 발전했기 때문이다. 둘째, 경건한 개신교 선교사, 고국 영국에서 자리 잡지 못한 광신자들이 인디언들에게 들이닥쳤다. 이들은 영국에 잔류한 교회들보다 대부분 종교적으로 훨씬 엄격하고 열렬했다. 아무튼 이주 초기에 이들은 인디언 선주민들과 잘 지냈다. 처음에는 단지 인디언들에게 '규칙적인 노동'만 가르치려 했기 때문이다. 셋째, 경범죄자와 중범죄자 떼가 몰려왔다. 유럽의 지배자들은 한편으로 범죄자들을 추방하고 싶었고, 다른 한편으로 범죄자들이 신세계에 살면서 지배자들의 영향력을 확고히 하는 데 도움이 될 경우 죄를 면해주려고 했다. 당시 유럽인들의 관점에서 볼 때 아메리카는 사람이 없는 '텅 빈' 대륙이었고, 조금도 문명화되지 않았다. 그래서 귀족도 시민도 가서 살겠다고 나서지 않았다. 그렇다고 영국 왕실은 아메리카 대륙을 프랑스에 넘겨주고 싶지 않았다. 그건 프랑

> 평화를 원하는 사람은 언제나 먼저 손을 내밀어 악수를 청해야 한다.
> -이츠하크 라빈

스도 마찬가지였다. 네 번째로 영국에서 여성들이 떼 지어 자원했는데, 이들은 자의든 타의든 매춘으로 생계를 꾸려온 여성들이었다. 국가는 그 여성들에게 신세계에서 새로운 시민 생활을 보장한다고 약속했다. 하지만 배에 오른 여성들은 경매를 당하거나 배를 타는 값으로 넘겨졌다. 이러한 유입으로 다양한 인종이 혼합되었다. 마지막 다섯 번째, 무자비한 노예 사업으로 아프리카에서 사람들이 강제 이송을 당했다.

이 토대에서 미합중국과 미국인의 행동 방식을 더 잘 이해할 수 있다. 소수의 인디언 선주민, 종교 광신자, 범죄자와 떠돌이, 매춘부와 노예의 후손으로 이루어진 혼합이 오늘날 엄청나게 많은 가능성과 활력을 만들어 낸 것이다. 미국에는 세계에서 가장 규모가 큰 포르노 산업이 존재하지만 동시에 섹스에 적대적이어서 섹스를 부부간에만 허용하는 법률도 있다. 시카고Chicago에는 가장 효율적인 범죄 신디케이트Syndicate(몇 기업이 공동 판매소를 두고 제품을 함께 판매, 구매하는 독점 조직 – 옮긴이)가 있는가 하면, 또 지미 카터Jimmy Carter와 조지 W. 부시 같은 독실한 종교인이 대통령이 되는 나라가 미국이고, 체력이 뛰어난 사람들도 살고 있어서 4년에 한 번씩 올림픽 메달을 쓸어 가기도 한다. 아마 이 용광로에서 나오지 않은 것은 아무것도 없다고 해도 과언이 아닐 것이다.

기원이라는 요소를 더 깊이 추적하는 사람은 또 다른 경향을 많이 발견한다. 예를 들어 미국은 정치적으로나 사적으로나 걸핏하면 무력을 행사하는 경향이 있지만, 마찬가지로 수많은 노벨상 수상자가 있어서 특히 '행복 추구'를 가능하게 했다. 그리고 헌법으로 확립된 개인의 행복 추구는 백만장자와 억만장자 들을 탄생시켰고, 지금 그들 중에는 세계 경제를 쥐락펴락하는 이들도 있다.

물론 다른 국가도 이와 비슷하게 해석할 수 있다. 스위스 사람들은 지금도 맹세를 나눈 공동체인 것 같다. 뤼틀리 서약Rütlischwur(1291년 오스트리아에 대항해 스위스 건국의 토대를 이룬 세 지방의 맹약 – 옮긴이)은 이미 쇠퇴해 예전의 동맹이 아닌 지 오래되었는데도 말이다. 지금도 시작의 유산이 강하게 남아 있는 것이다. 그리고 독일은 소국 분립 체제 때문에 지방 군주들끼리 참의원에서 끊임없이 다투느라 회의에서 결정을 내리지 못할 정도다. 이는 중요한 일과 가능한 일을 모두 방해하는 짓이다.

가톨릭교회의 발생사는 《신약 성경》에서 볼 수 있다. 그리스도는 열두 제자를 데리고 있었는데 이들은 열두 개의 태초의 원칙에 해당한다. 제자들 중 회의주의자인 토머스Thomas는 그리스도의 십자가의 상흔을 학문적으로 조사하도록 허락을 얻었다. 만일 십자가의 상흔을 직접 확인할 수 없었다면 토머스는 그리스도의 부활을 전혀 믿지 않았을 것이다. 그는 그리스도를 직접 눈으로 살펴보고, 검사해야 했다. 제자 중에는 은화 몇 푼에 그리스도를 적에게 넘겨준 배반자 유다Judas라는 그림자 인물도 끼어든다. 그리고 요한은 토론보다 직관적으로 스승의 가르침을 이해했던 제자로서 넵튠Neptun(로마의 해신, 해왕성)의 원형에 해당한다. 요한은 공연히 자신을 트집 잡기 일쑤였던 베드로를 경계해야 했다. 그럴 때마다 스승은 눈에 띄게 요한의 편을 들었다. 그리스도는 요한을 신뢰했다. 그리스도는 죽음을 앞두고 자신의 삶에 존재하는 두 여인, 마리아Maria와 막달라 마리아Magdala Maria를 유대 법에 따라 한 남자에게 위탁해야 했다. 그리스도는 평소 애제자라 불렀던 요한을

> 나는 모든 사람의 내면에 선이 있다고 진세한나.
> – 교황 요한 23세 Ioannes PP. XXIII

선택했다. 그리스도는 요한을 가리켜 자신의 마음 가까이에 있는 제자라고 했다.

제자 중에는 이름의 뜻이 '반석'인 베드로도 있었다. 그는 사투르누스Saturnus(고대 로마의 농업 신. 그리스 신화의 크로노스Cronos에 해당한다 – 옮긴이)의 원형에 해당한다. 베드로는 그리스도가 가르치는 것의 본질을 이해하지 못했다. 또는 아직까지 베드로가 이를 이해했다는 증거가 없다. 베드로는 항상 무기를 지니고 다녔는데 그의 행동은 아마 그리스도의 뜻과는 달랐을 것이다. 그리스도가 제자들을 데리고 겟세마네Gethsemane 동산에서 최후를 준비할 때 자신이 어떻게 붙잡혀 갈 것이며, 그때 제자들에게 저항하지 말라고 한 말은 베드로까지 포함해 모든 제자가 이해했다. 하지만 베드로는 단박에 로마 군인의 귀를 잘랐다. 이 반석 위에 그리스도가 자신의 교회를 세웠다. 그리스도는 자신이 무슨 일을 하는지를 알고 있었다. 베드로가 닭이 세 번 울기 전에 세 번이나 그리스도를 부인할 것이라 예견했기 때문이다. 베드로는 절대로 그러지 않을 거라고 반박했다. 하지만 닭이 세 번 울 때 베드로는 스승의 말이 옳았으며 자신을 정확히 꿰뚫어 보고 있었음을 깨닫고 부끄러워했다. 이어 그는 교회를 짓기 시작했다. 우리는 그리스도가 스스로 이런 모델을 결정해 놓았다는 사실에 분개할 필요가 없다. 그리스도는 베드로가 자신과 자신의 관심사를 이해하지 못하고, 두려움과 자기중심적인 사고로 항상 자신을 배반한다는 사실을 알고 있었다. 그리스도는 그럼에도 어쨌든 베드로를 반석으로 외형적 교회를 건설했다.

물론 성당, 교회보다 영혼과 마음을 더 많이 중시하는 요한 교파도 있다. 하지만 우리가 외형적 교회를 포기하려 했던 적이 있던가? 그 때문에 그리스도가 두 체계를 기반으로 기독교를 건설했다는 사실을 추측할 수 있다. 하나는 세계·권력과 관계하는 거대한 규모의 체계이고, 다른 하나는 아주 작은 규모로 의미·본질에 헌신하는 체계다. 규모가 큰 교회는 여전히 작은 교회를 인정하지 않고, 이해하지 않으려 하며, 또 이해하지 못한다. 하지만 지금이 바로 내면 체계에서 나온 본질적인 지식을 세상에 다시 흘려보낼 때다. 기독교도 당연히 근원에 그 '소질'을 가지고 있을 것이다.

처음부터 이미 그랬었다는 깨달음의 순간은 베드로와 그의 후계자들에게 항상 찾아왔을 것이다. 아마 교황 요한 23세에게도 그런 깨달음의 순간이 있었을 것이다. 아무튼 많은 이가 요한 23세를 지금도 존경하고, 가톨릭 성물 상점에서 그의 초상을 산다.

시작에 모든 것이 있다. 아브라함, 이스마엘, 이삭과 같은 역사가 그 사실을 알려준다. 또 베드로의 교회처럼 최초의 창설 이념이 수천 년 이어지는 현상, 미국처럼 혼합된 시작이 적어도 몇 가지를 설명해 준다. 다시 말해 시조, 창설 이념, 창설 규범과 상징이 생각보다 훨씬 중요하다는 것이다.

이름에도 시작이 새겨져 있다. 이름은 종종 그 사람의 평생을 특징짓기도 한다. 따라서 이름과 상징을 가지고 게임을 하는 사람은 자신이 무슨 일을 하고 있는지를 알아야 한다. 예를 들어 유럽 최대의 자동차 콘체른 폴크스바겐Volkswagen이 최고급 신형 차에 '파에톤Phaeton'이라는 이름을 붙였다. 이 차를 만들기 위해 엄청난 거금을 들이고 광고를 제작했시만 그 이름으로는 파국만 불러들였다. 이유는 고대 그리스 신화에 있다. 파에톤은 아버지인 태양의 신 헬리오스Helios가 모는 태양 마차의 열쇠를 너무 일찍부터 가지고 싶어 했다. 헬리오스는 왠지 찜찜한 기분이 들면서도 파에톤에게 열쇠를 넘겨주었다. 파에톤은 아직 마차를 몰 실력도 갖추지 못한 상태에서 지구를 향해 마차를 몰아 가뭄을 일으키고 말았다. 그 결과 반작용으로 빙하기가 시작되었다. 만일 폴크스바겐 회사가 신화를 조금만 더 알았더라면 막대한 손실을 막을 수 있었을 것이다. 처음부터 잘못된 프로젝트가 성공하는 경우는 극히 드물다.

> 시작에 모든 것이 들어 있다. 당신의 이름을 말해보라. 그러면 나는 당신의 길흉화복을 안다. 당신의 생년월일과 태어난 장소를 말해보라. 그러면 나는 당신을 안다.

당신이 현재 다니고 있는 회사가 어떻게 시작되었는지, 당신 집안이 시작될 때 시조 할아버지의 성격이나 시조 할머니의 역할에 관심을 가져본 적이 있는가? 당신의 나라는 어떻게 세워졌는가? 당신이 사는 도시의 창설, 초기 역사에는 어떤 이야기가 담겨 있는가?

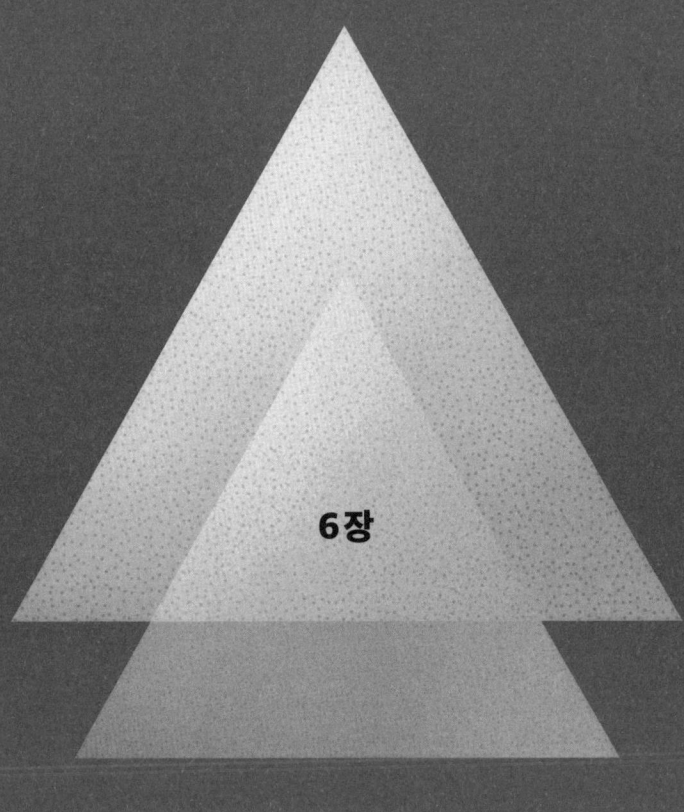

6장

동시성

†

　소크라테스와 플라톤의 유추적 세계상에서 나와 아리스토텔레스의 4원인론의 세계상으로 가는 과정은 우리에게 아주 익숙한 인과성을 다시 조명하고, 심지어 확장해 주었다. 하지만 인과 관계만으로는 현실을 제대로 설명할 수 없다. 현대 물리학은 인과성이 매우 그럴듯하지만 생각의 오류일 뿐이라고 말한다. 최근 심리학계에서는 융에 의해 시작된 동시성이 유행하고 있다. 물론 동시성을 상상하기는 쉽지 않다. 왜냐하면 우리가 '시간'과 '순차적 연속'에 집착하기 때문이다.

　한 물리학 실험이 우리를 도와줄 수 있다. 이 실험은 아인슈타인과 그의 동료인 물리학자 네이선 로즌Nathan Rosen, 보리스 포돌스키Boris Podolsky가 고안했지만 이후 데이비드 봄David Bohm에 이르러서야 비로소 실행되었다. 그사이에 유럽원자핵공동연구소Conseil Européen pour la Recherche Nucléaire, CERN의 대규모 입자 가속기에서 대단한 결과를 얻어냈다.

　물리학자들은 오래전부터 광자를 제외한 모든 원자의 아원자 입자(원자보다 더 작은 입자-옮긴이)가 이중 존재로 나타난다는 사실을 알았다. 다시 말해 각 입자에는 항상 상응하는 쌍둥이 입자가 있고, 쌍둥이 입자는 모든 특성이 반대된다. 대립의 법칙에서 보면 이는 또 하나의 훌륭한 예시다. 즉 모든 것에는 반대 극이 있는 것이다. 그리고 아원자 입자는 세계를 이루는 물질의 기초다. 빛만이 예외인데 빛은 이 세계에서 단일성의 상징이다. 세계라는 대우주 영역에서는 빛도 그림자를 던지지만, 우리가 파악할 수 있는 아원자 입자의 공간인 최소의 소우주에서 빛은 자신의 진정한 본질을 드러낸다. 이때 빛은 대립 극이 없다.

한 개의 원자에서 두 개의 쌍둥이 입자가 분출된다. 이를 입자 가속기 속에서 반대 방향으로 돌리면 입자 중 하나가 영향을 받아 특성이 변할 수 있다. 그러면 다른 쪽 입자 역시 어떤 힘을 가하지 않아도 동시에, 똑같이 특성이 변한다. 쌍둥이 입자는 어떤 경우에도 항상 대항의 위치에 있고 흥망도 같이한다. 현대 입자 가속기의 거대한 규모를 이용해 쌍둥이 입자를 각각 수 킬로미터 떨어뜨려 놓고 실험할 수도 있다. 물론 이때도 쌍둥이 입자가 동시에 변한다는 사실이 증명되었다. 쌍둥이 입자는 어떤 경우에도, 어떤 거리에서도 서로 연결되어 있었다.

이 결과는 아인슈타인, 로즌, 포돌스키가 동시성에 관해 예견했던 내용과 같다. 이 결과는 물리학이 만들어 낸 옛 세계상을 뛰어넘는다. 그리고 인과성을 비롯해 인과성과 결부된 사건들의 연속으로 이루어진 세계상을 뛰어넘는 것이기도 하다.

여기서 상황이 한층 극적으로 전개된다. 왜냐하면 어떤 이는 이 결과가 원자의 내부라는 아주 작은 공간에만 해당하며, 우리 세계는 그렇지 않다고 주장할 수 있기 때문이다. 그러나 영국 물리학자 존 벨 John Bell

은 더 나아가 모든 단계마다 동시성이 적용된다는 사실을 증명했다. 다시 말해 동시성은 원인에서 사건으로 진행되는 과정 중 각각의 단계마다 나타났다. 벨은 그 밖에도 동시성을 이루는 상태는 모든 세계에 예외 없이 해당하는 것으로, 아원자 입자에만 제한적으로 해당하는 게 아니라는 사실도 증명했다. 이에 미국 물리학자 헨리 스탭Henry Stapp은 벨의 명제를 학문의 역사에서 가장 중대한 발견이라고 평가했다.

이제 또 하나의 물리학 이론에 따르면 모든 것이 빅뱅Big Bang에서 시작되었다는 새로운 세계상에 도달하게 된다. 그런데 이 새로운 세계상은 불교와 힌두교의 오래된 세계상이기도 하다. 왜냐하면 빅뱅에서 모든 물질과 에너지가 나왔고, 거기서 발생한 모든 입자는 위상이 고정된 상태이며, 번창과 소멸과 모든 시간에 연결되어 있기 때문이다. 이 이론은 불교와 힌두교의 《베다》에 나오는 오래된 기본 설법이다. 돌 하나를 던지는 자는 우주를 바꾼다. 모든 것이 연결되어 같이 진동하기 때문이다.

> 모든 것이 연결되어 있고, 모든 것이 같이 진동한다.

바로 이 부분에서 현대 물리학과 동양의 전통 종교의 공통점이 보인다. 물리학자가 얻은 이론이 영적인 사람들의 입에서 나오는 것이다. 우리가 알다시피 입자들은 과거 물리학자들의 이온화 현상 관찰 기구 속에서 생성되었고, 미래에도 그럴 것이다. 거기에서 현재로 영향이 되돌아온다. 시간의 축이 이른바 순환하는 원이 된 것이다. 그리고 순환하는 원 역시 제한된 이성에서 탄생한 상상의 모델에 지나지 않는다. 아인슈타인 이후 우리는 시간이 상대적이며, 이 우주에 똑바른 직선이 존재할 수 없다는 일반 상대성 이론을 안다. 우리는 공간이 휘어 있고, 검은 구멍이 물질과 더불어 시간도 삼킨다는 말에 놀라움을 금치 못한다.

물리학자들은 '입자의 바다'에 관해 말한다. 한 방울의 바닷물에 모든 바다가 들어 있다는 이야기다. 명상 요가 수행자 아난다 마이Ananda May는 이 이론을 한층 시적으로 표현했다.

"물방울은 자신이 바닷속에 있다는 사실을 때때로 알고 있을지 모르지만, 바다도 자기 안에 있다는 사실은 아마 알지 못하리라."

물리학자들은 매 순간 창조가 새로이 일어나고, '진공'은 살아 있을 것이라 추측한다. 이 말을 들었을 때 무無와 만물이 같고, 무가 모든 것을 함유하고 있다는 동양의 전통 사상을 떠올리지 않을 사람이 있을까? 어쩌면 바퀴통에 해당하는 만다라의 중심을 생각할지도 모른다. 텅 비어 있음에도 그 안에 모든 것을 포함하며, 그 공허에서 빅뱅 속 세계, 잉태를 통한 우리의 삶 모두가 생성된다. 또는 매 순간 모든 것이 새로이 발생을 거듭하고, 우리는 끊임없이 재탄생한다고 상상할 수도 있다. 실제로 우리에게는 매 순간 낡은 것을 거두고 새것을 낳을 기회가 있다.

물리학자들이 말하는 입자의 바다는 인도 신화에서 하늘의 신 인드라Indra와 그가 가진 진주 그물을 떠올리게 한다. 인드라의 진주 그물은 만물을 다차원으로 덮으며, 각각의 진주에 모두 다른 것이 들어 있다. 《화엄경》에서는 한 순례자가 진주 그물 속에서 살았던 경험을 이야기하는 대목이 나온다.

> 이 탑의 내부는 널찍하고 훌륭한 장식으로 꾸며져 있었다. 이런 탑이 수십만 개가 있고, 모든 탑의 내부는 중앙 탑과 마찬가지로 아름다운 장식으로 꾸며져 있었다. 각각의 탑이 다른 탑들과 완벽한 조화를 이루면서

개별적 존재를 유지하고 있었다. 각각의 탑은 어느 탑에든 들어갈 수 있었고, 개별적으로나 전체적으로나 서로를 전혀 방해하지 않았다. 탑들은 완전히 섞여 있는 상태인데도 완벽한 질서를 이루고 있었다. 모든 것이 하나의 탑 속에 포함되어 있고, 각각의 탑이 모든 것을 포함하고 있었다. 선재동자 수다나Sudana는 이 모든 탑뿐 아니라 각각의 탑 속에서도 자신을 볼 수 있었다.[25]

위의 수다나의 경험을 이해하는 데에는 레이저 빛을 이용한 홀로그램 사진 기술이 도움을 줄 수 있다. 홀로그램도 부분마다 전체를 포함하고 있고, 항상 모든 것이 동시에 보인다. 다만 우리는 대립성에 의해 순서에 묶여 있기 때문에 다른 대상들을 인식하려면 시각을 얼마간 움직여야 한다.

사람의 뇌도 매우 비슷한 구조로 조직되어 있는 것 같다. 사고를 당했을 때 뇌의 각 부분이 다른 기능을 넘겨받아 부분적으로 그 기능을 대체할 수 있다는 사실은 오래전부터 알려져 왔다.

현대의 카오스 연구도 위의 언급이 더는 초자연적이고 신비로운 게 아니라는 결과를 얻었다. 각각의 부분이 전체를 포함한다는 것은 이른바 망델브로 집합Mandelbrot Set[26]에서 뚜렷하게 드러난다. 그림을 자세히 살펴보면 커다란 구조의 변두리에 똑같은 구조가 작게 형성되어 있고, 전체가 똑같은 요소로 만들어져 있다. 이런 경향은 소우주에서도, 대우주에서도 똑같이 나타난다.

우리는 나비 한 마리의 날갯짓이 지

모든 것은 모든 것과 연결되어 있다. 언제든, 어디에든.

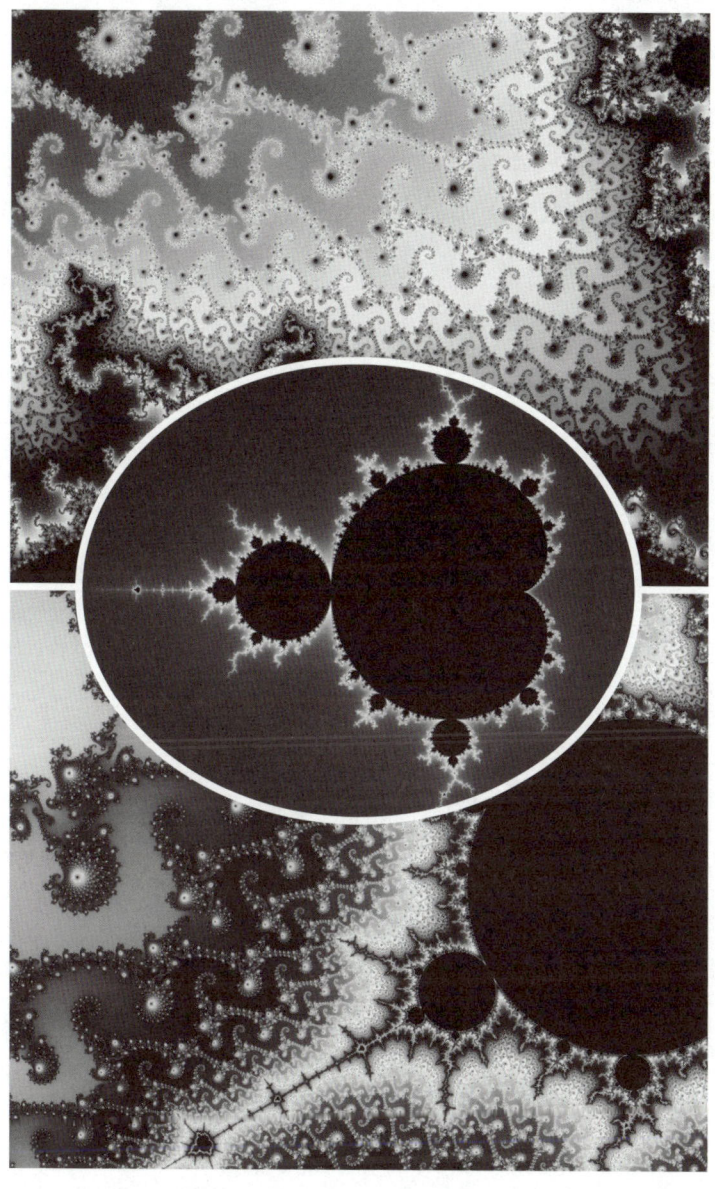

카오스 연구에서 '부분이 전체를 나타낸다'라는 파르스프로토토Pars-pro-Toto 법칙

구 반대편에 회오리를 일으킬 수 있다는 이론을 듣고 몹시 놀란다. 이는 단순히 무서운 회오리가 생성된다는 이야기가 아니다. 부분이 전체를 나타낸다는 '파르스프로토토 법칙[27]'으로 알려진 비술^{秘術} 철학에 다가가는 길이 새로이 열린다는 뜻이다.

7장

파르스프로토토 법칙:
부분과 전체

†

　　파르스프로토토 법칙이란 각 부분 속에 전체가 들어 있고, 우리가 그 것을 확인할 수 있다는 뜻이다. 이것은 참으로 간단하고, 볼거리도 하나 없는 법칙이다. 오늘날 자연 과학의 발전에서 나온 예가 유전자 공학이기 때문이다. 100년 전만 해도 얇게 떠낸 작은 피부 세포에 인간의 모든 정보가 들어 있다고 말했다면 아마 미쳤다는 소리를 들었을 것이다. 하지만 오늘날 이는 어린아이도 다 아는 사실이다. 또 침술사들은 귓바퀴에서 그 사람의 전체를 알 수 있다. 발의 반사 작용을 연구하는 사람은 발가락에서 사람의 전체를 인식하며, 홍채를 연구하는 사람은 홍채 속에서 사람의 전체를 인식하고, 티베트 의술에 심취한 사람은 맥박이나 혀를 보고 사람의 전체를 인식한다. 어떤 이는 손금에서 사람의 전체를 인식하고, 글씨를 연구하는 사람은 글씨체에서 사람의 전체를 인식한다. 또 누군가는 삶을 거머쥐는 손에서 사람의 전체를 인식하거나, 삶을 딛고 서는 발에서 사람의 전체를 인식하기도 한다. 전통 동종 요법에서는 각각의 징후에서 그가 복용한 약제를 알아낼 수 있다. 그리고 약제에는 다시금 그 사람의 전체가 반영된다. 숫자를 통해 사람을 아는 방법을 연구하는 사람에게는 생년월일만 있어도 충분하고, 점성술사는 태어난 시각과 장소만으로, 개는 신발 한 짝만 있어도 사람을 찾아낸다. 또 사람들은 대부분 거실이나 책장을 한번 보는 것만으로도 거기에 누가 사는지를 금세 알 수 있다. 사람에게 전 세계가 반영되어 있고, 원자핵에 우주 전체가 반영되어 있다. 영국의 시인 윌리엄 블레이크는 이를 한 편의 시로 표현했다.

모래 한 알에서 세계를 보고
들꽃 한 송이에서 천국을 보라.
너의 손바닥 안에 무한을 담고
한순간에 영원을 담아라.

자세히 살펴보면 시작의 법칙과 파르스프로토토 법칙이 아주 가까운 관계라는 사실이 분명해진다. 각 부분 중 가장 중요한 것은 처음 또는 시작 부분이고, 거기에는 이미 모든 게 들어 있

시작을 안다는 것은 과정을 안다는 의미이고, 부분을 본다는 것은 전체를 이해한다는 의미다.

다. 학자들이 모조리 나누어 놓은 작은 조각들을 보아도 결국 첫 조각에 거의 모든 것이 포함되어 있다. 첫 악수와 첫 눈길이 다는 아닐지라도 이것들은 많은 것을 알려준다. 명상할 때 처음 떠오르는 생각이 결정적일 때도 드물지 않고, 사업 아이디어의 경우도 마찬가지다.

우리는 사과 표면이 조금 썩어 있는 것만으로도 사과 전체가 썩었다는 사실을 안다. 빵에 곰팡이가 핀 것도 마찬가지다. 이는 학문적으로도 입증된 사실이다.

부분이 전체를 나타낸다. 파르스프로토토 법칙을 생활에 응용한 것으로는 귀 마사지가 있다. 귀를 충분히 주무르는 것만으로도 온몸과 각 신체 부위, 더 나아가 영혼에도 영향을 미칠 수 있다. 다음의 그림처럼 귓불은 머리에 해당하고, 바깥쪽 귓바퀴는 척추에 해당한다.

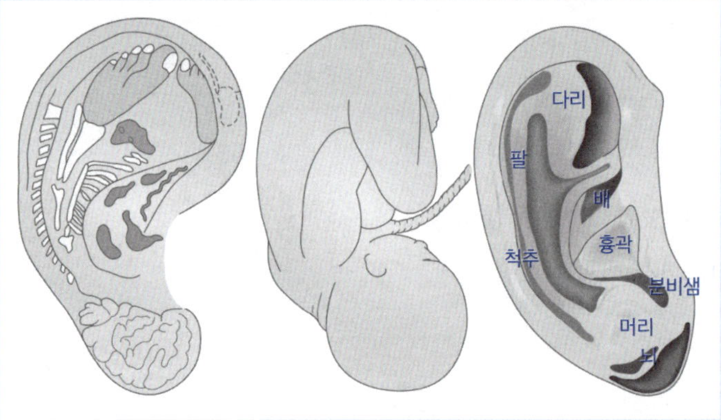

귀 모양과 태아

이 법칙을 활용하면 얻는 게 많다. 유기체의 각 부분을 쉽게 치료할 수 있고, 당장 수술하지 않고도 좋은 효과를 볼 수 있다. 썩은 과일처럼 한 부분만 보고도 전체 상태를 알 수 있다. 따라서 개별 부분을 중요한 것으로 인식해야 한다. 이런 속담이 있다.

"사슬의 강도는 가장 약한 고리가 결정한다."

그리고 그리스도가 말했다.

"네 형제 중에서 가장 약한 자에게 한 행동이 바로 네가 나에게 한 행동이다."

원자의 중심에 관련된 다음 글은 현대 물리학 지식의 산물로 나온 내 책《사람과 세계는 하나다 Der Mensch und die Welt sind eins》에서 가져온 것이다. 인용 글에서 '입자'라는 단어를 '사람'으로 바꿀 수 있다. 이 글은 한편으로 물리학과 인간학이 서로 매우 가깝다는 사실을 알려주며, 다른 한편으로 또 하나의 '파르스프로토토' 또는 '소우주와 대우주가 같다'라는 관계를 알려준다. 이에 관해서는 이 방정식의 아버지 파라셀수스도 미처 몰랐다.

각 입자는 다차원의 패턴 속에서 입자 자신의 고유한 중심이다. 그리고 어떤 것도 다른 것보다 더 중요하지 않다.

물론 모든 것은 서로 연관되어 있고, 각각이 다른 것들의 '기능'이다. 각 입자는 다른 입자들과 같이 내부에 섞여서 존재할 수 있다. 각 입자들은 커다란 패턴 속에서 일시적인 자리를 가질 수 있지만 또한 어디에든 존재할 수 있고, 또 어느 자리로도 이동할 수 있을 것이다. 물론 다른 입자 속을 통과할 수도 있다. 그런 변화가 있을 때마다 입자는 완전히 새로운 입자로 다시 태어나기 위해 사멸한다.

각 입자에는 자신과 완전히 일치하면서도 모든 면에서 반대되는 대립극도 있다. 입자는 자신의 그림자와 함께 완전한 전체가 되어 모든 외적 영향에서 벗어난다. 입자는 항상 이 그림자와 함께 다니며 그림자를 결코 떼어놓을 수 없다. 입자는 다른 입자들보다 그림자와 더욱 밀접한 관계를 이룬다.

모든 것을 고려해 보면 입자는 결코 독립적인 존재가 아니다. 각 입자는 다른 입자들과의 연관 관계 속에서만 생각할 수 있다. 이때 한 입자가 다른 입자들을 포함하고, 다른 입자들이 한 입자를 포함하고 있다.

각자가 자신의 고유한 중심이라는 것은 우리의 경험과 일치한다. 그리고 어느 누구도 다른 사람보다 더 중요하지 않다. 즉 진보적 헌법은 모든 사람이 동등하다는 것에 기초를 둔다. 고대 그리스인들도 우리가 서로 관계해 있으면서 기능은 서로 다르다는 사실을 이미 알고 있었다. 그들은 사람을 공동체 안에서 발전하는 사회적 동물이라고 규정했다. 우리가 서로에게 강하게 의존한다는 것은 타인이 보살피지 않으면 아기가 죽는다는 사실에서 알 수 있다. 섹스를 하지 않고 한 세대만 지나면 인류가 멸종한다는 것은 너무 당연한 이야기다. 사람이 남과 더불어 존재한다는 사실은 고대인들의 사고방식과 일치한다. 고대인들은 죽은 조상들이 우리와 늘 함께 있다는 생각을 당연하게 받아들였다. 현대인들도 네 세대만 거슬러 올라가면 모두와 친척이다. 누구에게나 부모 두 사람과 조부모 네 사람이 있다. 증조부모만 해도 벌써 여덟 명이 된다. 좀 더 거슬러 올라가 네 세대만 거쳐도 열여섯 명과 친척이 되고, 다섯 세대를 거치면 서른두 명과 친척이 된다. 이런 식으로 계속 거슬러 올라가 보자.

128명-256명-512명-1,024명-2,048명-4,096명-8,192명-16,384명-32,768명-65,536명-131,072명-262,144명-524,288명-1,048,576명-2,097,152명-4,194,304명-8,388,608명-16,777,216명-33,554,432명-67,108,864명-134,217,728명-268,435,456명-536,870,912명-

1,073,741,824명-2,147,483,648명-4,294,967,296명-8,589,934,592명

이렇게 33세대만 거슬러 올라가면 우리는 85억 명과 친척이 된다. 오늘날 세계 인구보다 훨씬 많은 숫자다. 여기서 열 세대를 더 올라가면 이론적으로 8조 7,000억 명과 친척이 된다. 우리는 이미 사망한 사람들을 비롯해 살아 있는 사람들과 '꽤 급속도로' 친척이 된다.

다음 그림을 보면 개개인을 꼭대기에 두었을 때 공통된 기반을 볼 수 있다. 이 그림은 우리의 의식 상태를 이해하는 데에도 활용할 수 있다. 꼭대기에 있는 개인은 고유한 자신의 의식을 가지고 있지만 그 밑에는 소그룹으로 나뉜 가족 의식이 존재한다. 그 밑으로 다시 대가족 의식이 있고, 또 그 밑에 일종의 혈족 의식이 깔려 있다. 거기서 한 차원만 더 내려가면 한 문화 내에서 사람들이 공통으로 가지는, 이른바 집단 무의식의 차원에 이르게 된다. 인도인들은 여기서 한 걸음 더 깊이 들어가 '아

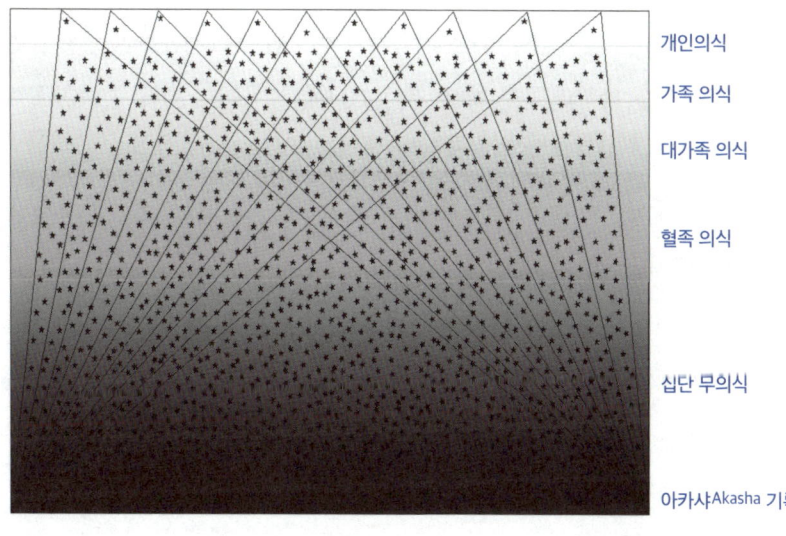

보이지 않는 질서

카샤 기록'이라는 것에 도달한다. 아카샤 기록에는 모든 앎, 여전히 발견 중인 천지 만물에 관한 지식이 들어 있다. 아카샤 기록은 어마어마하게 진보한 세계상을 가지고 있다. 현대 물리학의 배경보다 훨씬 앞선 세계상이다. 이처럼 우리는 의식 차원에서 다른 모든 사람과 아주 급속하게 연결된다.

이 상관관계는 계속 더 확장되고 더 깊이 들어간다. 왜냐하면 우리가 모든 생명체와 연결되어 있기 때문이다. 의학자들과 생물학자들은 각 개체가 매우 광범위하게 일치한다는 사실을 안다. 다시 말해 개인은 인류라는 종의 다양한 발전 단계를 다 가지고 있고, 부분적으로 다시 한번 발전 단계를 거친다. 우리는 양수 속 단세포 생물에서 시작한다. 이 상황에서 보면 양수는 캄브리아Cambria기, 즉 아득한 옛날의 것이며 생물은 바다에서 나와 육지로 나아간다. 또 우리가 다른 생물과 연결되어 있다는 사실은 생물들의 태아 발생 단계를 보면 알 수 있는데, 이 단계가 매우 광범위하게 일치한다.

약 5억 년 전, 생물이 최초로 육지로 나오면서 그때까지의 생활 공간이었던 물을 각각의 세포 속에 지니고 나왔다. 우리도 한때 수중 생물이었다고 보는 이유는 소용돌이 모양의 체모가 헤엄치는 수중 동물의 것과 똑같기 때문이다. 사람은 태어나자마자 또는 육지에 상륙하자마자 파충류처럼 배를 땅에 대고 기어다니다가, 이후 네발로 걷는 동물 또는 포유류의 험난한 과정을 거쳤다. 그리고 아등바등 일어나 눈앞에 보이는 주변 세계를 정복하기 위해 우선 힘을 모아야 했다. 결국 현대의 우리는 뒷다리로 서는 과정을 거쳐야만 하게 되었다. 갓난아기는 모두 사람이 되기 위한 결정적인 단계인 걸음마에 성공해야 한다. 똑바른 직립 자세

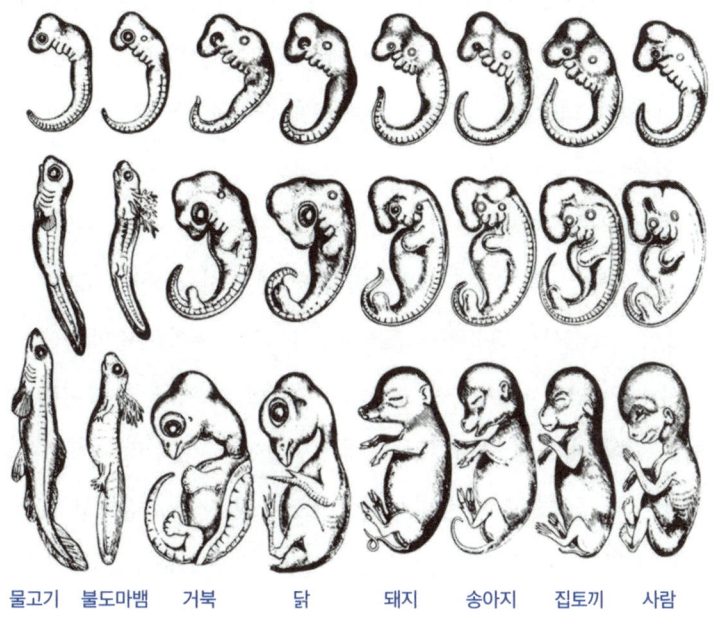

물고기 불도마뱀 거북 닭 돼지 송아지 집토끼 사람

가 없으면 동시대인들이 요구하는 올곧음도 존재하지 않는다. 올곧음이란 육체와 영혼이 서로 연결되어 있다는 증거로도 볼 수 있다. 사람이 똑바로 걷는 법을 배워야 한다는 것은 올곧음이 '자연적으로 주어지는 것'이 아닌 '육체, 정신, 영혼 차원에서 애를 써야만 얻을 수 있는 것'이라는 사실을 보여준다.

지금의 자리를 떠나 다른 자리로 이동하는 것은 용감한 사람들이 보여주는 행동으로 세상의 주목을 받는다. 하지만 지극히 평범한 생활을 하며 눈에 띄지 않는 사람들도 자리를 이동한다. 집시닦이에서 백만장자가 된 사람들이나 매우 능력이 뛰어난 CEO들이 이 보편적인 잠재력을 보여준다.

완전히 새롭게 다시 태어나는 선택은 몇몇 사람들만이 한다. 하지만 많은 이가 특정한 사건들을 겪은 후에 새로 태어났다고 느낀다. 또 특정한 때에 영적 해방감을 얻은 사람들은 매 순간을 완전히 새롭다고 느끼는 경험을 한다.

그림자 체험은 결국 융의 심리학, 환생 치료(환생 이론에 기반한 비교주의적 대체 의학법 – 옮긴이)에서 발전한 질병 상像 치료(질병의 유형과 심각도에 맞추어 치료 분야를 결정하는 접근 방식. 심리 치료, 물리 치료, 방사선 치료 등 약물 치료와 비약물 치료를 모두 포함한다 – 옮긴이)의 핵심 중 하나다. 이 치료법은 수십 년 넘게 유지되었고, 내가 아는 유일한 심리 치료법이었다. 환자들은 이 방법으로 자신의 무의식 또는 그림자를 조명하고, 의식화하고, 떠나보낸다. 실제로 자신의 그림자를 의식 속에 통합할 때 사람은 진정으로 완전해진다. 그 이후로 외부 영향이 사라진다는 것이 논리적인 이유는 그림자를 통합함으로써 투사 열망이 그치기 때문이다. 투사를 거둘 때마다 거기서 자신의 일부를 인식하게 된다. 그리고 이해와 사랑으로 가득한 마음과 풍요로움을 느낀다. 그런 좋은 경험이 다음번 그림자를 더 수월하게 포용하게 하며, 변화의 과정을 믿게 한다.

우리가 얼마나 독립적이지 못한지는 앞서 이야기한 사실에서 알 수 있다. 우리는 모두 네 살 전에 이미 프로그래밍된다. 그것도 예외 없이 타인에 의해 프로그래밍된다. 《로빈슨 크루소 Robinson Crusoe》에서는 완전히 혼자 사는 것이 얼마나 끔찍한가를 생생하게 묘사한다. 모든 게 넘쳐나는 과잉의 시대에 많은 이가 호젓한 섬에서 살기를 꿈꾸지만 장기적으로 견딜 수 있는 사람들은 거의 없을 것이다. 오직 카르투지오 봉쇄 수도회 Carthusians, 부탄 Bhutan 지역의 티베트 승려, 깎아지른 듯 높은 바위산의 메테오라Meteora 수도원에서 지내는 그리스 정교의 수도승들처럼 은둔해 사는 영적 구도자들만 완전히 고립된 생활에서 수행하고 이 과정을 극복한다. 이들이 고립 생활을 할 수 있는 이유는 단일성의 의식 속에 깊이 침잠함으로써 대립성의 세계를 떠날 수 있었기 때문이다.

8장

소우주와 대우주가 같다

✝

공명의 법칙은 다양한 영역에서 두루 적용된다. 책의 첫 부분에서 이미 원자와 나선 성운 사이에 존재하는 공명을 알아보았다. 공명은 원자와 세포 사이에, 세포와 지구 사이에, 원자와 태양계 사이에서도 똑같이 발견된다.

자신의 핵심 안에 있는 사람, 핵심에서 나온 세계는 서로 완전히 일치한다.

이 비유들에서 우리가 마주치는 원칙들은 언제나 같다. 앞에 나열한 구조들은 모두 만다라의 기본 구조에서 본 '중심을 둘러싼 춤'과 같다. 여기서 본질적인 것은 텅 빈 곳이다. 그 공간에 많은 에너지와 적은 물질이 중앙 주위를 돌며 움직이는데, 그런 움직임 때문에 물질이 주로 중앙에 모인다. 우리가 우주의 텅 빈 곳을 여행하든 원자의 텅 빈 곳을 여행하든 물질과 맞닥뜨리는 일은 거의 없지만 사방에 존재하는 힘은 만날 것이다. 바로 그 힘이 '중심을 둘러싼 춤'으로 공간을 구조화한다.

파라셀수스는 이 비유를 '소우주(육체)가 대우주(세계)와 같다'라고 표현했다. 오늘날 우리는 자연 과학 덕에 이 비유로 개별적인 것까지 세세히 설명할 수 있게 되었다.

다큐멘터리 과학 영화 〈10의 제곱수 Powers of Ten〉[28]는 우주로 가는 여행을 원자핵 속으로 들어가는 여행과 연결해 소우주와 대우주에 관한 놀라운 경험을 안겨준다. 파라셀수스는 유추 사고를 활용했다. 그는 '의사는 환자가 사는 환경에서 질병 증상을 추론할 수 있고, 거꾸로 질병 증상에서 환자가 사는 환경도 도출할 수 있다'라고 생각했다.

의식, 균형, 생기

이를 배경으로 사람과 지구를 비교하면 곧바로 의식과 생기에 관한 의문이 생긴다. 지구가 의식을 가질 수밖에 없을 것이라는 추측은 지구가 그대로 유지되는 안정성으로도 이미 증명되었다. 5장의 '의식과 물질'에서 알아보았듯 의식과 내용이 사라지면 형태도 파괴된다. 소행성 띠의 잔재에서 증명된 것처럼 실제로 천체도 파괴될 수 있다.

> 세계의 우주든 원자의 우주든 어디나 빈 곳과 에너지가 있다.

지구도 생명체라고 인식하게 된 것은 우주 비행사들이 찍은 지구의 최초 사진과 지구가 '자체 생명체'임을 인정하는 가이아 이론 Gaia Theory 덕택이다(그리스어로 '가이아'는 '땅', '지구'라는 뜻이다). 생물학자들은 균형이 생명을 형성하며, 생명은 에너지 소모를 통해 유지된다고 본다. 우리는 육체가 체온, 혈액 구성, 산과 염기의 균형 등 균형으로 이루어져 있다는 사실을 안다. 또 각 세포는 에너지를 소모하면서 이온의 균형을 이루어야 하고, 그렇게 해서 세포들은 작은 축전지처럼 전압을 유지하며 다양한 임무를 수행한다.

현재 지구는 아주 많은 균형을 유지하고 있다. 원래 지구에는 산소가 없었다. 박테리아가 최초로 산소를 생산하기 시작했고, 이어 녹색식물이 생겨나면서 지구는 산소로 덮였다. 마침내 산소는 우주로 올라갈 정도로 대단히 많아졌고, 거기에서 우주의 빛과 맞닿아 오존층을 형성했다. 그런데 왜 산소가 대기 중 산소 함유량의 20퍼센트 수준, 다시 말해 사람을 포함해 큰 포유류들이 무리 없이 살 수 있는 딱 그 정도로만 위로 이동했을까? 만일 대기 중 산소 함유량이 10퍼센트뿐이었다면 우리는 참으로 살기 어려웠을 것이고, 제법 큰 곤충들은 더는 날지 못했을 것이다. 한편 대기 중 산소 함유량이 40퍼센트였다면 번개가 한 번만 내리쳐도 세계가 활활 타오르기에 충분했을 것이다. 녹색식물도 불이 붙어 타기 시작했을 것이다. 따라서 산소 20퍼센트, 질소 79퍼센트, 희소 가스 1퍼센트의 비율로 항상 균형을 이루고 있는 지구에서 사는 것은 참으로 행운이다.

또 온도도 영상 10~40도 사이에서 균형을 이룬 덕에 우리가 살아갈 수 있는데, 지표면의 대부분이 이 온도를 유지하는 건 결코 당연하지 않다. 달은 빛이 있는 곳과 그림자가 진 곳의 온도 차이가 거의 300도에 달한다. 달은 우리가 편하게 살 만한 곳은 아닌 것 같다.

생명은 물에서 나왔다. 더 정확하게 말하면 생명은 수백만 년 넘게 발달해 온 태고의 바다에서 나왔다. 생명이 발달하려면 반드시 염분 농도가 균형을 이루어야 한다. 그런데 계산상으로 따지면 강에서 흘러 들어온 소금 때문에 바다의 염분 농도는 1,200만 년마다 두 배로 증가했어야 했다. 만일 그랬더라면 염분 농도가 너무 높아 사해의 염분 농도에 이르렀을 것이다. 사해에서는 사람이 둥둥 뜬 상태로 앉아 신문을 읽을 수도 있다. 즉 '죽은 바다'라는 이름이 보여주는 것처럼 바다 자체가 죽은 상태가 된다.

염분이 너무 많거나 너무 적으면 생물은 생존하기 어렵다. 우리가 살아가기 위해서는 매우 정확한 양이 필요한데, 바다는 정확히 필요한 양만큼 소금을 가지고 있다. 해양 생물학자는 바다의 동식물들이 항상 소금을 적정량 융합하기 때문에 균형이 유지되는 것이라고 딱 잘라 말한다. 여기서 의문이 떠오른다. 각각의 청어 X와 해초 Y는 얼마만큼의 소금을 융합해야 적절한지를 어떻게 아는가. 또는 그것을 조절하는 상위 존재는 청어와 해초가 얼마나 있어야 적절한지를 어떻게 아는가.

지구와 달 사이의 간격은 균형을 이룬 상태에서 근소한 폭으로 흔들리는데 그 차이가 지구에 조수 간만과 리듬을 부여한다. 만일 흔들림의 폭이 더 커진다면 썰물과 밀물 때 엄청난 홍수가 일어날 것이고, 흔들림이 더 적어진다면 리듬이 없어질 것이다.

> 지구는 살아 있다. 우리는 지구를 생명체로 대해야 했다!

합리적인 것을 중시하는 사람들에게 경이롭기 그지없는 균형 시스템을 예로 보여주려 한다. 바로 인류의 후손에게서 나타난 남녀 성비의 균형이다. 50퍼센트의 여성과 50퍼센트의 남성 성비는 멘델Mendel의 유전법칙으로 설명이 되므로 여기까지는 그다지 놀랍지 않다. 하지만 남성들의 생명을 훨씬 더 앗아갔던 양차 세계대전 이후 후세대에서 남아의 출생 비율이 크게 높아졌다는 사실은 통계학자들도 경이롭게 생각한다. 우리의 지구 가이아가 의식과 생명이 없다면 세상에 발생한 불균형을 어떻게 알았겠는가?

한 생물학자는 이때 받은 인상을 이렇게 말했다. 생존하기 위해 너무도 중요한 균형이 딱 필요한 만큼 우연히 이루어질 가능성은 회오리가 자동차 폐차장을 쓸고 가면서 동시에 대형 제트기를 함께 쓸어 갈 가능성만큼 희박하다는 것이다.

소우주와 대우주의 대립성

대립성은 당연히 소우주 육체와 대우주 세계에 똑같이 나타난다. 사람의 몸통은 지구의 적도에 해당한다. 태극 상징을 보면 양의 영역인 흰색 속에 검은 점이 들어 있는데, 사람으로 치면 남성의 상체에 여성의 젖꼭지가 박혀 있는 것이라 할 수 있다. 그리고 검은색 음의 영역에 있는 하얀 점은 남성의 성기가 원형적 여성의 하체에 있는 것과 같다.

사람과 지구의 양극성은 인간 생명의 발생부터 완전히 일치한다. 수정된 난세포도 둥그런 형태이고, 측정 가능한 에너지의 선線을 가진 것이 자기장 영역 내에 있는 지구 모델과 똑같다. 이는 학문적으로 오래전에 알려진 사실이다.

이 양극성에서 생기는 문제는 원형적 남성이 상위 극에 있고, 그 아래 여성의 극이 깔려 있다고 하는 인간의 평가에서 비롯된다. 이는 특히 신체와 관련된 성차별적 표현에서 뚜렷하게 드러난다.

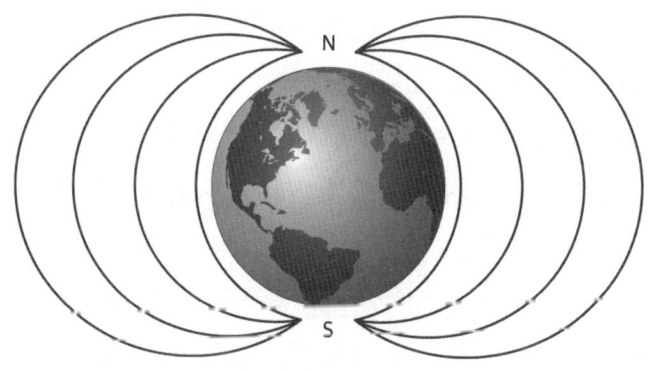

우리의 큰 세계의 초상

보이지 않는 질서

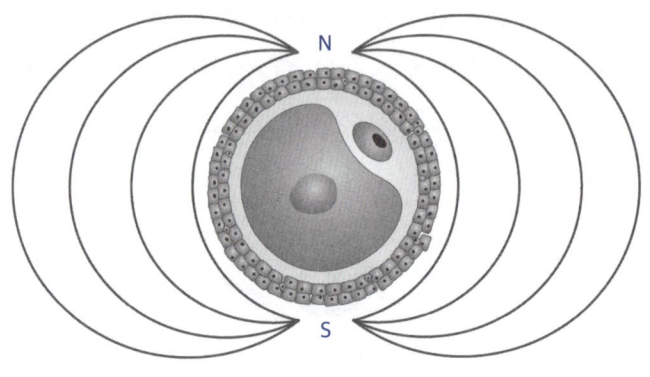

세포 발생 시 우리의 작은 세계의 초상

우리는 "머리를 높이 쳐들어라!", "절대로 굴복하지 마!"라는 말로 용기를 북돋운다. 우리는 위로 올라가려고 분투하는 반면 허리 아랫부분은 모두 부당한 일로 치부한다. 태양처럼 밝은 이성을 가진 명석한 머리만 높이 평가하고 반대로 우수한 골반은 아무것도 아니다. 명석한 머리가 있으면 많은 돈과 존경을 얻지만 사회의 하부 세계를 포함해 끈적거리는 육체의 하부 세계는 의심의 대상이다. 삶이 그곳에서 생겨난다는 사실을 알고 있으면서도 말이다. 그래서 다양한 인디언 부족은 삶의 토대인 끈적이는 점액을 신성시한다.

이러한 평가는 지구의 남북에서도 다시금 재현된다. 머리가 골반보다 훨씬 높은 평가를 받고 육체를 통치하는 것처럼 부유한 북반구가 가난한 남반구를 지배한다.

우주에서 찍은 지구의 '빛 사진'은 각 지역의 전기 사용량을 보여준다. 부유한 북반구의 사람들이 가난한 남반구의 사람들보다 전기를 더 많이 사용한다. 사진에서는 특히 밝은 북아메리카와 어두운 남아메리카

북아메리카와 남아메리카 간 빛과 어둠의 대립

유럽과 아프리카 간 빛과 어둠의 대립

가 두드러져 보인다. 심지어 태극 상징에 있는 점도 볼 수 있다. 북아메리카 대도시들의 슬럼 지역은 어두운 점으로 나타나고, 브라질의 리우데자네이루Rio de Janeiro와 상파울루São Paulo 같은 부유한 메트로폴리스는 밝은 점으로 나타난다. 그리고 사진에 밝게 나타나는 부유한 유럽도 어둡게 나타나는 아프리카 위에 위치하며, 지배 상황도 이와 마찬가지다. 오랫동안 유럽인들이 지배했던 남아프리카의 요하네스버그Johannesburg와 케이프타운Cape Town이 있는 부유한 지역은 밝은 점을 형성하고, 유럽에서 검은 점은 런던London과 마르세유Marseille의 슬럼 지역에서 나타난다.

부유한 세계, 가난한 세계 사이의 부당한 경제 관계도 불균형을 보여준다. 남반구의 가난한 국가들은 식품, 지하자원, 인류 증가를 담당한다. 남반구 국가들이 이런 상태에서 절대로 벗어날 수 없는 이유가 있다. 북반구 국가들이 생산품의 가격을 턱없이 계속 낮추어 더 많이 생산할 수밖에 없도록 만들기 때문이다. 이와 비슷한 경우가 신체의 골반에도 숨어 있다. 수많은 서구 사람이 움직임, 감각적 쾌락, 생산성에 관한 골반의 권리를 너무도 부정하는 탓에 골반은 거의 다리를 이어 붙이고 있는 역할로만 제한되는 지경이다.

정치가들은 두 영역에 일종의 적선 또는 소액의 위자료를 지급하기로 했다. 이를테면 개인 차원으로 육아 수당을, 국가 차원으로 발전 기금

을 지급한 것이다. 지원금은 실소가 나
올 정도로 약소했다. 그것도 미국이나
독일 같은 강대국이 내놓은 금액이 고
작 그 정도였다. 거기에 종종 (미국 같
은 나라에서) 군사적, (독일 같은 나라에서)

우리와 세계는 같은 방향으로
비틀리고 있다. 아무에게도 도
움이 되지 않고 모두에게 해가
되는 방향으로 말이다.

경제적으로 영향력을 오용한다. 그 오용은 군사적, 경제적 원조보다 규모도 훨씬 클 것이다. 결국 세계의 현재 태극 상징은 꽤 변형된 모양일 것이다. 그러니 소우주 육체와 대우주 세계는 양극성도, 발생한 불균형도 같다.

소우주, 대우주의 구성 요소와 기관 체계

오늘날 모든 화학 교과서에 이름이 올라 있는 러시아 화학자 드미트리 이바토비치 멘델레예프Dmitrii Ivanovich Mendeleev의 이론에 따르면, 지구에 존재하는 모든 것은 원소 주기율표에 있는 80가지의 안정된 원소로 구성되어 있다. 학문의 발전 덕에 사람의 육체에서도 주기율표에 있는 원소 대부분을 발견했다. 물론 지구상에 드문 원소는 육체에도 아주 소량이 들어 있기 때문에 극소량의 흔적을 증명하기까지는 좀 더 시간이 걸릴 것이다. 하지만 원칙적으로 지구와 육체의 물질적 구성 성분은 동일하다.

또한 예부터 알려진 고전적인 4원소 물, 불, 흙, 공기의 분포도 분명히 일치한다. 인간의 생명이 발생한 초기에 육체는 대부분 물로 이루어졌고, 최종 상태에서도 3분의 2 이상이 물로 구성되어 있다. 지구도 처음에 대륙 덩어리가 생성되기까지 광범위하게 물로 덮여 있었다. 오늘날에도 대양은 지표면의 3분의 2 이상을 차지하고 있다. 우리가 물의 존재였던 것처럼 지구도 물의 행성이었다. 흙은 대륙을 형성했지만 대륙이 그저 얇은 표면으로 이루어져 있는 것은 신체의 뼈가 가느다란 뼈대를 형성한 것과 같다.

불은 육체에서 빨간색, 때로 심장을 표현하고, 피는 에너지 담당자로서 불을 파견한다. 학자들은 불을 지구의 유기체 중 지층 내부에서 엄청난 열을 가진 핵에 해당한다고 말한다. 모든 화산 활동과 지진이 지구 내부의 불을 상기시킨다. 화산 폭발은 사람에게도 유사하게 일어난다. 뜨거운 심장과 고취감의 화염이 사람을 덮칠 때가 바로 그렇다.

> 뼛속에 있는 흙. 폐엽 아래에 있는 바람. 심장 속에 있는 불. 그리고 우리는 대부분 물로 이루어져 있다. 우리가 공기와 불과 흙을 지닌 물의 존재인 것처럼 지구도 마찬가지로 물의 행성이다.

공기는 육체와 지구에서 완전히 일치한다. 우리가 폐엽으로 들이마시는 공기가 대기층에서 왔기 때문이다.

폐 기능

각 기관의 체계를 하나씩 관찰해 보면, 인간의 폐 또는 기관지 전체가 녹색 나무와 구조적으로 유사하다.

우리의 폐 속에는 일종의 '거꾸로 선 나무'가 있다. 나무뿌리는 인간의 입과 코에까지 닿아 있고, 나무줄기는 기도에 속한다. 그리고 양쪽 폐

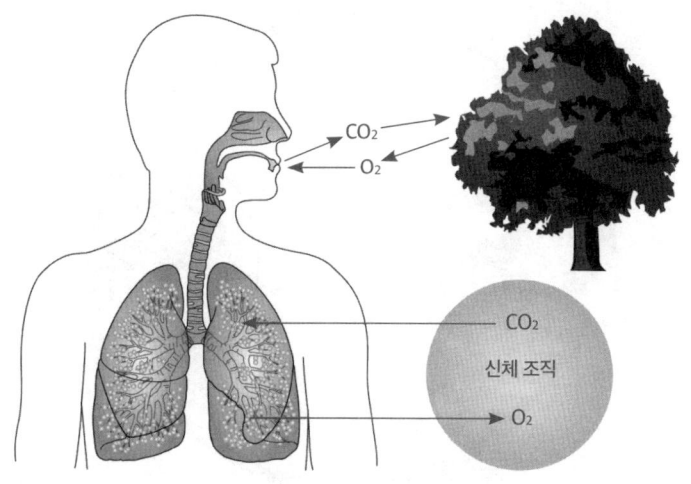

엽에 기관지가 나뭇가지처럼 뻗어 있다. 나무의 잎사귀에 해당하는 폐포는 가스 교환을 담당하며, 자연의 표면 확장 원리로 형성된 것이다. 기능도 역시 일치한다. 나무의 잎사귀와 폐포는 모두 주변의 이산화탄소를 받아들이고 각 기관에 산소를 배출한다. 더 구체적으로 잎사귀는 공기와 가스를 교환하고, 폐포는 혈액과 가스를 교환한다.

이처럼 우리는 끊임없는 교환 관계로 녹색식물과 엮여 있다. 식물은 낮에 사람, 동물, 기계가 생산하는 이산화탄소를 받아들여 광합성을 통해 산소를 만들어 낸다. 우리는 그 산소를 호흡해 생활 및 연소 과정(산화)에서 소모한다. 그런데 밤에는 식물도 햇빛이 부족해 산소를 사용한다. 그래서 병실 같은 곳에서는 식물을 멀리 두어야 한다.

우리가 산소 소모 비율과 이산화탄소 생산 비율을 끊임없이 높이면 지구에 무슨 일이 벌어질지는 잘 알려져 있다. 단순히 온실 효과와 이상 기후만 가져오는 게 아니라 오존층에 큰 구멍이 뚫릴 것이다. 증가하는

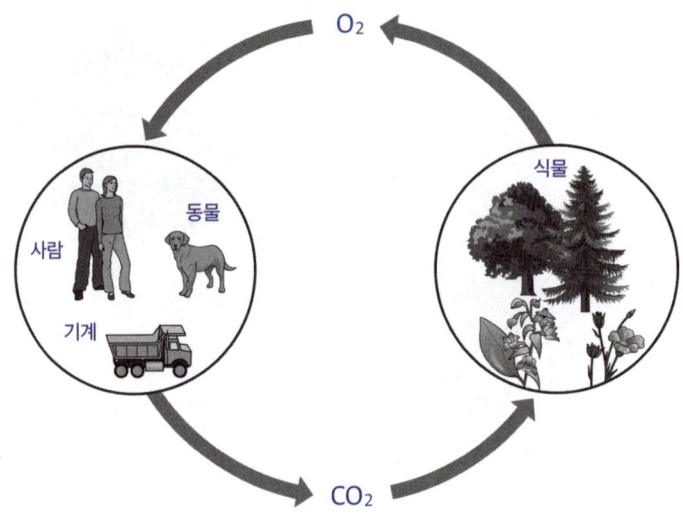

황폐화와 벌채에서 일어나는 불균형은 결국 지구에 반영된다.

신진대사

신진대사 차원에서는 신체와 지구의 과산화 상태(산성 과잉, 위산 과다증)의 징조를 볼 수 있다. 산성은 공격성이 있는 양성자를 배출한다. 시간이 흐르면서 거의 모든 현대인의 조직체는 그야말로 고통의 한계치에 도달했고, 더 나아가 산이 과다해지는 지경에 이르렀다. 혈액은 그래도 끝까지 균형을 유지하지만 스트레스가 많은 현대 생활이 세포 간 공간을 채우는 물의 pH 수치를 높이고, 높은 pH 수치는 삶의 즐거움을 떨어뜨린다.

사람들이 정신적으로 얼마나 산성화되었는지는 특히 성장만을 추구하는 대도시에서 뚜렷하게 나타난다. 이제는 한낮이 되어도 풀리지 않는

러시아워 속에서 전전긍긍하다가 이웃끼
리 불쾌하고 짜증 나는 일을 겪는다. 만
원인 지하철 안에 사람들을 밀치고 들어
갈 때도 마찬가지다. 기르는 개를 괴롭히
는 짓도 갈수록 늘어난다. 개가 주인의

> 세계와 반려견들은 사람들이
> 지금 얼마나 스트레스를 받고
> 있는지를 보여준다.

기분에 얼마나 영향을 잘 받는지는 통계에서 알 수 있다. 개 주인이 정신
적으로 괴로워하는 사이 개에게는 뭔가를 물어뜯는 버릇이 생긴다.

과산화 상태의 환경은 이미 수십 년 전부터 뚜렷하게 나타나고 있다.
엄청난 양의 황산을 산업 폐기물로 쏟아버렸고, 그 결과 산성비가 내리
고, 토양이 산성화되었다. 이 때문에 숲도 죽어간다. 정치가들도 이에 관
해 오래전부터 이야기해 왔다. 이는 전 세계의 비극 중 하나다.

소화

오늘날 우리는 패스트푸드나 길거리 간이식당에 선 채로 음식을 급
하게 먹는다. 그리고 '식사 후에 편안하게 휴식을 취하거나 천천히 걸어
라'라는 옛 조언을 따르기보다 곧바로 책상에 앉아 계속 머리를 쓴다. 소
화가 안 되는 음식을 점점 더 빨리 먹는
다. 식사는 원래 어금니로 음식을 꼭꼭
씹어 먹는 일이었다. 하지만 오늘날 사람
들은 대부분 식사를 꿀떡 삼키는 시간으
로 여긴다. 사람의 소화 체계에 적합하지
않은 고기 조각을 그냥 삼켜버린다. 현대

> 지구의 소화 체계는 소화가 되
> 지 않는 조치로 가득 차 있다.
> 이는 마치 도로가 꽉 막혀 있
> 는 상황이나 우리가 과식으로
> 괴로워하는 상황과 같다.

의 음식은 주로 소화가 잘되지 않는 단백질과 지방 덩어리로 구성되어 있다. 탄수화물조차 대부분 고도로 정제된 탓에 소화에 부적합한 음식이 되었고, 당뇨병을 동반한 비만증을 불러온다. 독일 사람들에게 과체중을 불러오는 식품만으로도 세계의 기아를 꽤 오랫동안 해소할 수 있다.

우리는 지구에도 비슷한 상황을 만들어 놓았다. 종류를 번갈아 농작물을 세 번 경작하던 예전의 방식 대신 지금은 온실과 인공 비료를 이용해 계절마다 여러 번 수확한다. 그러니 땅에서 더 많은 양의 비타민과 양분이 빠져나간다. 먹거리에 주요 성분만 보충하는 인공 비료 산업은 감소하지 않아 땅이 거칠어지고, 따라서 우리도 거칠어진다. 척박한 땅에서 생산된 식품처럼 현대인도 양분이 다 빠져나간 상태다.

한편 중금속 같은 유해 물질은 더 많이 흡수해 체내에 중금속이 자꾸 축적된다. 마찬가지로 지구에도 다 처리할 수 없는 물질들이 과중하게 축적된다. 방사능 폐기물의 반감기만 봐도 지구에 적재된 폐기물의 독성을 겨우 절반 없애는 데 얼마나 많은 시간이 필요한지 알 수 있다. 많은 사람이 변비의 고통을 호소할수록 지구도 같은 문제로 고통받는다. 즉 우리가 사람과 지구에 가하는 부당한 요구가 계속 소화되지 않는 것이다. 이상적인 치료법은 사람과 지구를 위해 규칙적으로 단식 기간을 두는 것이다. 나는 단식할 때 경험하는 신체의 엄청난 재생 능력에 늘 놀라움을 금치 못한다.

변비와 위산 과다는 사소한 예에 불과하다. 지구도 마찬가지다. 우리가 자연 체계에 과도한 요구를 멈추는 즉시 지구는 아주 단기간에 회복한다. 놀랍게도 이는 지구가 스스로 한다.

순환

사람과 지구라는 두 차원에서 순환도 비교해 볼 수 있다. 하천들은 예전에 완만한 굽이로 유유히 땅을 돌았기 때문에 물을 정화할 기회가 넉넉했다. 그러나 지금은 댐이 만들어지고, 일부는 콘크리트 벽으로 물길이 좁혀져 있거나 아예 막혀버린 상태다. 하천들이 흐르는 속도는 더 빨라져 전기도 생산할 수 있게 되었다. 하지만 하천은 정화 능력을 잃었다. 여전히 폐수를 받아들이고 있지만 말이다.

이와 비슷한 상황으로, 부유하게 사는 현대인들은 사춘기가 지나면서부터 벌써 동맥 경화증이 시작된다. 혈관은 점점 좁아져 혈압이 올라간다. 큰 압력을 가해 성취를 재촉하는 사회에서 사람들은 목표를 더 많이 이룰 수 있지만 유기체는 그만큼 더 빨리 소모되어 뇌졸중과 심근 경색으로 이어진다. 혹사당한 정맥들은 꼬이고 비틀린 모양의 정맥류가 된다. 그 모양은 유유히 굽이지는 강과 완만한 흐름을 보이는 옛 풍경을 향한 풍자화가 된다.

현대인들은 자연에서 재생 체계가 망가진 곳을 정화 장치로 대체했다. 이 정화 장치를 사람에 비유하면 인공 신장에 해당한다. 공공연한 사실이지만 결함이 있거나 제 기능을 잘 하지 못하는 인공 신장은 절대로 자연의 신장을 대체할 수 없다. 이는 대우주에서도 마찬가지다.

다른 영역을 살펴보면 이 상황을 더 쉽게 이해할 수 있다. 자연에서 나온 신선한 물맛에 비교할 수 있는 것은 없

> 사공 바수데바Vasudeva는 강의 흐름에서 자신 속에 흐르는 것을 깨달았다. 바수데바는 그것을 싯다르타Siddhartha에게 가르쳤고, 싯다르타는 우리에게 그것을 가르친다.

다. 더욱이 현대 식수 공장에서 화학 처리를 거쳐 공급하는 식수는 어림도 없다. 상상을 한번 해보자. 현재 노인들에게는 일반적으로 아스피린을 투여해 혈액을 묽게 한다. 만약 대우주에도 물의 흐름을 유지하기 위해 시냇물과 강에 화학 약품을 쏟아부어야 한다면 어떻게 될까.

사람과 지구의 방어 체계

알레르기로 고생하는 사람들이 점점 많아진다. 저항력이 점점 떨어졌기 때문이다. 의학계에서는 예방 접종과 항생제로 알레르기를 제어했다고 여기지만 사실은 그 반대다. 앞서 언급한 것처럼 아이가 두 살 때 단 한 번만 항생제를 투여해도 커서 알레르기로 고생할 가능성이 50퍼센트 증가한다. 이 사실을 무시한 결과 어린 나이에 이미 방어 체계가 무너진다. 한편 육체적으로 전혀 해롭지 않은 것에 면역 체계가 더 강하게 군비 확장을 하는 바람에 결과적으로 알레르기가 일어난다. 만일 우리가 수많은 예방 접종의 영향을 더 자세히 연구한다면 이 사실을 증명하는 암울한 결과가 나올 게 틀림없다.

결국 우리가 방어 체계에 재난을 불러온 것이다. 우리는 전염병을 결코 이기지 못했고, 게다가 의학이 감당하지 못하는 알레르기가 나타났다. 또한 일본 의사 하시모토 하카루橋本策가 1919년에 처음 발표한 갑상샘염 같은 자가 면역 질환도 늘고 있다. 에이즈와 백혈병의 경우 마지막 단계의 방어 상황을 관찰한다면 비참함은 더 커진다.

대우주 차원에서도 우리는 엄청나게 무장한 상태다. 각 국가의 무기고만 봐도 알 수 있다. 이는 다른 한편으로 지구의 방어력을 약화한다.

우주의 경계선인 오존층을 파괴해 기후 조절 능력이 망가지고 토양은 황폐해진다. 이런 식으로 지구는 끊임없이 파괴되고 있다.

> 삶 자체에 자극을 느끼는 사람은 자극제가 필요 없다. 사람이든 국가든 참된 도전에 응하는 자는 대리 전쟁이 필요치 않다.

우리가 지구에 관해 오랫동안 일부러 무시해 온 사실이 있다. 물론 지금은 여러 분야에서 공포의 시나리오가 벌어지고 있고, 그 문제는 이미 내가 쓴 《세계는 어떤 병을 앓고 있는가Woran krankt die Welt?》 같은 책에서 다루어 왔다. 화폐 체계가 무너지고, 경제가 무너지고, 생태계의 균형이 흔들린다. 하지만 거대 연합을 이룬 제약업계와 의학계는 마치 아무 일도 일어나지 않았다는 듯이 가속화에 앞장선다. 이들 분야에 지속적인 대위기가 시작되었다. 수많은 돈뿐 아니라 많은 사람의 생명을 좌우하는 일이 위기에 처한 것이다.

또 다른 유사성은 신체 기관 체계와 지구의 생태계 체계에서 나타난다. 예를 들어 해독 작용에서 공통점을 찾을 수 있다. 사람의 경우 주로 간이 해독 작용을 담당한다. 신체 조직이 분해되지 않는 중금속으로 과도한 부담을 얻는 것처럼 지구는 썩지 않는 플라스틱 쓰레기로 몸살을 앓는다. 두 영역이 간의 해독 수준을 넘어선 것이다.

소우주 인간과 대우주 지구가 공존하기 위해서는 '인간이 세계의 암이 되었다'라는 사실을 다수가 제때 인식하는 것보다 적절한 조처를 취하는 것이 더 중요하다. 자연의 희생자로서 맹수를 두려워했던 초기의 인류가 좋은 뜻으로 시작했던 일은 시간이 흐르면서 점차 타락해 갔다. 우리는 오래전 지구의 지배자로 부상했지만 지구의 능력과 인간의 감당 범위를 훨씬 벗어나 버리고 말았다.

보이지 않는 질서

굽이진 하천이 완만하게 흘러가는 그림에서 건강한 발전 방향을 찾을 수 있다. 굽이진 하천은 목표에만 초점을 맞춘 화살처럼 똑바로 나가지 않는다. 숱한 세월이 지나고 보면 굽이진 하천은 태초의 원형 문화에서 그랬던 것처럼 커다란 원을 그리며 도는 형태를 보인다.

이 시점에서 우리는 또 하나의 법칙을 알게 된다. 직선과 원, 이 두 결합인 나선형이 해결책이 될 수 있다. 나선형은 직선과 같은 방향이지만 원의 형태와 중심을 도는 순환도 포함한다.

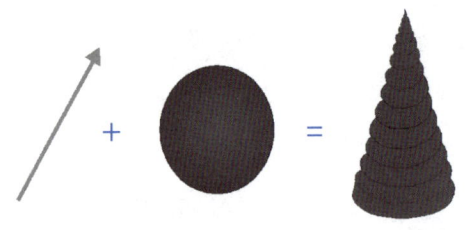

나선형은 발전하는 동시에 중앙과 연결되어 있다. 또 나선형은 소우주 육체와 대우주 세계에 존재하는 중요하고 발생 가능한 모든 순간을 포함한다. 즉 DNA 유전자 구조부터 나선 성운에 이르기까지 모두 나선형이다. 물리학자들이 사용하는 미립자 검전기는 전기를 띤 원자의 흔적을 볼 수 있게 하는 기계인데, 이 이온화 현상 관찰 기구 속에도 나선형이 존재한다. 그리고 수태 시 영혼이 육체에 다가갈 때, 사망 시 영혼이 육체에서 분리될 때도 나선형으로 진행된다. 우리가 직선이라고 보는 것은 실제로는 직선이기 전에 곡선이고, 때로 나선형일 때도 있다. 일례로 태양 빛은 나선 운동으로 지구에 도달한다.

지구를 '의식을 지닌 살아 있는 유기체'로 받아들인다면 인류와 지구는 더 많은 기회를 얻을 수 있다. 왜냐하면 우리가 지구에 가하는 행위가 곧 우리 자신에게 가하는 행위이기 때문이다. 만물과 공명하는 우리는 이 인식을 세상의 만물에 퍼뜨릴 수 있다. 그리고 그리스도가 남긴 놀라운 말로 다시 한번 돌아간다.

> 목표를 향해 갈 때 직선 길이 최상이 아닐 때가 종종 있다. 동양의 지혜가 태양 빛을 따른다. "급할수록 돌아가라!"

"네 형제 중에서 가장 약한 자에게 한 행동이 바로 네가 나에게 한 행동이다."

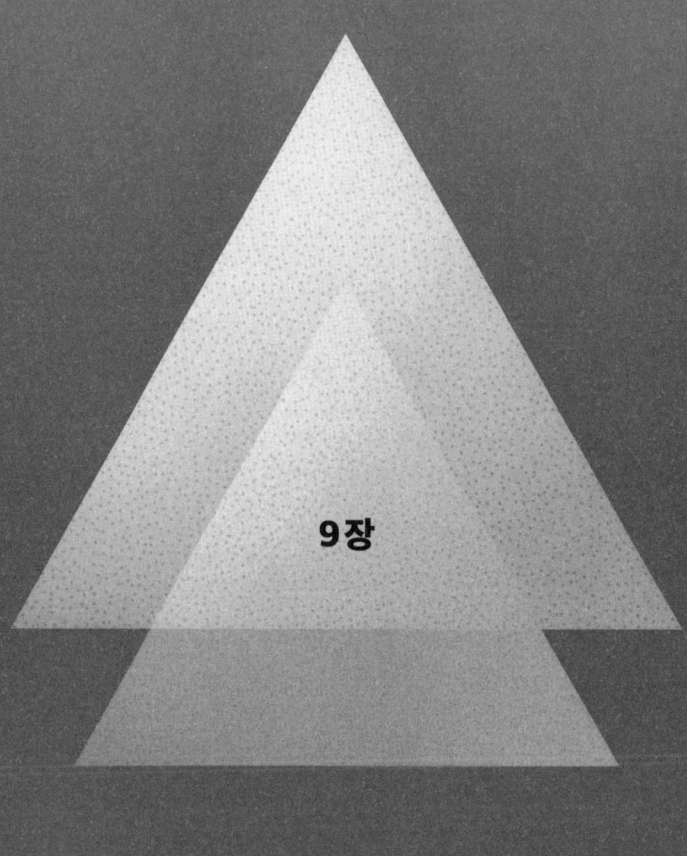

형태 발생의 장

영국 생물학자 루퍼트 셸드레이크가 도입한 '형태 발생의 장Morphogenetic Field' 개념은 무언가를 형성하고 형태가 만들어지는 현상을 일컫는데, 이 현상은 물질·자기장·에너지를 기반으로 하지 않는다. 형태 발생의 장은 '아직은' 측정할 수 없지만 눈과 의식을 열고 느끼고자 하면 도처에서 인식할 수 있다. 셸드레이크가 이 가설에 이르게 된 이유는 생물학에 존재하는 부정확성을 무시하지 않고 그것에 깊이 파고들어 연구했기 때문이다. 셸드레이크가 택한 방식은 물리학이 만들어 놓은 확고한 세계상을 파괴한 물리학자들의 선례와 비슷하다. 그것도 아주 사소한 부정확성 때문에 말이다.

사소한 부정확성에 관련된 에피소드를 하나 소개한다. 아일랜드 출신의 위대한 물리학자인 윌리엄 톰슨William Thomson은 한 대학생에게서 물리학을 공부할 가치가 있기는 하느냐는 질문을 받았다. 그때 톰슨은 물리학을 공부할 필요가 없다고 대답했다. 그는 물리학에서 본질적인 문제들은 이미 규명되었고 사소한 부정확성만 남았을 뿐인데 공부를 해야 할 만큼의 가치는 없다고 했다. 그러나 그 사소한 부정확성이 이후 고전 물리학 전체를 무너뜨리고 '양자'라는 새로운 세계를 열었다. 그 세계에는 인과성은 없고 동시성이 있었다.

생물학자들과 의학자들은 과거에 그런 용기가 없었다. 진정한 자연과학에서는 예외가 발견되면 기존의 법칙을 철회하는 반면 의학에서는 제법 큰 부정확성이 발견되어도 학설에 방해가 되기 시작하면 무시해 버리는 게 일상적 관례다.

백조만 발견되던 세상에서 흑조가 처음 나타나면 물리학자들은 백조는 희다는 기존의 가설을 당장 파기하지만, 생물학이나 의학계에서 흑조는 무시되고, 흑조를 발견한 사람은 사기꾼이라는 오명을 쓰게 될 것이다.

> 진정한 자연 과학에서는 예외가 법칙을 파기한다.

장의 발생

셸드레이크 이전의 선행자들이 학문적으로 진행한 연구를 소개한다. 하버드 대학교Harvard University의 심리학자 윌리엄 맥두걸William Mc-Dougall은 1920년대에 미로를 빠져나오는 쥐의 능력을 연구했다. 맥두걸은 미로를 알고 있던 쥐들의 후손이 더 빨리 미로에서 빠져나온다는 사실을 확신했다. 처음에 쥐들은 미로에서 빠져나오기를 160번 넘게 실패했고, 이후 몇 세대를 거친 쥐들은 겨우 스무 번의 실패 후 미로에서 빠져나왔다. 셸드레이크는 이 연구에서 후세대가 의지할 수 있는, 일종의 '학습 견본'이 되는 장을 증명할 수 있다고 보았다.

이 견해에 반대하는 비판자들은 완전히 다른 종류의 쥐를 대상으로 다른 나라에서 실험한 결과를 제시했다. 이 실험에서 쥐들은 처음부터 빨리 미로를 빠져나갔다. 이때 셸드레이크는 전 세계에 걸쳐 있는 동일한 장에 다른 쥐들이 연결되었을 가능성이 있다고 보았다. 그러나 이 장을 객관적으로 측정할 수 없다는 이유로 학계는 이야기 전체를 무시해버렸다.

그러는 사이 셸드레이크는 자신의 이론을 지지할 수 있는 사실을 아주 많이 수집하고 실험을 계속했다. 하지만 그것 역시 인정받지 못했다. 경험상 학계로부터 인정을 받기까지 시간이 오래 걸릴 수 있다. 하지만 우리는 학계의 인정을 기다릴 필요가 없다. 왜냐하면 오직 장 이론으로만 설명할 수 있는 예를 충분히 많이 알기 때문이다. 예를 들면 담비들이 전 세계에서 동시적으로 자동차 케이블을 갉아대기 시작했다. 그 일이 '상식적으로' 진행되려면 알프스Alps 전역에 퍼져 있는 담비들이 이 담비에서 저 담비에게 그 못된 짓을 직접 전해주는 데만도 수십 년이 걸릴 것이다. 심지어 도버Dover 해협 건너편에 있는 담비들에게 전하는 데 걸리는 시간은 말할 것도 없다. 그러나 실제로는 그 일이 매우 빠르게 진행되었고, 전 세계에 걸쳐 동시에 일어났다. 담비들이 형태 발생의 장을 통해 서로 연결되어 있기 때문인 것 같다.

비슷한 예로 영국에서 새벽에 배달되는 우유병의 뚜껑을 따는 새 종류가 등장했다. 알루미늄 뚜껑으로 덮인 우유병은 수십 년 전부터 있었다. 하지만 새가 우유병의 뚜껑을 따는 일은 과거에 단 한 번도 없었다.

그런데 그 순간부터 도처의 새들이 동시에 우유를 마시기 위해 병뚜껑을 쪼아대기 시작한 것이다.

셸드레이크의 이론은 학문 분야에서도 그동안 시기를 놓쳤던 수많은 설명을 내놓았다. 화학자들은 때때로 물이 어떻게 끓어올라야 하는지를 모르는 것 같은 '비등 지연 현상'을 경험한다. 이미 100도가 넘었는데도 물이 끓지 않는 현상이다. 그럴 때 돌멩이를 한 개 넣거나 물을 한번 저어 주면 즉시 냄비의 물이 끓어오르기 시작한다. 그 현상은 마치 물이 작은 기포의 모양을 먼저 얻어야만 끓어오를 수 있는 것처럼 보인다.

화학 분야에서도 때때로 포화 용액에서 결정체가 형성되지 않는다. 그런데 포화 용액에 결정체를 몇 개 집어넣으면 한순간에 폭발하듯 결정체가 형성되기 시작한다. 이 경우도 용액이 완성

> 모든 사물의 배후에 이데아Idea가 있다.
> -플라톤

된 상像을 필요로 하는 것 같다. 화학자들은 이런 현상을 '용액의 접종'이라고 부른다.

마찬가지로 의학의 접종 작용도 이 현상으로 설명할 수 있다. 신체는 최초의 접종으로 위험한 박테리아나 바이러스의 상을 얻는다. 이때 박테리아가 체내에서 실제 작용하는지는 중요하지 않다. 다만 외형상 똑같아 보이기만 하면 된다. 그래서 보통 죽인 세균을 접종한다. 1년 후 신체 기관은 세균의 상을 다시 얻는다. 이때 신체는 항체라는 방어 무기를 갖춘다. 그리고 5년이 지나 신체가 또 한 번 이 기억을 얻게 되면 오랫동안 무장하는 데 충분하다. 면역 체계에 병원체의 견본 또는 상이 저장되고, 필요할 때 이 저장된 견본에 따라 짧은 시간 내에 새로운 항체가 재생산

된다. 예방 접종에서 위험한 요인은 이 면역 과정이 아니라 아마 여러 부작용을 일으키는 보균체인 것 같고, 동종 요법은 이에 관해 강력하게 경고한다.

요약하자면 우리의 세계는 '장을 형성해서 엄청난 영향력을 미치는 상과 견본'에 의해 결정되는 것 같다. 이는 앞서 가이아 이론과 관련한 지구의 최초 사진에서도 알 수 있다. 형태 발생의 장은 발전의 장이라고도 할 수 있다. 그리고 그 발전은 기존 의미의 물질, 에너지와 관계없이 이루어진다.

따라서 장 이론은 우리가 눈으로 보는 실제 세계가 모사Copy 상·반영 상에 지나지 않으며, 배후에 이미 원형의 이데아와 형상이 존재하는 선험적 세계가 있다고 보는 플라톤의 철학과 일치한다.

셸드레이크도 처음에 완성된 존재·과정의 견본·상이 항상 있고, 발전은 오직 그 상에 따라 진행된다고 본다. 견본은 이른바 '틀'로, 우리는 그 틀에 에너지와 물질을 쏟아붓는 것이다. 기독교의 창조 신화도 이것과 일치한다. 처음에 관념이 창조되었고, 이어 두 번째 단계에서 관념의 물질화가 이루어졌다. 《요한복음》에 따르면 태초에 말씀이 있었고 그것이 나중에 육신을 얻었다고 한다. 다른 모든 민족의 신화도 이 견본을 따라 신이 만물 창조를 노래하거나 기술했다고 한다. 아무튼 신은 자신의 정신으로 만물을 창조했으며, 이어 물질화되었다는 이야기다.

에너지도 물질도 아니지만 그럼에도 형상을 만드는 이 원인은 집을 건축할 때 설계도에 해당한다. 또 아리스토텔레스의 4원인론에서 보면 형상인에 해당하고, 과거에서 내려져 온 '건설 허가'라고 한다면 자연 과학의 작용인이 되겠다. 즉 건설을 시작할 수 있었던 원인이다. 석재 같은 건설 재료는 질료인에 해당한다. 가족이 미래에 그 공간에서 살 거라는 집주인의 희망은 최종 목표 또는 목적인이다.

계획, 건축가의 머릿속에 있는 집의 완성도나 설계도는 비물질이며 형태 발생의 장을 형성한다. 그리고 그 장 안에 일꾼들의 에너지와 자재라는 물질이 투입된다. 설계도는 말하자면 그 자체가 음악은 아니지만 음악을 담고 있는 CD라 할 수 있다. 누군가가 CD나 설계도를 파괴한다고 해서 음악이나 집을 지을 구상을 파괴할 수는 없다. 그것은 의식 속에 계속 살아 있기 때문이다.

이 시점으로 여러 가지 초자연적 현상도 설명할 수 있다. 예를 들어 브라질 심리학자 루이스 안토니우 가스파레투Luiz Antônio Gasparetto는 겨우 몇 분 내에 모딜리아니Modigliani, 툴루즈 로트레크Toulouse Lautrec, 렘브란트Rembrandt 풍의 그림을 손가락으로 그릴 수 있다. 그는 눈을 가린 상태에서도 양손으로 동시에 그림을 그리고, 심지어 발로도 그릴 수 있다. 그 그림들은 각 예술가의 특징을 뚜렷하게 보여준다. 이 기이한 현상을 설명하려면 아마 대가들의 장이 세계에 널리 존재하는데 거기에 가스파레투가 걸려들었다고 할 수밖에 없다.[29]

셸드레이크는 모든 형태마다 상위에 있는 장을 필요로 한다고 확언한다. 그리고 우리는 형태로 이루어진 세계에 살고 있다. 우리는 물질과 의식을 살펴보면서 모든 것이 지속해서 존재하려면 의식이 필요하다는 사실을 알게 되었다. 셸드레이크는 형태가 유지되려면 형태 발생의 장이 공명 형태로 계속 있어야 한다고 본다. 따라서 장이

> 모든 형태는 상위에 있는 형태 발생의 장이 필요하다.
> -루퍼트 셸드레이크

의식과 삶에 밀접하게 연결되어 있다는 것, 그리고 여기에도 공명의 법칙이 작용한다는 사실을 짐작할 수 있다.

장과 신체

우리는 질병을 통해 장 이론에 매우 가까이 접근했고, 의식과 형상 세계의 밀접성을 발견했다. 알렉산더 미처리히는 신체 기관에서 의식이 사라질 때 질병이 생기는 것 같다고 말했다. 다시 말해 형태와 장 또는 의식 사이의 공명이 흐트러지면 위험해진다. 내면의 그림과 명상 수행으로 치료를 하려는 이유가 바로 이것이다. 이 방법이 흐트러진 장과 자아상을 다시 정비해 이전의 상태로 되돌릴 수 있기 때문이다. 따라서 환자가 자신을 향한 상을 건강하게 가지는 게 무척 중요하다. 그러면 장이 재생할 수 있는 희망이 생긴다.

반대로 의사가 신과 같은 입장에서 환자에게 생존 기간을 알리며 희망을 앗아가는 서구 의학계의 악습은 위험하다. "당신은 이제 6개월 남았습니다"라는 말이 환자의 내면 그림이나 장을 6개월 시한부로 바꾸어 주어진 기간 내에 사망하는 경우가 드물지 않다. 예언은 기대의 방향에 따라 긍정적으로도 부정적으로도 실현될 수 있다.

장, 견본, 그림의 위력은 이미 언급한 플라세보 효과 실험에서도 나타난다. 아마 낫는다는 상상과 그림이 환자의 내적 재생력을 불러일으켜 경이로운 치료 결과로 이어지는 것 같다. 의학계는 이 현상이 주관적 체험이라는 이유로 객관화할 수 없는 작용으로 간주하고, 마약 의사라는 식의 의심을 품는다. 마약 의사도 형태 발생의 장으로 설명할 수 있다. 어떤 의사가 그냥 곁에 있는 것만으로도 치료 효과가 있다면 그것도 의사 주변을 둘러싸고 있는 장, 다시 말해 의사가 가진 치료의 오라Aura와 관계가 있을 것이다.

역시나 의학계는 더블 블라인드 연구를 통해 마약 의사와 플라세보 효과의 영향력을 배제하려 했다. 하지만 사실 그 두 영향력이 가장 효과가 크다. 그리고 의학계가 처방하는 강력한 의약품과 수술 효과도 본질적으로 이 궤도를 따른다는 데 모두가 동의한다. 더블 블라인드 연구는 암시 효과가 모르핀Morphine과 거의 같은 (고통 차단) 효과를 낸다는 결과를 얻었다. 모르핀은 진통제 중 효과가 가장 강하다. 또 세로토닌Serotonin 재수용 억제제 유형의 현대 우울증 치료제는 플라세보보다 효과 면에서 더 나을 게 없는 것으로 드러났다. 우울증 치료제의 효과가 나쁘다는 말이 아니다. 플라세보 효과가 그만큼 뛰어나다는 뜻이다.

장 이론은 의학에서 설명할 수 없는 수많은 현상도 설명할 수 있다. 간세포는 어째서 세포 배양기에서는 임의로 계속 자라는 한편 신체 기관 내에서는 조직의 원래 크기까지만 자랄까? 실제로 간의 재생력은 놀라울 정도로 좋다. 심지어 도마뱀 꼬리보다 재생력이 좋다. 예를 들어 암세포가 전이되어 간의 절반을 잘라내도 1년이 지나면 다시 완전히 자란다. 또 손상당한 뇌가 어떻게 그토록 놀랍게 재생되어 결손을 보충할 수 있을까? 이 모든 현상이 형태 발생의 장으로 설명된다. 완전한 조직 기관의 상 또는 견본이 계속 존재하는 한 견본 범위 내에서 조직이 다시 형성되는 것이다. 우리는 발생학을 통해 팔이나 다리 같은 구조를 발달하게 하는 발달 중추 또는 조직 중추가 있다는 사실을 안다. 그러므로 발달 중추에 그림이나 장이 저장되어 있을 것이다. 실제로 이 중추가 손상되지 않는 한 초기 발달 단계에서 많은 부분이 재생, 보충될 수 있다. 후기 발달 단계에서는 간이나 뇌 같은 몇몇 기관들만 계속 재생 능력이 있다. 즉 그런 몇몇 기관만이 자신의 상이나 설계도, 장에 의지한다는 이야기다.

동종 요법의 본질적인 메커니즘도 형태 발생의 장으로 간단하게 설명할 수 있다. 용액이 흔들리면서 견본이 물에 전달되는데, 물은 분자의 쌍극자를 통해 견본, 즉 클러스터Cluster(입자 덩어리)를 형성하는 능력을 가지고 있다. 용액을 흔들 때 손바닥으로 용기를 열 번 두드리면 물 분자와 원래 물질이 섞일 수 있는 나선형 동력이 충분히 생긴다. 물은 클러스터의 변화를 통해 정보를 저장하는 것으로 보인다. 이 원리에서 대체 의학의 일종인 클러스터 의학이 나왔다.

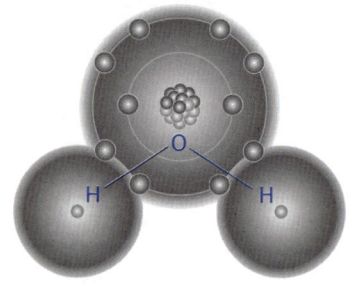

이 견해가 옳다는 또 다른 증거로, 희석 용액을 끓이면 동종 요법으로 만든 약제의 효과가 사라진다는 사실을 들 수 있다. 꽃 추출물도 끓이면 효과가 사라진다. 용액을 끓이면 브라운 운동Brownian Motion(미세한 입자들이 액체나 기체 내부에서 불규칙하게 움직이는 현상 – 옮긴이)이 활발해져 물속에 있는 모든 클러스터, 즉 견본이 파괴된다. 이것은 고대 인도의 아유르베다Ayurveda 의술에서 끓인 물을 마시는 것에 큰 의미를 두었던 이유이기도 하다. 이 밖에도 고대 인도에서 (위생 관점에서) 끓인 물을 특별히 더 중요시했던 이유는 자체의 견본이 해체됨으로써 새로운 물질을 더 잘 받아들일 수 있는 상태가 되기 때문이다.

셸드레이크의 장 이론은 더 나아가 돌연변이를 통한 상승 발전이라는 다윈의 진화 이론도 구원할 수 있다. 다윈의 이론에 따르면 돌연변이는 계속 발생한다. 이때 종의 싸움에서 장점을 제공하는 돌연변이는 유지된다. 그러나 이 모델은 세분화된 발전을 전혀 설명하지 못했다. 예를 들어 눈 하나가 발전하기 위해서는 수많은 돌연변이가 필요하다. 눈꺼풀 하나만 발달한 것은 진화의 장점이 되지 못한다. 모든 돌연변이 결과가 모여 완전히 발달을 마친 눈이 사람에게 보는 능력을 주어야만 비로소 장점이 되는 것이다. 셸드레이크는 '형태 발생의 장은 지금 직접적 장점을 제공하지 않아도 곧 장점으로 발전할 돌연변이만 유지한다'라고 확언했다.

셸드레이크는 형태가 형성되는 영역마다 상위 영역이 있다는 위계를 전제한다. 이에 따라 미토콘드리아Mitochondria의 세포 발전소를 위한 장은 세포핵 속에 있고, 전체 세포를 위한 장은 조직 내에 있다. 신체 기관을 위한 견본은 발달 중추나 차크라Chakra(신체의 여러 곳에 있는 정신적 힘의 중심점들 – 옮긴이) 속에 있을 것이다. 유기체에 관한 상은 뇌 속에 있고, 인류 전체에 관한 상은 단일성 속에 있다. 《성경》을 비롯한 여러 종교 문헌은 신에게 있다고 한다. 이 견해는 전체가 부분의 합 이상이 되는 이유도 설명할 수 있다. 각 부분의 합은 장이 존재하지 않는 한 '완성된 전체'가 되지 않는다. 돌덩이를 비롯한 재료를 무더기로 쌓았다고 해서 집이 되지는 않는다. 집을 만들려면 아이디어가 있어야 하고, 아이디어는 설계도에서 드러난다. 또 작가의 생각이 담긴 책은 인쇄된 검은 잉크와 흰 종이를 말하는 게 아니다. 그래서 표지에 책을 인쇄한 사람의 이름이 아니라 책에 담긴 생각을 가진 작가의 이름이 찍히는 것이다.

러시아 연구가 블라일 카즈나체예프 Vlail Kaznacheyev는 형태 발생의 장의 관점에서 매우 흥미로운 실험을 했다. 그는 유리 벽으로 완전히 분리된 두 개의 박테리아 세포 배양기 중 한쪽에만 치명적인 바이러스를 접종했다. 그런데 유리 벽이 자외선을 통과시키는 조건에서 양쪽 배양기의 박테리아 세포가 바이러스에 의해 다 파괴되었다. 유리를 불투명하게 만들자 비로소 바이러스가 세력을 펼 수 없었다. 이 경우는 바이러스의 상만으로도 배양하던 세포에 치명적인 영향을 주었다고 짐작할 수 있다. 그리고 그 상은 자외선을 통해 전달되었을 것이다. 세포를 실제로 보호하기 위해서는 상과의 관계도 차단해야 했다. 상도 바이러스 물질과 똑같이 파괴적인 작용을 했다.

태양 빛과 자외선이 장을 전달했을 가능성이 있다. 그러나 실험은 상이 얼마나 큰 효력을 가지고 있는지도 알려 준다. 따라서 우리가 육체적 물질로 융합되어 있다는 사실을 진지하게 생각해야 하는 것처럼 상과 표상을 부당하게

삶의 게임은 세계라는 이름의 경기장에서 개최된다. 게임, 게임의 규칙, 경기장, 내면의 그림과 그 영향력 등 우리는 세계를 더 잘 알아야 한다.

대하는 것은 한층 더 심각하게 생각해야 한다. 그 작용을 향한 의심을 거두어야 한다.

장 이론의 결과와 활용

장 이론에서 본보기와 상의 영향력을 보여주는 증거 중 가장 인상 깊었던 것은 바로 스위스에서 나온 증거였다. 스위스에서는 1년 동안 모든 분야에서 자살에 관한 언급을 피했다. 자살에 관해 쥐 죽은 듯 침묵한 것이다. 그 결과 그해 자살률이 90퍼센트 감소했다. 이어 기존의 일상적인 보도 정책으로 되돌아가자 자살률도 다시 증가했다. 한편 오스트리아 빈에서 자살 보도 시 한층 더 조심스러운 태도를 보였더니 지하철에 뛰어드는 청소년 자살률이 70퍼센트 감소했다. 이는 본보기가 얼마나 중요한지를 명확하게 보여준다.

쉽게 공감할 수 있는 예로 독일 지방 자치 단체에서 일어난 일을 소개하겠다. 매춘, 마약, 노숙자들로 인한 폐해를 놓고 시민 사회가 평소대로 경찰력을 동원해 그들을 몰아내려고 했다. 역에서 지내는 노숙자들은 역과 공명을 이루었고, 발전을 추구하는 도시의 그림을 방해하고 있었다. 지방 자치 단체 정치가들의 지시로 경찰이 곤봉을 마구 휘둘러 역에서 노숙자들을 몰아냈을 때는 365일 중 겨우 나흘만 노숙자 없는 거리를 만들 수 있었다. 그러나 함부르크Hamburg에서 역에 비치된 작은 확성기를 통해 잔잔한 클래식 음악을 내보내자 노숙자들이 자발적으로 꺼리는 장이 형성되었다. 물론 그렇다고 해서 많은 문제가 해결되지는 않았지만 이 역시 장의 영향력을 보여주는 예다. 이렇듯 어떤 장소와 공명이 일어나지 않으면 사람

> 어떤 장소와 공명이 일어나지 않으면 사람들은 그곳을 피한다. 반대로 공명이 일어나면 사람들은 장의 일부가 되어 장이 한층 강화된다.

들은 그곳을 피한다. 반대로 공명이 일어나면 사람들은 장의 일부가 되어 장이 한층 강화된다.

이는 장이 공명 현상을 통해 형성된다는 사실을 보여준다. '한 사람이 꿈꾸면 그것은 꿈으로 남지만, 여러 사람이 꿈꾸면 현실이 된다'라는 유명한 격언처럼 공동의 진동을 통해 장이 형성되고, 진동하는 사람의 수가 많을수록 장은 강화된다. 그리고 장에 불어넣은 의식 에너지에 의해서도 장이 강화된다. 기념일 같은 특별한 날이나 이벤트 행사도 활성화된 의식 에너지가 장을 촉진한다. 이는 음악 분야 등에서 일어나는 많은 현상에서 알 수 있다.

팝스타 사이먼앤드가펑클Simon And Garfunkel이 여러 해 만에 뉴욕New York으로 돌아와 리바이벌 공연을 했을 때 센트럴파크Central Park는 사람들로 가득 찼다. 몇 년 만의 공연이라는 사실만으로도 50만 명이 넘는 관중이 공연과 공명했다. 거기에 솔리스트로서 이력을 과시하려는 두 아티스트의 노력이 더해져 부분의 합보다 더 큰 효과를 만들어 냈다. 이 모든 게 어우러져 특이한 분위기가 조성되었다. 두 가수는 수많은 청중이 다 알고 있는 히피 시대의 추억 노래로 아주 빠르게, 놀라운 공명을 이루었다.

이런 공명의 영향력을 아는 주최자들은 전초전에서 가능한 한 공명을 널리 형성하기 위해 노력한다. 우선 많은 사람을 공명하게 해 잠재적 청중을 만들어 내면 이미 절반은 성공한 것이기 때문이다. 장의 형성은 성공적인 기업과 큰 사건에서 볼 수 있는 자체적인 기술이다.

그런데 장의 강력함은 아주 껄끄러운 현실도 계속 유지하게 한다. 이 사실을 보여주는 좋은 예가 있다. 메르세데스벤츠Mercedes-Benz 자동차 회사는 잘나가던 시절에 별 모양 상징으로 최고급 자동차라는 이미지를 만들었다. 세월이 흘러 자동차 고장에 관한 통계가 보여주듯 현재 메르세데스벤츠는 예전의 전성기를 누리지 못한다. 하지만 장은 여전히 존재하고 있어서 별은 계속 빛을 발한다. 이유는 단순히 세상의 모든 수장이 별을 좇기 때문이다. 그러나 한때 이름을 날리던 독일 자동차 회사는 이런 것도 보여준다. 사람들이 장을 어떻게 파괴하고, 빛나던 별조차 떨어뜨릴 수 있다는 사실을 말이다. 단순히 자동차 산업계의 일반적 위기 때문이 아니다. 이미 세계에 너무 많은 벤츠가 길을 달린다는 사실은 매출액에서 알 수 있다.

> 다음 실험은 우리가 익숙한 견본에 얼마나 깊이 각인되어 있는지를 보여준다. 두 손을 깍지 낀 후에 어느 쪽 손의 엄지가 위로 올라와 있는지를 보라. 오른손잡이는 보통 오른손의 엄지가 위로 올라와 있다. 이제 손을 풀었다가 이번에는 평소 위에 올라오는 엄지가 아래에 가도록 깍지를 껴보자. 새로운 자세가 어색하고 불편할 것이다. 하지만 다른 사람의 눈에는 전혀 어색해 보이지 않는다.
> 이번에는 방관하는 자세인 팔짱을 껴보는 것으로 견본의 각인을 더욱 뚜렷하게 알 수 있다. 평소와 반대 방향으로 팔짱을 껴보자. 다른 사람이 보면 당신은 여전히 멋있게 팔짱을 끼고 사태를 방관하는 듯 보이지만 당신은 내심 몹시 어색할 것이다. 그 이유는 당신이 반대 방향으로 팔짱을 끼는 장을 가지지 않았기 때문이다. 당신이 항상 다른 견본을 사용했기 때문에 그것이 장을 형성했던 것이다.

독일어권에서 나온 또 다른 예는 장과 관련해 산업의 목표를 뚜렷하게 보여준다. 독일 사람은 접착테이프를 살 때 상점에서 테사TESA 테이프를 달라고 하고, 오스트리아 사람은 틱소Tixo 테이프를 달라고 하며, 한국 사람은 스카치Scotch 테이프를 달라고 한다. 스위스 사람은 어떤 접착

테이프든 상관하지 않는다. 앞에 언급한 세 회사는 자신의 제품이 유일한 테이프라는 장을 형성하는 데 성공했다. 또 티슈를 찾는 사람은 아무 생각 없이 크리넥스Kleenex를 달라고 한다. 왜냐하면 크리넥스의 장을 넘어서는 티슈가 없기 때문이다. 그런 상표는 장의 형성을 통해 종류 자체가 되기도 한다. 즉

> 내 삶의 정원은 내가 일구어야 할 장이다. 부모가 그 정원에 나를 심었고, 그곳에 들어갈 수 있도록 나에게 이름을 주었다. 나는 부모의 선물을 받을 수도, 받지 않을 수도 있다. 하지만 이 장은 절대로 나를 놓아주지 않는다.

크리넥스라는 개념이 다른 모든 티슈에 연장되는 것이다. 예를 들어 크리넥스를 달라고 한 사람에게 다른 티슈를 주어도 별로 개의치 않는다. 어떤 회사의 티슈인가가 중요한 게 아니기 때문이다.

회사가 이보다 더 큰 성과를 거둘 수는 없다. 물론 회사가 실수했을 때, 예컨대 제품이 지나치게 비싸다든가 하면 그 실수가 대립성을 불러올 수 있다.

의례: 장을 가장 뚜렷하게 만드는 것

장은 의례를 통해 가장 뚜렷해진다. 의례는 현대 사회에 생각보다 더 많이 있다. 현대 의학자들은 효과 좋은 의례를 많이 활용하며, 의례는 장을 형성해 앞에서 언급한 마약 의사의 힘을 강화한다. 다만 일반적으로 그것을 의식하지 못하기 때문에 적절하게 사용되지 않고, 오히려 평가 절하되는 경우도 자주 있다.

라틴어로 '환자Patiens'는 인내심을 가지고 '기다리는 사람'이다. 환자는 의사를 기다려야 하는데 그 기다림이 환자의 긴장감을 높인다. 의사는 흰색 가운을 갖추고 나타난다. 흰색은 의사를 구원자처럼 보이게 한다. 흰색은 교황과 힌두교 스승이 종교적으로 입는 옷의 색이기도 하다. 의사가 하는 말은 이해할 수 없는 표현이라 다른 전문가들만 알아들을 수 있다. 의사는 환자 몸에 비밀스럽고 특별한 물건을 갖다 댄다. 의사는 옛날 선배 샤먼들이 사용했던 깃털과 크리스털 대신 청진기·초음파기·심전도기를 이용하고, 내면의 목소리를 듣는 대신 장에서 나는 소리와 심장 박동 소리 등을 듣는다.

그것으로 충분치 않으면 의사는 더 특별한 의례를 취한다. 환자의 몸에 관을 집어넣어 의사만 잘 알 뿐 환자로서는 이해할 수 없는 내용을 찾아 뼈까지 들여다보고, 심지어 그보다 더 깊은 곳도 들여다본다. 환자는 의사로부터 진단 내용을 듣지만 그 역시 도무지 알아들을 수 없다. 그리고 진단 내용은 대부분 암호로 적힌 작은 문서가 되어 신과 다름없는 존재인 또 다른 의사에게 넘어간다. 그는 환자에게 약 처방전을 건네준다. 환자는 처방전을 읽어보려 하지만 흰색 가운의 마법을 조금도 이해하지 못한다는 사실만을 다시금 깨닫는다.

그래도 환자는 아직 희망을 버리지 않는다. 희망은 마음속 건강한 그림과 환자를 연결한다. 의사가 환자에게서 희망의 그림을 완전히 빼앗지 않는 한 환자는 오직 그 그림 덕에 다시 건강해진다. 만일 환자가 참된 의사를 만났다면 그 의사는 그림과 동맹해 환자가 빨리 건강을 회복하도록 도울 것이다.

병원 안에서는 이 의례가 한층 더 뚜렷하게 진행된다. 환자는 병원

현관문에 들어서면서 이미 자신과 신체의 권리를 완전히 포기하는 경우가 잦다. 회진 시 환자는 침대에 누워 있고, 흰 가운을 입은 최고의 신이 환자에게 뜻을 전달한다. 환자가 평상시 입던 옷을 그대로 입고 있는 경우는 드물다. 차림새로 누구나 그가 환자라는 사실을 알아보게 만든다. 환자가 스스로 걸을 수 있는

최근 한 환자가 내게 물었다.
"혹시 선생님은 민간요법 치료 사세요?"
"아니요. 왜 그렇게 생각하십니까?"
"선생님은 진료에 많은 시간을 들이면서도 처방전을 써주시지 않잖아요."

데도 대부분 환자를 침대에 눕혀서 엑스레이 사진을 찍는 곳으로 옮긴다. 환자는 겸손하게 회진 시간을 기다렸다가 마지막에 몇 가지 질문을 할 수 있지만 다른 의견을 내보이는 일 따위는 절대로 해선 안 된다. 환자가 현재 행해서 좋은 일이 무엇인지는 흰 가운을 입은 신이 안다. 신은 그 사항을 자신의 방식으로 환자에게 전달한다.

이 시스템은 오랫동안 잘 돌아가서 모두에게 만족감을 주었다. 하지만 세월이 지나면서 현대의 수많은 의사가 제약업계의 안녕과 환자의 안녕을 맞바꾸었다는 소문이 널리 퍼졌다. 제약업계에서는 환자를 늘리라면서 의사들에게 아첨하고 뇌물을 주었다. 이 사실이 급속도로 퍼진 것은 물론 의례에 방해가 된다. 장도 같이 무너져 버리기 때문이다. 이때 좋지 않은 내용의 진실도 같이 퍼진다. 그리고 그 진실은 지금까지 서구 의학계와 제약업계가 큰 이익을 얻어왔던 오래된 장을 계속 파괴한다. 실제로 지난 30년 사이에 민간요법 치료사들의 장이 긍정적으로 성장한 반면, 의사들의 장은 쇠약해졌다.

비즈니스와 정치 세계도 의례를 빼놓고는 생각할 수 없다. 이 세계에

서는 악수와 서명으로 체결이 확정되고, 의장대 행진이 지나가고, 동지애를 표명하는 키스를 교환한다.

법정도 의례가 없으면 일이 진행되지 않는다. 다 자란 성인들이 정의를 좇는 법관으로서 옳은 것을 더 잘 말하기 위해 이 세기에 어울리지 않는 가발을 쓴다. 법관이 모습을 보이면 모두가 일어나야 한다. 결국 의례 행위가 두드러지지 않은 사회 분야와 삶의 영역은 거의 없다. 그리고 의례는 배후에 있는 장에서 힘을 얻는다.

왜 의례가 꼭 그런 식으로 행해지고 다른 식으로는 이루어지지 않느냐는 질문이 부적절한 이유는 이 일은 인과성과 상관이 없기 때문이다. 이성적인 사람에게는 "항상 그렇게 해왔으니까"라는 대답이 만족스럽지 않을 것이다. 하지만 항상 그렇게 해왔기 때문에 장이 세력을 유지할 수 있다. 긴 세월에 걸쳐 항상 반복되어야 장이 확립되기 때문이다. 의례를 바꾸면 배후에 있는 장의 공명도 변한다. 그러므로 모든 행위의 힘이 약해진다.

가톨릭교회가 저지른 가장 미련하면서도 가장 여파가 컸던 실수가 바로 미사 의례를 바꾼 일이었다. 가톨릭교회가 더는 예전처럼 큰 권력을 갖지 못하던 시절, 그들은 미사에 변화를 주어 과거처럼 강력한 장을 새로이 형성하려 했다. 하지만 현대어로 진행되는 미사는 고대 라틴어로 하던 미사의 거대한 장에 도저히 도달할 수 없었다. 그 때문에 그토록 많은 사제와 신도 들이 이 변화를 슬퍼하고 몇몇은 거부하기까지 했다.

의례는 변함없이 항상 실행됨으로써 유지된다. 반복이 의례를 현실에 단단히

삶 전체를 의식적인 의례로 바꾸는 것이 삶의 최대 과제다.

정착시키는 것이다. 자연 과학의 입장에서는 이해할 수 없지만 이는 형태 발생의 장의 개념을 우회적으로 표현해 준다. 현실에 의례가 정착하느냐 마느냐는 참여자들이 공통으로 가진 의식의 장과 밀접하게 연결되어 있다.

가톨릭 결혼식이라는 교훈극

가톨릭교회의 결혼식은 현대인들에게도 익숙한 의례를 제공한다. 팝 스타의 공연과 마찬가지로 결혼식 때도 많은 사람에게 미리 날짜를 알린다. 최대한 많은 지인, 친구, 가족, 친척이 증인으로 초청받는다. 결혼 입회인으로는 가장 친한 친구들을 선택한다.

이렇게 해서 위계 또는 만다라가 형성된다. 중앙에는 언제나처럼 신으로 대표되는 단일성의 상징이 서 있고, 그 신 앞에서 결혼이 성사된다. 결혼하는 두 당사자가 가장 가깝게 내면의 원, 즉 대립성을 형성한다. 양쪽의 결혼 입회인도 마찬가지다. 이어 양쪽 부모 네 사람의 영역, 그다음으로 나머지 가족과 친지와 친구 들의 영역, 마지막에 마을 사람들의 영역이 형성된다. 결혼식 의례는 아주 옛날부터 전해 내려온 관례에 따라 수많은 상징적 행위를 하는 사제가 진행한다. 이는 고대 사회에서 이루어졌던 마법적 의례와 크게 다를 게 없다.

신랑과 신부는 기쁨과 긴장과 두근거림으로 정신적 에너지를 자아낸다. 두 사람은 뚜렷한 의식을 가지고 서로에게 반지를 끼워주고, 공개적으로 합법적 키스를 나눈다. 추가로 결혼식 의례를 위해 가능한 한 많은 돈을 쏟아붓는다. 결혼식을 특별한 날로 만들고 싶은 신랑 신부는 그날을 위해 상당한 비용을 치른다. 부모가 성대한 파티를 열어 자기 자식이 그만큼 가치가 있음을 과시하기도 한다. 신부의 웨딩드레스는 오직 그 특별한 순간을 위해 많은 시간과 비용을 들여 제작된다. 신부에게는 그 옷을 입은 모습이 어마어마하게 중요하다. 그래서 신부는 미용실에서 머리를 다듬는 데 오랜 시간을 바친다. 웨딩 케이크는 층층이 높게 솟은 예술 작품이 되어야 한다. '겨우 하루 입을 드레스이니 실용적인 옷을 깨끗하게 손질해 입는 게 훨씬 현실적이지 않을까'라는 의문이 들 수도 있다. 하지만 이날만큼은 중고품을 입으려 하지 않는다.

이 특별한 시간이 어떻게 생겨났으며, 이런 의례에서 어떤 종류의 삶의 법칙을 인식할 수 있는지, 다음의 두 에피소드를 보자.

크게 성공한 능력 있는 여성이 오랫동안 남편감을 찾아왔지만 허사였다. 그러던 어느 날 여성은 드디어 남편감을 찾았다. 그런데 신랑이 결혼식 제단으로 가는 도중, 빨간 양탄자를 고정해 둔 기둥에 걸려 뒤로 벌러덩 자빠지고 말았다. 신랑은 얼른 일어났지만 그 장면을 본 여성은 그를 철석같이 믿을 수는 없겠다고 느꼈다. 신랑이 제대로 서 있지도 못하는 걸 보니 뭔가를 거절하길 어려워할 것 같았다.

여성은 몇 년 동안 결혼 생활에서 수많은 문제로 고민하다가 부부 관계 전문가를 찾아갔다. 여성은 이 이야기를 하면서 자신이 결혼식 당일, 문제를 아주 분명하게 알고 있었다는 사실을 깨닫게 되었다. 그동안 결혼 생활에서 일어난 모든 일은 처음 자신이 가졌던 의혹을 확신하게 할 뿐이었다. 의례에서 비틀거리다가 넘어지는 것은 쇼핑하다가 넘어지는 것과는 다른

> 비틀거리기 시작한 사람은 곧 넘어질 것이다.

일이다. 삶을 의례로, 시작의 법칙으로 인식하는 사람이라면 비틀거릴 때마다 그 의미를 해석한다.

의례는 이성을 그다지 따르지 않고 배후의 장을 아주 잘 따른다는 사실을 다음 에피소드에서 알 수 있다. 자유로운 사고방식의 젊은 커플이 있었다. 이들은 결혼하지 않은 상태에서 딸을 한 명 두고 행복하게 지내다가 어느덧 딸이 학교에 입학할 때가 되었다. 아름다운 마을에서 좋은 집을 가지고 성공한 삶을 누리던 그들은 딸을 사랑하는 마음에서 결혼을 결심했다. 그들은 성대한 축하연을 벌였다. 모든 게 훌륭하게 진행되었고 심지어 날씨마저 계산이라도 한 듯 화창했다. 게다가 남부에서 가장 아름다운 교회에서 결혼식을 올렸다. 모든 게 순조롭게 진행되었다. 음식도 훌륭했고 파티는 더없이 성공적으로 끝났다.

저녁이 되어 두 사람은 즐거운 기분으로 예약한 호텔에 들어갔다. 그들은 결혼식 첫날밤에 하는 의례를 치르고 싶은 마음에 한껏 부풀었다. 신랑이 신부를 번쩍 안아 문턱을 넘었다. 샴페인을 따르자 사랑의 유희는 완전히 극에 달했다. 그런데 바로 그때, 신랑이 실수를 했다. 신부의 이름을 부른다는 게 그만 옛 애인의 이름을 부르고 만 것이다.

신부는 소금 기둥처럼 얼어붙었다. 물론 신랑의 과거를 알고 있었고, 지금 위협이 될 문제가 아니라는 사실도 알고 있었지만 어쩔 수 없었다. 남성은 지금의 신부 때문에 몇 년 전에 옛 애인과 헤어졌다. 옛 애인도 오래전에 다른 남성과 결혼해 아이들을 낳고 잘 살고 있었다. 둘은 자연스레 멀어져 현재 서로에게 조금도 위험 요소가 될 수 없었다. 그런데도 신랑 신부의 뜨거운 사랑의 강이 일시에 차가운 얼음으로 변했다. 얼음은 다시는 녹지 않았다. 1년 후 이들의 관계는 완전히 깨질 위기였다.

나는 두 사람을 상담 과정에서 알게 되었다. 처음에 여성은 남성이 무조건 심리 치료를 받아야 한다고 주장했다. 게다가 반드시 나에게 심리 치료를 받아야 한다고 고집했다. 여성은 내 책을 읽고, 세미나를 듣고, 나에 관해 알고 있었다. 실제로 나는 여성을 이해했고, 그가 무엇을 원하는지 알았다. 남성은 마음이 내키지 않았고 이른바 이성적인 입장을 고수했다. 물론 그 이성적 입장은 옳지만 의례에서 저지른 심각한 실수에 비하면 대단하진 않았다. 그가 생각하기에는 자신이 부인의 이름을 수천 번도 넘게 제대로 불러왔고, 옛 애인은 결혼을 위태롭게 하는 존재도 아니었다. 남성의 말에 따르면, 실제로 결혼 생활을 위험하게 만드는 요인은 부인의 과잉 반응이었다. 마침내 남성은 말을 듣지 않으면 이혼하겠다는 부인의 위협에 할 수 없이 심리 치료에 동의했다. 말하자면 최악의 출발이었다. 하지만 남성도 관계를 되돌릴 기회를 절실히 원했다.

첫 번째 상담에서 남성이 옛 애인과 문제가 있었다는 사실이 드러났다. 남성은 지금의 부인과 사랑에 빠졌고, 부인과는 섹스를 포함해 모든 것이 옛 애인보다 훨씬 좋았다고 했다. 그런데 이후 부인이 소극적으로 변하면서 부인과의 섹스가 상대적으로 지루해졌다. 이런 정황도 첫날밤의 의례를 치르는 순간 실언을 하게 된 충분한 이유가 될 수 있다. 프로이트가 이미 알고 있었던 것처럼 실책도 나름대로 의미가 있다.

이쯤에서 간략하게 정리하자. 이어 삼자 대화가 진행되었고, 둘은 치료를 위한 상담도 받았다. 그렇게 1년을 훨씬 넘긴 후에야 그들의 관계가 다시 원만해졌다. 그 사이 두 사람은 에로틱한 감정을 재발견했고, 깊이 즐길 수 있는 행위로 발전시켰다.

의례는 이처럼 몇 가지를 드러내고 우리는 특히 실수와 실패 속에서 일종의 진단 방법을 찾게 된다. 또 의례를 진지하게 받아들이고 상징성을 이해하게 되면 더 많이 도움이 된다. 의례를 통해 많은 것을 강화하고, 견고하게 할 수 있다. 또 어떤 것은 의례를 통해 비로소 가능해진다.

> 상징과 의례를 중요하게 받아들이면 의식과 안전이 자랄 수 있는 울타리를 얻는다.

의례의 모방과 대체 의례

구소련과 구동독이 가톨릭 결혼식을 세세한 부분까지 모방한 이유는 무엇일까? 왜 공산주의자들이 완고한 레닌Lenin에게 흉상이 되어 결혼식 증인이 되라고 강요했을까? 왜 변증법적 유물론을 고수해야 하는 사회주의자들이 제단을 모방하고 제단 위에 마르크스Marx와 엥겔스Engels의 초상을 걸어놓았을까? 그 대답은 당시 존재했던 '노동자'와 '국가의 강제성'에 있다. 당시 노동자와 농부 계층은 이혼율이 세계 최고였다. 동독은 해결책을 찾는 과정에서 서구 사회를 훔쳐봤는데 그들이 거의 모든 면에서 월등히 나왔다. 사회주의자들은 스스로 연구하기보다 남 따라 하기를 더 높이 평가했고, 결국 그들은 모방의 대가가 되어 종교 예식도 모방했다. 하지만 서구 의례에 관한 지식이 부족한 탓에 많은 것을 도입할 수는 없었다. 그럼에도 거기서 발생한 장의 영향력이 얼마나 강했는지는 구동독의 성년식(14, 15세 청소년들이 국가와 사회주의 사회에 충성을 서약하는 제전 – 옮긴이)에서 볼 수 있다. 성년식은 가톨릭 견진성사(성숙한 신앙인으로서 자격을 얻었다는 의미가 있다 – 옮긴이)를 모방한 것으로 오늘날에도 주로 구동독 지역에서 이루어지고 있다.

하지만 옛 사회주의자들을 조롱하기 전에 우리도 오늘날 여러 방면에서 그들과 같은 방식을 따른다는 점을 생각해 봐야 한다. 현대 서구의 혼인 신고는 관공서에서 단 몇 분이면 끝난다. 부부간의 재산 공유에 관한 권리 문서에 서명하고 관공서에서 공식 승인을 받으면 결혼이 성사된다. 그런데 많은 사람이 직감적으로 뭔가 부족함을 느껴 오르간을 연주하게 하고, 꽃 장식과 더불어 관공서 직원에게 축사를 부탁한다. 어떤 이들은 자동차가 아닌 말이 끄는 구식 마차를 타고 오기도 한다.

마지막 예는 의례의 효과가 어디에 달려 있는가에 관한 의문을 자아낸다. 장이 결정적으로 중요하지만 내용적으로 관계가 없으면 장은 힘을 쓰지 못한다. 예컨대 번지 점프는 태평양의 성년식 의례를 모방한 것이지만 우리는 그것에 관한 이해가 없기 때문에 이를 성년식 의례로 받아

성년식 의례인 번지 점프

들이지 않는다. 하지만 태평양 남서부에 위치한 팡트코트Pentecôte 섬에서처럼 덩굴 식물에 묶여 점프하는 일이 의례와 연관된 경우, 지금도 그곳 사람들은 그것을 해내야만 성인이 된다.

고대 의례와 메커니즘

몇몇 남아 있는 고대 문명 중 오늘날에도 훌륭하게 기능하는 의례들이 있다. 이런 고대 의례들은 영향력이 큰 장을 형성하며, 삶의 과도기를 극복하고 어려운 걸음을 내딛는 데 큰 도움을 준다. 오늘날 서구 사회의 경우 아이는 사춘기에 이르러도 거의 성장하지 못한다. 부모와 성직자, 당사자인 아이도 의례에 관한 이해가 없고 마음의 준비도 되어 있지 않다. 그렇기 때문에 견진성사 같은 의례도 충분한 장을 형성하지 못한다. 내가 견진성사를 받은 어린 환자에게 그 의미가 무엇이냐고 묻자 아이는 "그냥 받아야 하는 거죠"라고 대답했다. 아이는 견진성사를 받았다고 해서 성인이 되지는 않은 것이다.

> 형태가 내용을 끌어들인다. 그러나 의식이 없을 경우, 형태는 내용을 끌어들일 필요가 없어지고 또 그렇게 되지도 않는다.

원시 공동체에서는 모든 구성원이 의례에 참여하고, 장은 마음으로 전달된다. 사람들은 대부분 리드미컬한 춤과 노래로 하나가 되고 황홀한 상태에 빠진다. 때로는 아프리카 소부족에서 볼 수 있는 것처럼 어려운 문제를 두고 모두가 합일에 이를 때까지 다 같이 노래를 부르기도 한다. 제사를 담당하는 제사장이나 치료사가 위계에서 가장 높은 위치 있고,

그들이 의례의 진행을 맡는다. 의례는 항상 같은 방식으로 진행되며 모두가 이 사실을 안다. 그런 공동체에서는 의례가 삶의 기반이라서 참여자들의 감정적 동조가 매우 크다. 예를 들어 소녀가 사춘기 의례를 겪으며 정화를 경험한다. 여기서 소녀는 아무것도 배우지 않는다. 이해하는 것도 없다. 그저 오래전부터 형성된 여성의 장에 들어가고, 이후 여성의 장의 일부가 된다. 소녀가 성인이 되었다. 장은 소녀를 받아들이고 소녀의 피와 살 속에 섞여든다. 소녀는 이제 견본의 일부가 된다. 견본도 소녀의 일부가 된다. 소녀가 성년식에 참여하면 소녀는 또 새로운 견본의 일부가 되고, 낡은 견본은 소녀의 내부에서 소멸한다. 실제로 많은 의례에서 소녀, 소년이 성인으로 다시 태어나기 전에 (우리의 관점에서 볼 때) '죽는' 과정을 매우 사실적으로 체험한다.

    오스트레일리아의 어떤 선주민의 경우, 소년들에게 어릴 때부터 "어른이 되기 전에 마귀가 너희를 잡아가 죽일 것"이라고 말해준다. 실제로 마귀 역할을 맡은 마을의 남성들이 자신의 가족을 습격해 어머니에게서 아들을 앗아간다. 납치당한 아들들은 자신의 무덤을 스스로 파야 하고, 무덤 속에 서서 코까지 땅에 묻힌 채로 다음 날 떠오르는 해를 기다려야 한다. 마귀로 분장한 남성들은 산 채로 묻힌 아이들 주위에 커다란 원을 이루어 마귀가 울부짖는 소리를 낸다. 그러면서 원을 점점 좁히며 밤새 아이들에게 다가간다. 이런 방식으로 땅에 묻힌 아이들은 패닉 상태가 되어 태초의 자연법칙을 접한다. 그리스 사람들에게는 '판Pan'이라 불린 자연법칙이다. 아이들은 감정이 극에 달한 상태에서 의례를 겪는다. 어머니들도 아들을 잃은 상실감에 몸부림치다가 마침내 상실을 받아들인다. 마귀가 되어 자신의 아들을 극도의 공포와 패닉 상태로 몰아넣은 아버지들도 마찬가지다.

    소년이 공포를 극복하고 성인이 되는 큰 걸음을 떼는 사이 어머니는 놓아줌의 의례를 겪는다. 아버지들은 스스로 그림자가 됨으로써 그림자 치료를 경험한다. 소위 계몽되었다고 하는 우리가 볼 때 선주민들의 의례는 미신 내지 못된 장난쯤으로 보일지 모른다. 하지만 의례를 체험하는 선주민들은 참으로 깊은 의미를 깨닫고 숭고한 영향을 받는다. 오늘날에도 이들 문화에서 사춘기 청소년은 진정한 성인이 되고, 어머니들은 빈둥지증후군을 겪지 않으며, 남성들은 구타와 폭음에 찌든 생활을 하지 않는다.

> 의례는 시작과 재시작의 기회를 준다. 의례는 기존의 것을 확고히 하고, 새로운 것을 앞에 놓으며, 옛것을 마무리해 완전히 끝맺도록 할 수 있다.

    따라서 의례는 종교적 또는 철학적인 내용을 필요로 한다. 의례는 가능한 한 많은 참여자의 감정을 충만하게 만들면서 생명력을 얻는다. 샤먼이나 제사장이 출석해 감정의 충전을 촉진하고, 예복과 특별한 제물이 부가적으로 감정을 부추긴다. 거기에 '풀어놓기'라는 주제도 끼어든다. 여기에는 모든 감각을 동원하는 것이 큰 도움이 되는 동시에 중요하다. 연기 피우기, 주문이나 단순한 노랫가락 듣기, 특별한 불꽃의 마법 보기, 전깃불이 아닌 촛불 켜기, 같은 리듬으로 움직이기가 사람들의 모든 감각을 자극해 공명하게 한다. 이를 통해 모두가 의례에 빠져들고 새로운 영역에 이른다. 감동적인 깊은 감정이 더해지면 이 역시 공동의 황홀경을 경험하는 데 큰 도움이 된다.

    특별한 장소도 의례를 활성화한다. 또 일상적 시간에서 벗어난 특별한 순간, 보름달이 뜨는 날이나 크리스마스, 1년 중 가장 어두운 밤도 의례의 효과를 더한다. 결혼식 같은 강력한 의례는 이같이 특별한 시간을 만들어 내기 때문에 독일 사람들은 결혼식을 '최고의 시간'이라고 한다. 두 사람이 하나가 될 목적으로 힘을 합치는 것이 바로 시간의 질을 가장 높이는 일이다. 가톨릭 신자들은 가장 중요한 의례를 성사聖事30라고 하는데, 이것은 신성과 관계된다는 뜻, 즉 구원되고 합일된다는 뜻이다.

기존의 장과 의례의 끈질김

한번 확립된 장과 의례의 영향력이 얼마나 강한지는 크리스마스와 부활절을 보면 알 수 있다. 기독교회는 소위 이교도들, 그들의 선구자들을 닥치는 대로 죽이고 과거의 존재로 만들기 위해 갖은 수단을 동원했다. 그럼에도 그들의 성스러운 밤이 이교도의 성스러운 밤과 서서히 가까워지다가 마침내 같은 날 경축하는 것을 막을 수는 없었다. 이교도의 장이 그만큼 셌기 때문에 폭력적인 방법으로도 막을 수 없었던 것이다.

오늘날 우리는 기독교도들의 비기독교적인 시도가 아무런 결실도 맺지 못한 것을 볼 수 있다. 2,000년 동안 한사코 반대해 온 노력과 초기의 폭력 테러에도 불구하고 옛 장은 아직도 존재한다. 선조인 이교도 켈트족이 먹었던 것처럼 우리 후손도 11월부터 크리스마스 때까지 거위 고기를 먹는다. 또 옛날 이교도 선조들이 불굴성의 상징으로 여기던 상록수를 크리스마스트리로 사용한다. 나무에 반짝이는 불빛과 달콤한 과자를 달아놓는 것도 1년 중 가장 어두운 밤에조차 희망이 있어서, '생명이 되돌아온다는 뜻이다.

부활절에는 옛 장으로의 회귀가 더욱 뚜렷하게 드러난다. 세월이 흐를수록 그리스도의 수난이 사람들에게서 잊히고 있다. 요즘 사설 방송국에서는 그리스도의 수난을 거의 다루지 않으며 공영 방송국에서도 비인기 프로그램이 되어 겨우 명목만 유지한다. 이처럼 그리스도의 수난은 인기 없는 프로그램이 되었지만, 반대로 소생하는 초봄이 되면 이교도의 다산의 상징은 (생물학적으로 이해할 수 없지만) 부활절 달걀을 낳는 부활절 토끼로 표현되어 예나 지금이나 널리 장을 지배하고 있다. 부활절 토끼는 조금도 해를 입지 않고 기독교의 전성기를 견뎌냈다.

> 한번 장이 형성되면 확실한 안정성을 가진다.

유감스럽지만 나치가 형성한 장 역시 여전히 독일에 남아 있으며 거기에는 상당한 불쾌감도 함께한다. 이 장의 견고성은 전쟁 말기, 고위 간부들이 모두 도망가거나 구금되어 체제의 이름으로 사형이 선고되었던 때에 이미 드러났다. 나치의 장은 아주 세심하게 조성되었고, 나치 정부의 지도자급이 고도로 정교하게 가꾸었다. 보아하니 그들은 장의 위력을 확실히 알고 있었던 듯하다. 나치는 가능한 한 많은 사람에게 유니폼을 입혔고, 공명을 일으키기 위해 훈련과 행진을 시켰다. 군사들은 군중 사이를 지나며 끊임없이 행진했고, 투쟁가를 부르며 깃발과 횃불을 휘날렸다. 정식 의례를 위해 특별한 곳을 선택해 건설도 했다. 또 의례를 위해 특별한 시간과 휴일을 찾아 날짜를 선정했다. 요제프 괴벨스 같은 대중 선동가들뿐 아니라 아돌프 히틀러도 자신의 등장을 세세히 연출하고 '하나의 민족, 하나의 제국, 하나의 지도자'라는 표현으로 구성한 견고한 장을 건설했다. 모든 독재자의 목표와 마찬가지로 히틀러도 모든 국민이 공명을 이루어 충성을 맹세하게 하는 것이 목표였다. 그 일은 수없이 많은 선서, 의례, 장의 지속적 건설과 관리를 통해서 이루어졌다.

장이 얼마나 끈질기게 영향을 미치며, 의례를 통해 얼마나 큰 세력을 얻는지는 계약을 다시 파기하려 할 때 잘 드러난다. 이혼이라는 파기를 겪은 가톨릭 신자들은 온갖 대체 의례를 치른다. 널리 퍼진 상위 종교 중에서 오직 유대교만 이혼식이 있는데, 이 의례는 '하늘의 은총'으로 진행된다. 결혼한 개인이 법적으로, 또 종교법적으로 이혼할 수는 있지만 '죽음이 너희를 갈라놓을 때까지'라는 의례 구절은 결코 무효가 되지 않는다. 나는 내 책《발전의 기회가 되는 삶의 위기Lebenskrisen als Entwicklungschancen》에서 이 주제를 깊이 다루었고 의례 방식도 제시했다.

우리 생활에서는 옛 의례가 새 의례와 관련되지 않은 부분을 찾기 어렵다. 정치적으로 끔찍한 사건에서부터 일상의 진부한 일, 더 나아가 차원 높은 영적 영역에 이르기까지 모든 영역에서 의례의 예를 찾아볼 수 있다. 일례로 뮌헨 테레지엔비제Theresienwiese 광장에서 매년 9월에 개최되는 옥토버페스트('10월의 축제'라는 뜻이지만 실제로는 9월 셋째 토요일부터 열린다. 개최지 이름에 '초원'이라는 뜻이 들어 있어 개최 기간과 장소를 잘못 아는 경우가 있다 – 옮긴이)에 참가하려던 사람 중에 시기를 착각해서 낭패를 봤다거나, 도시 외곽의 큰 초원에서 축제가 열리는 줄 알았다고 하는 사람들이 있다. 아무튼 이들이 의례와 장에 관해 이해가 없는 것만은 틀림없다.

일본과 미국의 지식인들도 찾아오는 이 특별한 '맥주의 장'의 핵심은 의례를 행하는 처막에 있다. 등받이도 없는 긴 나무 벤치기 늘어선 장소에 세계에서 몰려온 사람들이 빽빽이 앉아 고래고래 소리를 질러댄다. 그들은 바가지요금에 잔도 가득 채워주지 않은 맥주를 받아 들고 참으로 소박한 안주를 손으로 집어 먹어야 한다. 이런 불평을 하지 못하게 할 요량으로 악사들이 요란하게 연주한다. 더욱이 (바이에른) 방언으로 된 노래를 연신 불러댄다. 사람들은 일정한 건배 구호에 박자를 맞춘 후에야 맥주를 마실 수 있다. 이런 행위가 사람들로 하여금 먼 거리감과 경계를 무너뜨리고, 소박함과 감각적 즐거움이 있는 의례에 동참하도록 부추긴다. 사람들은 단순한 민속 음악이 나오는 천막에서 진정한 열광에 도취하고 강력한 맥주의 장을 경험한다.

이 광경을 밖에서만 바라본 사람은 일부분만 볼 뿐이라 내가 동료 의사들과 직접 축제에 참석해 느꼈던 감정을 결코 알 수 없다. 나는 친한 의사들과 함께 독한 맥주를 석 잔 비웠다. 이어 우리는 이미 형성된 장으로 들어갔고 맥주 기운에 흥이 올랐다. 그러다 보니 어느새 맥주잔이야 가득 채워지든 말든 신경 쓰지 않는 순간이 왔다. 처음 본 사람들과 조잡한 음악에 맞춰 같은 움직임으로 진동하는 게 신명이 났다. 사실 단순한 음악이기 때문에 서로 같이 어울려 진동하고 노래를 부를 수 있었다.

고대에는 그런 축제 때 마약도 종종 역할을 했다. 옥토버페스트는 시민들이 가진 마약의 최후의 아성이다. 그것을 빼놓고는 생각할 수 없다. 특히 오늘날처럼 행사의 내용과 의미가 완전히 없어진 경우 오직 마약의 역할만 중요해진다. 그래서 사람들은 다음 날 뭔가 공허한 기분을 느끼는 것이다.

옛날에 마약은 대부분 목적을 이루기 위한 수단으로 사용되었고 다른 차원과 연결하는 데 도움이 되었다. 고대 그리스 엘레우시스Eleusis에서

> 빛의 장과 그림자의 장은 모두 각각의 참여자들에 의해 생동한다. 그들이 전체가 되면 부분의 합보다 훨씬 더 커진다.

열리던 축제 의식에서는 환각제 리세르그산 디에틸아미드Lysergic Acid Diethylamide, LSD 같은 약물의 합성 유도체로 쓰이는 맥각 알칼로이드Ergot Alkaloids가 중요한 역할을 했던 것으로 알려져 있다.

일상의 의례와 자동차 의례

의례와 장은 우리 일상의 일부이며, 그것이 빠진 일상은 상상할 수 없다. 예를 들어 모든 기업은 새로운 장을 형성하기를 꿈꾼다. 그래서 가능한 한 값비싼 도구를 투입해 장을 창조해 내려고 한다. 그리고 거금을 들여 광고를 디자인하고 출시 기념 의례를 고안해 낸다. 그것이 효력이 없을 땐 재론칭까지 연출한다. 새로 개발한 자동차가 그에 걸맞는 근사한 전시실에 들어오면 이것은 대단한 비밀이 되고, 이어 자동차 옆에 있던 아름다운 여성이 기지개를 켜듯 천천히 차 덮개를 벗기는 일이 의례가 된다. 그리고 주요 인사들의 목구멍으로 최고급 샴페인이 흘러 들어간다. 이들은 이 일을 위해 후한 돈을 받고 초대되었다.

한번 만들어진 장과 의례가 얼마나 견고한지는 도로 교통에서도 볼 수 있다. 좌측 운행을 하는 영국의 시스템이 더 좋다는 사실은 이미 너무 잘 알려져 있고, 수백 번 넘게 경험한 터라 그걸 말하는 게 입이 아플 지경이다. 그런데도 원활한 교통을 위해 회전 교차로를 도입하는 데에 수십 년이 걸린다. 어떤 일은 왼손으로 하는 게 더 편하다는 사실을 잘 알고 있으면서 교통부 정치가들은 좌측 운행으로 바꾸려는 생각을 감히 하지 못한다. 마치 기존 교통 체계에 존재하는 장을 파괴하는 게 금기라도 되는 것처럼 말이다. 금기는 고대 문명의 장과 의례를 보호하고, 모든 것을 옛것 그대로 두기 위해 적극적으로 사용해 온 방법이다.

> 독일 교통 체계의 장은 금기에 의해 보호받는다.

2010년 말 경제 위기로 자동차 회사들은 근무 시간을 단축하고 생산을 줄여야 했다. 대체 왜 자동차 산업이 그토록 악화되었을까? 이유는 세계에 자동차가 충분하기 때문이다. 우리는 너무 많은 차를 생산했고, 지나치게 많은 차를 어떻게 처리해야 할지 대책이 없다. 이미 늦은 감이 있지만 그래도 미래를 위해 질문을 던져볼 수는 있겠다. 앞으로는 친환경 자동차로 교체해야 할까? 당장 새 교통 체계를 고안해야 할까? 이 문제는 현재 자동차 생산자가 해결하기 어렵다. 이런 고민은 더 나아가 언젠가 우리가 무기를 없애야 할 때 무기 생산자들에게도 어려운 일이 될 것이다. 하지만 이는 인류의 생존을 위해 참으로 중요한 일이며, 위기가 곧 기회가 될 수 있다.

하지만 현실은 완전히 비이성적으로 돌아간다. 국민 대다수가 자동차에 아무런 의구심을 가지지 않고, 지도층 수뇌부들은 생각 자체를 버린 지 오래다. 독일은 기후 보호 조치를 거의 고려하지 않고 자동차에 모든 우선권을 준다. 독일의 자동차 광기는 자동차 해체 보상금마저 만들었다. 같은 논리라면 가구나 주택을 허물 때도 보상금을 주어야 한다.

어쩌면 채찍을 만들어서 사람들한테 모든 걸 부수라고 격려하는 순간이 올 수도 있다. 그러면 다시 한번 경제 기적이 찾아올지도 모른다. 아무튼 자동자 해체 보상금 등과 같은 생각이 소비 사회의 진정한 성격을 보여준다.

광기는 자체적인 방식을 가지고 있고, 또 우리에게만 광기가 있는 게 아니다. 미국에서는 전직 '올바른' 대통령이 재임 기간에 대단한 이익을 사유화하고 국가에 빚을 남길 기회를 놓치지 않았다. 여기에도 역시 현대 사회의 위계가 드러난다. 미국이 먼저 행동하면 그다음으로 모든 나라가 따라 한다.

자동차가 형성한 장은 매우 강력해서 독일에서는 이 세력을 절대로 건드릴 수 없다. 거의 모든 남성이 개인적인 의례 행위로 자동차를 관리하기 때문이다. 차를 소유한 독일 남성은 정기적인 관리 의례를 통해 차를 경외한다. 그뿐 아니다. 자동차를 자신과 동일시하며 애정을 아끼지 않는다. 차에 관해 말할 때도 제일 가까운 1인칭을 사용해 "내 운전대가 움직이고 있어", "내 클러치가 망가졌어"라고 말한다. 반면 부인이나 아이들을 이야기할 때는 3인칭으로 "그 여자가 또 무언가에 빠졌어", "그 녀석이 난독증에 시달려"라고 한다. 남성의 면전에서 부인이 모욕을 당하면 상관없다는 듯 지켜보고만 있지는 않지만, 만일 차에 누가 흠집이라도 내면 당장 불같이 화를 내고 맞붙어 싸운다. 그가 서 있는 곳에서 누가 영화관으로 가는 방향을 물으면 주차장을 기준으로 자세히 설명한다. 자신이 휴가를 가거나 요양을 하는 것보다 그가 소유한 자동차가 더 규칙적으로 검사를 받는다. 자신의 생명보다 자동차의 수명을 연장하기 위해 희생을 아끼지 않는다. 차 속도가 조금 느려지거나 달릴 때 소음이 커지는 등 약간이라도 이상을 느끼면 곧바로 점검을 맡긴다. 반면 자신은 세월이 갈수록 탄탄함을 잃어가는 육체를 질질 끌며 힘겹게 살아간다.

이처럼 자동차의 장은 오랫동안 살

> 자동차의 장은 오랫동안 살아남았다. 이제 우리가 살아남으려면 자발적으로 자동차의 장을 문제 삼아야 한다.

아남았다. 이제 우리가 살아남으려면 자발적으로 자동차의 장을 문제 삼아야 한다. 차세대에는 어떤 형태의 자동차가 좋을지 깊이 생각해 볼 수 있고 또 생각해 보아야 한다. 현재의 강력한 장에서는 감히 상상하기 어려운 일이지만 이제는 자동차 관련 비리를 물리치려는 충동이 시민들에게서 나와야 한다. 하지만 정작 시민들은 홍수처럼 쏟아지는 자동차 광고와 신차 판매를 위한 다양한 프로모션에 사로잡혀 자신들이 견고한 자동차의 장 속에 파묻혀 있다는 사실조차 의식하지 못한다.

스포츠 의례

스포츠의 세계는 규칙과 의례로 가득하고, 거기에서 안정된 장이 생겨난다. 그리고 충실한 팬들이 규칙과 의례를 준수하는지를 매의 눈으로 지켜보고 있다. 새로운 회사의 증권 확립보다 새로운 스포츠의 장이 확립되는 경우가 더 드물다.

> 스포츠가 많아질수록 스포츠의 사회화 기능도 의미가 더 커진다. (……) 스포츠는 사회생활을 좀 더 견딜 만하게 만든다.
> -알렉산더 미처리히

하지만 움직이는 돛대의 발명이 윈드서핑Windsurfing을 국민 스포츠로 만들었고, 국민 스포츠는 빠르게 장을 형성했다. 물 위에서 바람에 두 손, 리듬, 속도를 맡기는 것이 이 새로운 스포츠의 장이 가진 특징이었다. 윈드서핑의 몇 가지 의례는 최고 제사장이 바람과 물을 다스리기 위해 행했던 기술이다. 이는 부서지는 파도 속에서 신들이 강풍을 탄 채 춤을 추고, 공중제비를 돌며, 도달할 수 없는 꿈을 그리는 영화의 소재가 되기도 했다. 아름답고 율동 가득한 의례가 수백만 명에 이르는 추종자들을 빠르게 만들어 낸 것이다.

카빙스키Carving Ski처럼 해로운 스포츠의 장도 대중을 정복할 수 있다. 새로 나온 스키 장비 카버Carver는 선수들의 흥미를 불러일으킬 만하다. 왜냐하면 카버를 이용하면 커브를 완전히 돌면서도 10분의 1초를 단축할 수 있기 때문이다. 하지만 일반인들에게는 무척 위험한 기술이다. 보통 큰 커브를 돌 때는 많은 공간이 필요한데 슬로프를 확장하지 않은 상태에서는 공간이 충분하지 않기 때문에 멀리 떨어져 있는 사람과도 충돌할 수 있다. 그 때문에 주말에 친한 친구가 목숨을 잃었다. 오스트리아에서만 해도 스키를 타던 사람 일곱 명이 같은 구간에서 낙오되었다. 지역 정형외과 의사들은 스키 스포츠 때문에 수입이 30~40퍼센트 늘어난 것을 은근히 기뻐한다. 하지만 이 사실은 거의 알려지지 않는다. 여행객이 줄어들 수 있기 때문이다. 이 사실을 알면 누가 스키를 타려고 하겠는가? 스키 스포츠의 장은 '모든 스키어가 승리를 가져다주는 최신 장비로 무장한다'라는 새로운 이념과 조류가 생겨날 때까지 계속해서 광고를 퍼붓는다.

먼저 생긴 장들도 이해할 수 없기는 마찬가지다. 스키를 타면서 발꿈치를 고정하지 않은 기술을 모두가 쓸 수 있다고 지금도 누가 감히 상상이나 하겠는가? 그런데 더 나아가 노르웨이의 스테인 에릭센Stein Eriksen이 스키어들을 모았고, 연속적인 쇼트 턴이 가능한 베델른Wedeln이라는 기술이 생겨났다. 시작은 어려웠지만 장이 확립된 지금 북유럽 사람은 한 주만 스키 강습을 받으면 누구나 이 기술을 쓸 수 있다.

일단 장이 형성되어 중요한 의례에 참여할 추종자들이 충분히 모이면 신참내기들은 쉽게 장으로 빠져든다. 이때 광고는 필요치 않다. 장은 추종자들의 입소문을 통해 퍼진다. 추종자들의 참여, 본보기, 그들이 말하는 즐거움이 장을 위한 최고의 광고가 되는 것이다.

세계의 의례 [31]

사투르누스 기념일에 열리는 봉헌의 밤 의례를 오랫동안 고대해 왔다. 각기 다른 대상을 숭배하는 추종자들이 오직 이를 위한 특별한 장소에서 의례를 치른다. 참여 자격이 있는 사람들이 의례가 시작되기 훨씬 전부터 성소에 모여든다. 참여자들은 훌륭한 제물을 미리 준비한다. 성소 밖에는 제물을 준비하기 위한 특별한 장소가 따로 있다. 경험이 풍부한 남성들이 주로 의례를 집행하고, 여성도 몇몇 있다. 또 나이가 어린 사람들도 의례 진행에 참여한다.

의례 장소는 정확하게 측정한 지정학적 고유의 패턴으로 나뉘어 있다. 각자 다른 대상을 숭배하는 참여자들은 저마다 고유한 색채로 꾸미고, 휘장을 두르고, 깃발을 가지고 있다. 일부는 원시적 악기도 가지고 있다. 몇몇은 특별한 마약 성분이 든 음료를 마신다. 이 음료는 참여자들을 더욱 심취하게 만든다.

의례를 집전하는 제사장이 품위를 갖추고 서서히 입장하면 긴장이 고조된다. 각각의 숭배 무리가 특별한 색의 옷을 입고 두 무리로 나뉘어 정해진 성소 양쪽에 모인다. 검은 옷을 입은 최고 제사장이 앞으로 나서서 각 무리의 대표자 두 명을 성스러운 중앙으로 인도한다. 이 짧은 입장식을 치른 후 드디어 의례가 시작된다. 그들의 몸짓은 완전히 의례적인 것으로 춤처럼 정해진 법칙을 따른다. 의례를 처음 본 외부인은 이 행위를 이해하기 어렵고, 그 뜻을 쉽게 따라갈 수가 없다.

참여자들은 부분적으로 '그림자' 내지 '검은 남성'의 의상을 갖추고, 그림자 역할을 하는 최고 제사장의 즉흥적인 영감을 따른다. 이때 최고 제사장의 권위가 모든 사람을 지배한다.

즉흥적 의례 행위가 진행되는 가운데 긴장이 너무 커져 최고의 권위를 가진 자도 자신의 권위를 위태롭게 하고, 그럼으로써 전체를 혼란에 빠뜨릴 수도 있다. 최고 제사장은 두 무리의 그림자 역할을 번갈아 하는 것으로 보이는데, 이때 다른 원시 문화에서 오늘날까지 사용하는 고대의 관악기를 분다. 최고 제사장은 악기의 도움을 받으며 검은 복장을 한 또 다른 젊은 제사장 두 명과 함께 숭고한 임무를 수행한다. 그런데 젊은 두 제사장은 의례를 치르는 장소에 들어오는 게 허용되지 않는다. 다만 최고 제사장이 완전히 기력을 잃은 것으로 보이면 젊은 제사장 중 한 명이 그를 부축해 잠시 자리에서 물러나게 한다. 최고 제사장은 휴식을 취하며 원기를 돋운다.

그러는 사이 의례는 중단된다. 참여자들은 휴식을 취하며 고조되었던 신경을 누그러뜨릴 수 있다. 그들은 진언과 같은 노래, 송가 같은 음악을 이용해 일종의 집단 공감을 경험함으로써 의례 행위가 에너지로 채워지게 한다. 특별한 순간에 그들은 거대한 물고기 떼가 같은 물결을 타는 것처럼 유동한다. 이때 매우 강한 에너지의 장이 형성되는 것 같다. 에너지를 너무 많이 써서 지친 사람들이 발작을 일으키는 일도 심심찮다. 이는 카타르시스를 경험하기 위해 의도한 것으로 사람들은 그런 상태에 쉽게 빠져든다.

이렇게 대부분의 사람이 지옥 같은 절망 상태에서부터 환희에 이르기까지, 가장 강력한 감정과 대결하는 일종의 '의례 치료'를 겪고 견뎌낸다. 사람들은 노래를 부르며 그들의 가장 높은 법칙을 찬양하는 중에도 고양된 감정에 빠져든다. 의례 장소와 주변 환경이 격렬한 감정을 터뜨리기에 적합하게 되어 있고, 성스러운 중앙은 강한 울타리로 안전하게 둘러싸여 있으며, 다른 한편으로는 중앙 자체가 참여자들을 깊은 내면에 빠져들게 한다.

모든 준비에도 불구하고 몇몇 사람은 제정신을 잃는다. 또 마음속 공격성을 밖으로 터뜨려 주변 사람과 다른 대표자를 구타하기도 한다. 그러면 대기하고 있던 의례 안전 요원들이 이런 사람들을 제지한다.

성스러운 중앙에서도 양측 참여자들이 지나치게 충돌해 의식을 잃고, 그렇게 다른 세계로 도피하는 일도 일어날 수 있다. 그러면 그중 한 사람은 곧 성스러운 중앙에서 끌려 나온다. 그는 자신을 지나치게 몰고 간 게 틀림없고, 신들도 보호의 손길을 거둔 것으로 보인다. 그는 외곽으로 추방되고 대기하던 다른 제사장이 해당 의례를 담당한다.

모든 것의 중심이었던 소가죽 토템이나 플라스틱 토템이 공중으로 멀리 날아가는 사이에 의례의 원이 귀를 찢는 듯한 소리를 낸다. 그리고 마침내 토템이 대문에 내려앉으면 성스러운 원에서 울려 퍼지는 환호성이 하늘로 높이 올라가 신들의 주의를 끈다.

축구의 장

스포츠 분야에서 가장 큰 장이라면 축구를 꼽을 수 있다. 일단 월드컵이 열렸다 하면 다른 스포츠는 다 뒤로 밀려난다. 예를 들어 2006년 독일에서 월드컵 대회가 열렸을 당시 거리는 완전히 텅 비었다. 평소 축구에 전혀 관심이 없던 사람들조차 오프사이드가 뭔지 갑자기 알게 되었다. 독일에서는 바로 이때가 장의 형성을 관찰할 수 있는 좋은 기회였다. 한 해 전, 나라가 특이한 절망감에 빠져들었기 때문이다. 사실을 그대로 말하자면 당시 독일은 '나머지 다른 세계'에 비해 모든 게 잘 돌아갔다. 그런데도 낙천적이고 생기 넘쳤던 독일 사람들이 갑자기 돌연변이가 되어버린 듯했다. 마치 걱정을 담당하는 뇌의 일부가 생겨나 근심 걱정이 삶을 파먹어 들어가는 것처럼 굴었다.

그즈음 '황제'라는 별명을 가진 프란츠 베켄바워 Franz Beckenbauer는 사람들의 눈에 띄지 않은 채 축구 관련 사업을 인수해 독일에 월드컵을 유치했다. 그런데 당시 독일 사람들의 암울한 분위기로는 아무것도 이룰 수 없었고, 선수들은 성적이 아주 저조한 경기를 치렀다.

2004년, 캘리포니아 California에 살던 클린스만 Klinsmann이 새로운 감독으로 기용되었다. 다행히 클린스만은 햇빛 찬란한 캘리포니아에서 부인과 살고 있었고, 젊은 선수들이 연습을 잘하는지 보기 위해 가끔만 독일, 즉 절망의 계곡으로 왔다. 축구단은 새로운 훈련과 육체 단련을 위해 미국에 가기도 했다. 이 모든 일이 축구의 나라 독일과 독일의 소식통〈빌트 Bild〉지를 화나게 했다. 하지만 언제나 환한 표정의 클린스만은 자신의 입장을 고수했고, 햇빛 찬란한 캘리포니아에 머물면서 젊은 선수들에게 새로운 기분과 축구의 즐거움을 전달했다.

바이에른 출신의 마지막 독일 황제 베켄바워는 그러는 사이 배후에 가려져 있었다. 그도 물론 오래전에 독일에 등을 돌리고 오스트리아 국경 너머에 가서 살고 있었다. 그때 다재다능한 천재 안드레 헬러 André Heller가 거대 프로젝트의 문화 홍보 책임을 맡았다. 그는 '세계의 손님을 우리의 친구로'를 독일 월드컵 공식 슬로건으로 내걸었고, 베켄바워가 이에 가담했다. 그동안 세계는 독일의 경제를 놀라워하고 근면한 땀과 효율성을 부러워했지만 독일 사람을 친구로 여기는 일은 상상조차 못 했다.

> 축구는 언제나 딩동댕이다.
> -축구 감독 조반니 트라파토니
> Giovanni Trapattoni

슬로건은 탁월한 성공을 거두었다. 독일은 전형적인 쩨쩨한 근성을 볼 수 없을 만큼 개막식 축제에 돈을 아끼지 않았다. 독일 경찰도 '경찰은 당신의 친구이자 도움을 주는 사람입니다'라는 슬로건에 새 활력을 불어넣었다. 또 독일 국기를 수백만 장 제작했다. 그 덕에 독일 사람들은 중요한 순간에 국기를 흔들고, 친근한 동시에 낯설기도 한 국가라는 감정을 표현할 수 있었다. 신나게 나부끼는 독일 국기는 이제 행운의 상징이 되었다.

달라진 분위기에서 경기에 임한 독일 축구 선수들은 즐거워했다. 경기에 패했을 때도 선수들은 정중했다. 적수인 이탈리아 팀에조차 존중을 표할 정도였다. 나는 그 경기를 이탈리아 사람들 사이에서 보았는데, 이탈리아 사람들이 그런 독일 사람들의 행동을 보고 어안이 벙벙한 표정을 지었다. 이탈리아 사람들은 3위 결정전 마지막 경기에서 독일 팀을 응원하기까지 했다. 물론 그것도 일반적인 일은 아니었다. 심지어 어떤 이탈리아 남성은 부인에게 독일로 휴가를 가는 것도 좋겠다고 말했다.

그래서 당시 독일 팀이 얻은 3위는 더 값졌고, 매 경기에 거대한 의례를 행했다. 축구 팬들이 구름 떼처럼 모인 경기장에서 시작된 의례는 TV 방송을 타고 각 가정으로 흘러 들어갔다. 경기마다 점점 더 많은 사람이 어울려 공명을 이루었다. 정말로 독일이 세계의 손님을 친구로 맞이하게 된 것이다. 나는 살면서 이때처럼 독일의 장이 크게 달라지고 개선된 것을 본 적이 없다. 의례와 경기 시작쯤부터 늘 우중충하던 날씨마저 연일 황제의 날씨처럼 화창해졌다. 축구의 황제 베켄바워도 신이 독일을 원한다고 했다. 베켄바워는 승리를 예감했을 것이다.

게다가 베켄바워가 내뿜는 오라만 봐도 장의 영향이 얼마나 멀리 퍼질 수 있는지, 그리고 그것이 이성과는 얼마나 상관없는 일인지도 알 수 있다. 예를 들어 바이에른의 한 경찰관은 수년 동안 베켄바워에게 교통 법규 위반 딱지를 끊지 않았다. 물론 경찰관이 일부러 나서서 그럴 필요는 없는 일이었다. 하지만 경찰관은 딱지를 끊는 '시시한 일' 따위로 베켄바워를 성가시게 하는 게 황제를 향한 모욕이라고 생각했다. 모든 장은 고유한 역동성을 갖는다. 경찰관의 이야기가 널리 퍼졌다. 축구와 황제의 장 밖에 있는 사람들은 이 이야기를 크게 부풀리며 경찰관에게 무거운 처벌을 내려야 한다고 주장했다. 하지만 이미 형성된 장에 깊이 빠져 있던 바이에른 사람들은 정작 뭐가 잘못된 일인지조차 인식하지 못했다. 비록 경찰관이 처벌을 받게 된다 해도 황제가 일을 바

베켄바워는 보수적인 바이에른에서 민주사회주의당Die Partei des Demokratischen Sozialismus, PDS에 면책권을 마련해 줄 수 있는 유일한 사람이다.

-배우 오트프리트 피셔Ottfried Fischer

로잡을 것이고, 결국 선이 승리할 것이라고 생각했다. 갑자기 그림자가 덮쳐 황제를 모욕하는 불상사가 생긴다 한들 문제를 바로잡겠다는 황제의 한마디면 충분하다. 황제 베켄바워가 "사랑이신 하느님이 모든 아이에 대해 기뻐하신다"라는 식의 한마디만 하면 그때부터 아무도 의구심을 입 밖에 내지 않는 것이다.

베켄바워는 독일 팀을 이끌어 월드컵 타이틀에 가까이 다가간 대작을 완성했다. 무슨 일을 하려면 일단 증명서부터 내놓아야 하는 독일에서 베켄바워는 총책임자로서 증명서조차 가진 적이 없고, 가질 필요도 없었다. 이전에 온갖 감독을 데려다 놓아도 성적이 저조하기만 하던 독일 축구단을 결승전까지 끌고 갔다는 것은 또 다른 역사였다. 어쨌든 거기까지가 최선이라는 것을 누구도 의심하지 않았다. 상대는 당시 세계 최고의 축구 선수 디에고 마라도나Diego Maradona가 있는 최강의 아르헨티나 팀이었기 때문이다.

하지만 모든 이의 예상을 뒤엎고 독일이 아르헨티나와의 경기에도 승리했다. 경기 종료 휘슬이 울린 후 사람들은 베켄바워가 혼자 로마의 잔디밭을 유유히 걷는 것을 숨죽여 지켜보았다. 득달같은 리포터들조차 감히 황제가 휴식을 취하는 순간을 방해하지 못하는 것 같았다.

리포터들은 대신 매치 위너Match Winner(경기의 흐름을 바꾸어 팀을 승리로 이끈 선수-옮긴이) 역할을 한 귀도 부흐발트Guido Buchwald에게 몰려들었다. 부흐발트는 슈바벤Schwaben 출신의 철벽 수비수로 슈투트가르트Stuttgart에서 항상 자신의 임무를 잘해왔지만 이날까지 크게 빛을 보지 못했다.

진리는 경기장에 있다.
-축구 감독 오토 레하겔Otto Rehhagel

리포터들이 질문을 쏟아부었다.

"귀도, 베켄바워가 당신을 팀에 합류시킨 이유는 무엇입니까? 베켄바워가 당신에게 뭐라고 했습니까?"

처세술에 능하지 못한 귀도 부흐발트는 경기 90분이 지나고 나서 처음으로 과도한 요구를 받은 것처럼 딱딱하게 굳어버렸다. 그는 말을 더듬으며 베켄바워와 경기 전에 산책을 나갔다고 했다.

"아르헨티나 팀에는 디에고 마라도나라는 훌륭한 선수가 있지."

베켄바워가 이렇게 말했다. 그거야 귀도도 이미 잘 알고 있는 사실이었다.

"하지만 우리 팀에는 더 훌륭한 수비수가 있다네."

그런 말은 처음 들은 터라 귀도가 크게 놀라 되물었다.

"누구 말입니까?"

"자네!"

리포터들은 모두 크게 놀랐다. 특히 모든 일이 예견되어 있었다는 사실에 놀랐다.

장에 관해 조금이라도 아는 사람이라면 감정이 한창 고조된 순간에 그런 일이 충분히 일어날 수 있다는 사실을 안다. 특히 황제가 이 경기를 위해 자신의 신뢰와 카리스마를 장에 실었기 때문이다. 귀도는 경기에 임했고, 90분 동안 마라도나를 완전히 제압했다. 그는 황제를 실망시키지 않고 세계를 놀라게 했다. 귀도는 경기가 진행되는 90분 동안 전무후무한 다른 별에서 축구를 했다. 그에게도 결정적인 90분이었다. 만일 작가 슈테판 츠바이크Stefan Zweig가《인류 운명의 순간Sternstunden der Menschheit》('광기와 우연의 역사'라는 제목으로 국내에 번역되었다 - 옮긴이)을 예전에 내놓지 않았더라면 귀도의 이 경기를 운명의 순간에 넣었을 것이다. 이후 귀도가 한 가장 멋진 행위는 바로 프로 선수 생활을 접은 일이다. 자신이 더는 그 수준으로 계속 뛸 수 없다는 사실을 알았기 때문이다.

물론 그것이 자의식과 신뢰 문제였다고 말하는 사람이 있을 수도 있다. 하지만 자신이 세계 최고의 축구 선수임을 아는 마라도나가 버티고 있었다. 마라도나는 자의식이 넘치는 선수였다. 그는 반칙으로 손을 써서 골을 넣으려 했으면서도 그것이 '신의 손'이었다는 변명을 할 정도로 자신만만했다. 그래서 사람들은 그 경기에서만큼은 바이에른 황제의 장이 아르헨티나 축구 신의 장을 무기력하게 만들었다고 말했다.

베켄바워가 자신을 황제라고 말한 적은 없다. 하지만 그가 손대는 것은 항상 이루어졌다. 베켄바워가 축구보다 더 중요한 일을 맡는다면 그건 무엇일까? 아마 국민 건강이나 생태학 관련 일이 아닐까? 그러려면 베켄바워는 또 새로운 장을 형성해야 한다. 그래서 그는 의식적으로 또는 본능적으로 축구의 장에 머물며 자신이 거둔 성취를 지켜냈다. 어쩌면 축구가 그에게 가장 매혹적이었을지도 모른다.

> 각자가 자신의 장에서 산다. 그리고 우리는 모두 우리의 장에서 산다. 우리는 각자 자신을 위해, 공동체를 위해 장에 관한 책임이 있다.

의례, 장 그리고 교육학

누구나 학창 시절에 소리를 지르고, 교실에 들어서면서부터 공포 분위기를 조성하는 교사를 겪었을 것이다. 후자의 경우, 교사는 자신에게 걸맞는 공포의 오라에 둘러싸여 학생들을 흡수하는 장을 펼쳤다. 특정 학교들도 고유의 장을 가지고 있어서 새로 온 학생들이 자동적으로 그 장에 빨려 들어간다. 당연히 발전을 촉진하는 장 속에서 성장하는 게 발전을 저해하는 장에서 성장하는 것보다 훨씬 수월하다.

예를 들어 우리 집안에서는 대학에 진학하는 데 아무 문제가 없었다. 어른들은 내게 일찍부터 어떤 전공을 택할지 물었다. 대학에 가지 않는 다는 것은 아예 생각할 수 없는 일이었다. 이런 견본에 합류한 사람은 모든 지원과 필요한 도움을 확실히 보장받았다. 이 견본을 거부하는 사람은 엄청난 경악의 반응에 부딪혔고, 끊임없는 저지 사격을 당했다.

성공적인 교육학은 생산력이 있는 풍요로운 장을 형성한다. 여기서도 의례가 결정적인 역할을 한다. 이때의 의례는 아이들에게 완전한 견본과 장에 이르는 통로를 제공한다. 이런 방향의 교육자들은 아이들을 다른 문화의 언어 공간에 들어가게 이끈다. 그 속에서 아이들은 다른 언어의 패턴을 피상적으로 아는 데 그치지 않고 그대로 받아들이는 방법도 배운다. 단어와 문법을 주입식으로 배우지 않고, 즉시 새로운 언어 환경에서 말하게 됨으로써 새 언어의 구조가 그대로 피와 살이 되는 것이다. 이런 일은 해당 언어를 사용하는 세계에 들어갈 때 가장 쉽게 이루어진다. 이 때문에 해당 언어의 본토로 여행을 가는 것이 학원이나 개인 교습을 받는 것보다 언제나 더 효과적이다.

이런 관점에서 스승 옆에서 같이 지내면서 스승의 세계와 그의 의식의 장으로 들어가려는 동양 사람들의 염원을 더 잘 이해할 수 있다. 거기에 장의 결정체 또는 구심점 역할을 하는 의례가 중요하다. 예컨대 샥티파트Shaktipat(에너지 전이 현상 – 옮긴이)를 연마할 때 스승은 제자들에게 자신의 에너지를 완전히 의식적이고 구체적으로 옮겨준다. 점점 더 대중적인 형태로 변해가는 힌두교의 축복 의례인 딕샤Deeksha(구루로부터 만트라나 신성한 에너지를 받는 것 - 옮긴이)를 행할 경우, 딕샤 전달자가 하늘의 에너지를 수용자의 정수리에 바로 넣어준다. 물론 이때에도 제자가 이 영역에 몰입해 들어가 수용의 자세를 갖추어야 한다.

어떤 학교에서 선생님이 아침에 교실에 들어올 때마다 학생들을 모두 일어나게 해 인사하게 하는 행위도 전 학급을 한순간 공명에 들게 해 선생님에게 초점을 맞추도록 만드는 작은 의례다.

아이들은 즉흥적으로 따라 하기를 좋아하고, 반사 신경의 도움을 받아 공명에 들어간다. 즉 장을 전체적으로 받아들이기가 수월하다. 이런 방식으로 아이들은 모국어를 유창하게 배운다. 모국어가 뼈와 살에 스미듯 완전히 습득되면 모국어를 잊어버리지도, 틀리지도 않게 된다. 네 살 이후에도 계속 사용하는 언어가 평생 남는 것처럼 다른 프로그램들도 마찬가지다. 이 지점부터 견본이 확고하게 자리 잡고, 장이 형성된다. 이 지점에 완전히 다다르지 않으면 견본은 서서히 사라지기 때문에 의례를 거쳐 또다시 자리를 잡아야 한다.

따라서 교육학은 장을 존중하고 의식적으로 형성해야 한다. 그리고 교육 현장에서는 아이들에게 따라 하라고 적극 권장하고, 어린이들을 즐겁게 공명하게 해주는 유능한 교사가 필요하다. 그러자면 현대 복지 사회가 인정하는 것보다 월등히 더 높은 지위를 교사들에게 주어야 할 것이다.

10장

수식적 사고와 세계상

†

　　지금까지 우리는 다양한 종류의 사고를 살펴보았다. 대립성은 한편으로 인과적 사고와 유추적 사고 사이에 존재하고, 다른 한편으로 분석적 사고와 상징적 사고 사이에 존재한다. 학문적 사고는 인과적이고 분석적이다. 반면 영적인 철학의 사고는 유추적이며 상징적인 그림을 사용한다. 이를 또 수직적 사고라고도 한다. 왜냐하면 수직적 사고는 상징을 거쳐 배후에 있는 태초의 원칙 및 원형을 끌어들여 근원을 향해, 이른바 아래로 파고들기 때문이다. 수직적 사고의 반대 위치에 있는 학문적 사고는 수평적 사고방식으로, 같은 영역을 정리해 분류하는 작업을 한다. 칼 폰 린네 Carl von Linné가 동식물 세계의 분류 체계를 세울 때 이 수평적 사고를 이용했다.

　　나는 세계를 이해하고 정리하는 데 쓰이는 이 두 가지 사고방식을 과호흡 강직성 경련증 Hyperventilationstetanie을 통해 알게 되었다. 내가 대학을 마칠 즈음, 비행기를 타고 가는 중이었다. 한 승객이 콧구멍이 잔뜩 팽창된 채 과호흡을 하고 있었다. 두 손은 심하게 뒤틀려 있었고, 다리도 경련으로 오그라들었으며, 입도 경련의 전형적인 형태로 일그러져 있었다. 또 이마에는 땀이 흘렀고, 눈은 뒤집혀 있었다.

서구 의학에서는 이 상태를 과호흡 강직성 경련증이라는 아주 인상적인 이름의 진단을 내린다. 너무 많은 산소를 들이마시고 특히 너무 많은 이산화탄소를 내보내면 혈액이 염기성으로 변한다. 이때 근육 경련을 일으키는 탄산 과잉증이 생긴다. 혈액을 중성화하는 작업에서 혈액 내 칼슘이 소모되기 때문이다.

이런 증상이 일어나면 의사들은 근육을 이완하기 위해 가능한 한 빨리 칼슘을 주사한다. 그리고 좀 더 생각이 있는 의사라면 공포를 진정시키기 위해 항불안제 바륨을 주사한다. 공포가 과호흡을 유발하기 때문이다. 사람은 공포에 질리면 과도하게 숨을 헐떡인다.

영적 수련을 하는 현장에서도 같은 상황이 일어날 수 있다. 예를 들어 호흡 훈련을 하면서 과호흡에 빠지는 것이다. 이럴 때 의사는 과호흡을 즉시 멈추게 하기 위해 할 수 있는 모든 처치를 한다. 그런데 호흡 관련 치료에서는 정반대의 방법을 쓴다. 치료사들은 과호흡을 오히려 유발해 숨을 더 깊이 들이쉬라고 독려한다. 현재 진행되는 일 전체가 언젠가는 방향을 바꿀 것이고, 긴장이 곧 이완될 거라는 사실을 알기 때문이다.

> 피조물의 의식은 호흡을 전제로 한다.
> - 장자

호흡과 관련된 일로 돈을 버는 현장에서는 같은 일이 생겼을 때 '발전 중인 상황'이라는 표현까지 써가며 긍정적으로 말한다. 인도 철학에서 말하는 기氣, 즉 프라나Prana(산스크리트어로 '숨'이라는 뜻 – 옮긴이)가 과하게 쏟아져 봉쇄가 풀리면 비로소 메리디안Meridiane(경락 – 옮긴이) · 나디Nadi(몸 안의 에너지 통로 – 옮긴이) · 차크라가 열리고 기가 순환한다. 우리는 이른바 '호흡 해방'이라는 것을 알고 있는데, 경련이 갑자기 풀리고, 좁고 답답함이 말할 수 없이 황홀한 느낌으로 변한다. 심지어 넓은 우주 저편으로 갈 때도 있다. 몇몇은 천상의 밝은 빛, 천사, 신을 경험했다고도 한다. 강력한 행복감과 단일성에 가까운 감정을 느끼는 경우도 드물지 않다. 사람들은 그런 영적인 순간에 매혹된다.

하나의 현상을 두고 시각과 관점이 이렇게 다르고 해석도 완전히 다르다. 상반된 두 입장의 추종자들은 그것에 관해 서로 이야기하기가 쉽지 않다. 우선 이들은 상이한 표현과 언어 때문에 서로를 이해할 수 없다. 또 전체를 향한 상반된 해석 때문에도 더욱 이해하기 어렵다. 독일 의학 용어는 영적인 부분을 전혀 표현하지 않으며 대부분 이를 거부한다. 또 독일 밀교 용어는 의사들을 전혀 언급하지 않으며, 마찬가지로 거의 거부한다. 그래서 두 입장에서 내리는 각각 다른 해석은 주관적인 판단 문제가 되고, 서로 일치할 때가 거의 없다.

어쩌면 특수한 전문 용어와 전공은 고사하고 아예 교육이 필요 없는 제3의 차원도 있을 수 있다. 비행기에 탄 남성이 과호흡을 하고 있다면 그는 분명 공포를 느끼는 것이다. 두려워서 눈알이 튀어나오고 이마에 땀이 맺혀 있는 모습이 공포를 드러내기 때문이다. 육체는 경련 때문에 한껏 움츠러들어 마치 태아와 같은 자세를 취하고 있다. 이 상황은 탄생의 순간과 무척 비슷하다. 고통이 절정에 이르렀다가 곧 이완 상태로 급변한다. 공포와 답답함이 숨에 자리를 내주고, 행복의 눈물이 뺨에 흘러

내린다. 그 승객은 지금까지 이처럼 신비하고 행복했던 적이 한 번도 없
다는 사실을 깨닫는다.

이런 식의 관찰은 질병 상 치료에서 하는 관찰에 해당하며 오직 눈에
보이는 것만 인지한다. 이어 그 기저에 깔린 것이 무엇인지를 밝힌다. 이
렇게 해서 꽉 막힌 좁음에서 공포를 발견하고, 이후 넓음에서 개방성과
행복을 알아낸다. 이 관찰 방식은 태아의 자세를 취한 성인을 보고 해소
되지 않은 탄생의 트라우마가 있다고 결론 내린다. 신체는 내면에서 일
어나는 사건을 외적으로 표현하는 경향이 있다.

수직적 사고는 깊이 파고드는 것을 지향하고, 수평적 사고는 표면과
현상의 세계를 기술한다. 이때 뚜렷한 평가가 끼어드는데, 현대 세계에
서 현상적인 것은 모두 중요하고 좋은 것으로 여기는 반면 뿌리와 관련
된 근본적인 것, 즉 래디컬Radical(라틴어로 '뿌리Radix'라는 단어에서 '래디
컬', '과격한', '극단적인'이라는 형용사가 파생되었다)은 위험하고 나쁜 것으로
여기기 때문이다. 깊이 파고드는 것을 두려워하는 한 수직적 사고와 그
사고에서 도출된 지혜도 두려워하게 된다. 그래서 래디컬이라는 표현은
본래의 의미를 잃고 욕설로 사용되는 것이다.

컴퓨터는 수직적 사고와 수평적 사고를 이해하고 구별하게 해준다.
컴퓨터는 워드 프로그램이라는 표면 차원에서 어마어마한 가능성을 제
공한다. 누구든 언어를 이용해 온갖 주제와 무수한 소재를 끊임없이 작
성할 수 있다. 이 문서 작성 행위는 컴퓨터의 수평적 이용자 차원에 해당
한다. 이때 컴퓨터는 상상을 초월한 기억력을 가진 전자 타자기처럼 작
동한다.

하지만 컴퓨터는 아이콘을 통해 좀 더 깊은 차원에 이른다. 그 차원

에서는 계산과 회계 프로그램, 음악과 비디오, 인터넷에 접근할 수 있다. 어쩌다 실수로 그보다 더 깊은 수준인 프로그램 영역으로 들어가면 일반인은 알 수 없는 난해한 외계어가 튀어나온다.

> 사용자 표시 화면에서 더 깊이 들어갈수록 영역은 더욱 강력해지는 동시에 더욱 단순해진다.

이 영역은 사람들 대부분에게는 수수께끼지만 프로그램은 앞의 영역들보다 훨씬 효율적으로 작동한다. 여기에서부터 컴퓨터의 내부 프로그램이 근본적으로 변한다. 따라서 이 영역은 프로그래머가 작업한다. 그리고 컴퓨터의 더 깊은 내면 활동으로 들어가면 컴퓨터는 아주 단순하고, 오직 0과 1로 구분되며, 매우 빠르다. 이 영역이 바로 음양의 대립성에 해당하겠다.

세계를 기술하는 체계를 관찰해 보면 다양한 형태가 결국 단순하고 서로 연결된 구조로 가는, 언제나 똑같은 길을 발견한다. 도교를 따르는 사람들이 그 길을 이용했고, 오랜 세월이 지난 후 컴퓨터 발명가가 그 길을 따랐다. 그들은 만물의 세계에서 시작해 한편으로 단일성, 즉 도를 인식하고, 다른 한편으로 다양성과 단일성 사이의 중개 영역이 필요하다는 사실을 인식했다.

도교인들은 단일성이 형체로 구체화될 때 음과 양을 가진 대립성이 생겨난다는 사실을 깨달았다. 그래서 그들은 음을 끊어진 선으로 묘사하고, 양을 이어진 선으로 묘사했다. 그러나 이 두 양극으로는 아직 천지 만물을 다 파악하지 못했다. 그러기에는 두 양극이 아직 충분히 세분화되지 않은 것이다. 그래서 그들은 각 음과 양을 뜻하는 두 개의 효爻(세 개가 한 쌍)를 조합해 괘卦(여섯 개의 효)와《역경》체계를 만들어 냈다.

음양 두 개의 효가 괘 속에서 각 여섯 자리를 가지면 괘는 2의 6제곱, 즉 예순네 가지의 형태를 가질 가능성이 생긴다. 전승에 따르면 《역경》의 64괘는 지구에 나타날 수 있는 모든 형태를 관찰해 만들어졌다. 이 견본을 이용하면 세상 만물의 변화와 현상 속에 숨어 있는 질서를 설명할 수 있다. 이것이 바로 《역경》의 방법이며, 도교인들은 이 길을 통해 세계에서 방향을 찾는다.

놀랍게도 유전학에서 이와 아주 비슷한 질서 구조를 볼 수 있다. 생명체의 기본 구성 물질인 단백질로 식물, 동물, 인간의 왕국에 이르기까지 다양한 생명 형태를 만들기 위해서는 배열 체계 또는 코드가 반드시 필요하다.

단백질 구조는 헤아릴 수 없고 정량화할 수 없지만, 모든 단백질은 단 스물다섯 개의 아미노산으로 이루어져 있다. 아미노산은 네 염기의 배열을 가지며, 염기가 일렬로 세 개씩 모여 트리플렛Triplet 코드를 형성한다. 이는 4의 세제곱이 되어 여기서도 또다시 예순네 가지 결합 가능성이 생긴다(과거에는 유전자 코드가 단 스물다섯 가지 가능성만 필요하다고 알려져 있었다. 이 부분은 우리가 더 풀어내야 할 문제였지만 현재 이 과제를 잘 해결해 낸 것으로 보인다). 또 염기쌍은 DNA 줄기에 열쇠와 자물쇠의 원리로 대응 배치되어 있는데, 이는 다시금 숫자 2가 되어 대립성으로 거슬러 올라간다. 따라서 열쇠와 자물쇠의 대립성을 거쳐 네 개의 염기, 염기 서열이 가진 예순네 가지 결합 가능성에 이른다. 다시 말해 모든 생명의 형태를 결정하는 데에는 예순네 가지 결합 가능성이 있다.

신체를 관찰할 때에도 비슷한 것을 발견할 수 있다. 사람은 외모로 다른 모든 사람과 구분된다. 쌍둥이도 지문까지 같지는 않다. 하지만 사람의 얼굴과 손이라는 외형에서 조금만 더 깊이 들어가면 지방 세포 영역에 이르는데, 지방 세포만 해도 이미 수많은 유사성이 발견된다. 화학적으로 우리는 모두 같은 세포를 가진다.

조금 더 깊이 들어가면 분자 영역에 이르는데, 여기서는 지방 분자뿐 아니라 탄수화물 분자도 모든 사람이 똑같다. 글리코겐Glycogen도 똑같고 콜레스테롤Clycogen과 지방질도 마찬가지다. 단, 단백질은 아직 개별적으로 구별된다.

한층 더 깊이 들어가면 우리는 모두 주기율표상 같은 원자들로 구성되어 있다. 그리고 각 원자는 '양전하를 띤 핵'과 '음전하를 띤 전자들의 전자껍질' 사이의 긴장으로 구조를 형성한다. 이는 다시금 우리를 대립성 영역에 이르게 한다.

심리학의 세계도 이와 비슷하다. 사람들은 표면적으로 저마다 각양각색의 문제를 가지고 있다. 배우자와의 문제만 해도 어마어마하다. 하지만 조금만 깊이 들어가 보면 심층 심리 차원에서 문제의 견본을 볼 수 있다.

정신 분석학자 지크문트 프로이트는 수만 명의 어머니와 아들에게서 발생하는 공통적인 문제를 오이디푸스 콤플렉스로 설명했다. 카를 구스타프 융의 이론을 바탕으로 한 심리 치료에서 어떤 커플에게 당신들의 갈등은 제우스와 헤라Hera의 원형적 갈등이라고 진단하는 경우 신화 이야기를 하자는 게 아니다. 당신들의 문제가 고대 그리스 사람들이 이미 겪었던 갈등이자 이후 수백만 명이 태고의 견본을 따르고 있다

> 모든 것이 하나다. 그리고 하나는 모든 것 속에 있다(그 사이에 많은 것이 있다).
> 하나는 많은 것과 모든 것 속에 있다. 그리고 모든 것은 하나 속에 있다.
> 많은 것은 대체로 과대평가된다. 우리의 세계가 늘 그렇다.
> '하나'는 과소평가되지만, 그것은 신에 해당한다.

는 사실을 알려주려는 것이다. 그런 원형은 상징을 통해 수많은 사람을 잇는다.

심층 심리보다 더 깊이 들어가면 종교의 세계가 나온다. 그 견본은 더 근본적이고 더 단순해지다가 결국 아담과 이브, 카인Cain과 아벨Abel, 선과 악에 이른다. 선과 악에 다다르면 다시금 대립성에 이른 것이다. 이 지점에 이르러야 비로소 대립성의 극복이 암시된다. 왜냐하면 모든 종교가 최종적으로 약속하기를 우리가 신처럼 될 수 있고, 그럼으로써 다시 하나가 될 수 있다고 말하기 때문이다.

이 모든 질서 체계와 법칙성은 삼각형이 된다. 이 삼각형은 외적 현상의 다양함을 거쳐, 대립성을 지나, 삼각형 끝에 있는 단일성으로 가려는 경향을 가진다.

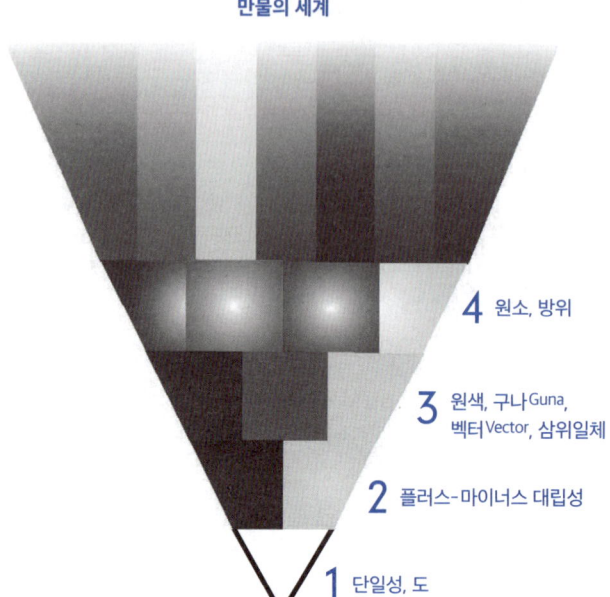

태초의 원칙의 구체적인 체계

학문적으로 제시된 가장 유명한 태초의 원칙 체계는 소크라테스 이전의 그리스 철학자 데모크리토스Democritos의 아이디어로 거슬러 올라간다. 데모크리토스는 원형을 추적 연구하면서 만물의 기본 구성 요소가 원자라고 했다.

현재 우리는 부분적이지만 데모크리토스의 아이디어가 옳다는 사실을 안다. 오늘날에도 자연 과학자들은 멘델레예프의 원소 주기율표 체계를 사용한다. 지구상에 이 원소들로 구성되지 않은 물질은 없다. 주기율표상의 원소가 태초의 기본 구성 요소이기 때문이다. 만일 그 원소 중에 없는 것이 발견된다면 주기율표는 확장되어야 한다. 그래야 태초의 원칙 체계로 계속 남을 수 있기 때문이다.

태초의 원칙 체계를 간단화한 예로 색의 체계를 들 수 있다. 화가가 옛 대가의 그림을 모사하려 할 때, 그림에 나오는 수많은 농담의 색을 모두 사지는 않는다. 화가는 무지개색에 해당하는 기본색을 섞어 여러 색을 얻는다. 그것이 화가의 태초의 원칙 체계다. 화가는 여섯이나 일곱 가지 무지개색에서 수많은 색의 농담과 음영을 만들어 낸다. 컬러 TV와 빔 프로젝터는 오직 3원색만 필요로 하고, 그 3원색에서 여러 색을 혼합해 다채로운 그림을 표현해 낸다.

예를 들면 3원색처럼 체계는 단순할수록 이해하기 쉽다. 하지만 또한 더 취약해지기도 한다. 단 세 가지 색만으로 만들어진 컬러 TV의 경우 화면이 매우 거칠어 보인다. 화가가 적어도 일곱 가지 색을 쓰면 그런 문제는 훨씬 줄어든다.

장수식長壽食 같은 학설을 보면 음과 양의 2체계는 많은 사람에게 편협한 식이 요법을 하게 만들었다. 그게 장수식을 만든 조지 오사와George Ohsawa의 책임인지는 알 수 없다. 서양의 4원소 또는 동양의 오행에 근거한 체계는 더 많은 식이 가능성을 제공한다. 이는 2체계에 비할 바 없이 더 안전하고 맛도 먹을 만하다. 하지만 12체계를 바탕으로 한 식이 요법이라면 맛도 더 좋을 것이다.

인도에서 만물의 기본 성질을 뜻하는 세 가지 구나(인도 사상에서 모든 존재와 마음을 구성하는 세 가지 성질, 사트바Sattva, 라자스Rajas, 타마스Tamas가 있나 - 옮긴이)는 서구 학문의 기본인 벡터(크기와 방향을 가진 물리량. 주로 화살표로 표기하며, 3차원에서는 X·Y·Z 축으로 표현된다 - 옮긴이)와 일치하는 것이라 또 하나의 3체계라 하겠다. 삼위일체도 태초의 원칙 체계로 이해할 수 있다. 세상을 창조한 창조의 신 브라흐마Brāhma, 그의 맞은편에 시바Shiva(파괴의 신)와 칼리(시바의 배우자, 우주의 어머니)가 있고, 둘 사이에 있는 비슈누Viṣnu(유지의 신)가 균형 잡힌 체계를 형성한다. 기독교의 삼위일체만 이 기준에 맞지 않는다. 왜냐하면 아버지, 아들, 성령은 여성 측면의 모든 것, 다시 말해 피조물의 절반을 고려하지 않기 때문이다. 그러나 사실 이것은 기독교 신앙의 문제가 아니라 기독교의 가부장적 신학의 문제다.

3원색(빨강, 노랑, 파랑)의 3체계 다음으로 6체계도 생각해 볼 수 있다. 모든 화가가 실제로 그러하듯이 세 가지 2차색(초록, 주황, 보라)을 받아들이면 6체계가 된다. 화가들이 새로운 색을 쓰기 위해 매번 색을 섞어야 한다면 무척 번거로울 것이다. 한편, 화가들은 수백 가지 색을 사용하지도 않는다. 아주 가끔 쓰는 물감을 마르지 않게 보존하려면 그 또한 무척 번거로운 일이다. 6체계는 때때로 3차색(2차색에 다른 색을 하나 더 섞은 색 – 옮긴이)을 더해 열두 가지 색으로 확장할 수 있다. 아무튼 이 열두 가지 색이 우리가 일상에서 쓰기에 가장 실용적이다.

역사가 흐르면서 또 다른 여러 체계가 생겨났다. 그 예로 고대의 일곱 행성 체계, 일곱 색의 무지개, 가톨릭 성사에서 일곱 가지 기원을 담은 주기도문, 일곱 가지 죄악 등의 7체계를 들 수 있다. 물론 이 체계에 관해서도 앞서 기독교의 삼위일체에서 말했던 것과 똑같은 이야

모자이크의 배후에는 아이디어가 있는데, 그 아이디어는 구성 요소를 가지고 그림을 만든다. 우리가 그림을 바꾸려면 그 아이디어를 알아야 하고, 구성 요소를 다루는 법을 이해해야 한다.

기를 할 수 있다. 즉 어떤 이유를 막론하고 태초의 원칙 체계에서 일부를 무시하는 일은 체계 전체를 파괴하는 것이다. 왜냐하면 그것은 태초의 원칙의 특성을 잃게 만드는 일이기 때문이다.

어떤 체계를 선택하든 상관없다. 다만 한 체계가 일관되게 적용되고 그 체계와 관련해 뜻을 같이하는 사람들이 충분히 있어야 한다. 그러지 않으면 서로 의사소통이 어려워진다. 서로 이해하고, 소통 가능한 같은 언어를 많은 사람과 공유하는 것은 더없이 큰 장점이다.

많은 사람이 법칙들을 이해하고 태초의 원칙의 도움으로 삶을 정돈하면, 더 깨어 있고, 더 책임 있는 삶을 향한 '근본적인 전환'이라는 큰 희망도 생겨난다. 거기에서 실제로 발전을 촉진하는 새로운 질서가 생겨날 수 있다.

열두 가지 태초의 원칙

우리가 제시한 태초의 원칙, 원형 체계는 원소의 원칙 체계와 똑같은 결과에 이른다. 다만 태초의 원칙은 형이상학적이고, 영혼과 정신 세계의 그림도 포괄한다. 그 밖에 태초 원칙은 앞에서 이야기한 역삼각형 모델을 그대로 따른다. 태초의 원칙은 만물의 모든 현상, 형태에 두루 통용되지만 지금까지 특히 영적 세계에 적용되었다. 영적 세계는 점성술에서 시작해 타로 카드를 아우르고, 연금술과 질병 증상의 해석에 이르기까지 범위가 폭넓다.

역삼각형의 끝부분에는 아주 뚜렷하게 단일성이 있다. 이 단일성은 음양 또는 대립성으로 갈라진다. 이어 불·물·공기·흙, 4원소가 있는 네 영역이 따른다. 물론 단일성은 4원소를 모두 관통한다. 그리고 음양의 대립성은 여기에도 계속 나타난다. 불과 공기는 양의 요소이고, 물과 흙은 음의 요소다. 그다음으로 태초의 원칙이 따른다. 이것은 만물의 세계와 연결되기 위해 가장 중요한 매개 역할을 한다.

태초의 원칙은 열 개의 행성으로 상징된다. 단 점성술과는 전혀 관계가 없다. 그저 점성술이 태초의 원칙 체계를 응용한 것이다. 우리는 열 개의 원칙을 기호 또는 철자로 정확하게 명명할 수 있다. 행성의 이름 또는 고대 그리스 신들의 이름은 익히 알려져 있고 지금도 여전히 유지되고 있다. 열 개 행성의 장은 수백 년 전부터 존재해 왔고, 이용되어 왔으며, 지금도 계속 사용되기 때문에 점성술과 혼동될 위험성이 없지 않다. 이 혼동의 위험은 10체계를 열두 개의 태초의 원칙으로 확장해서 열두 별자리와 일치시킬 때 더 커진다. 금성과 수성을 각각 두 별자리 속에 끼워 넣으면 문제없이 12체계로 확장된다.

다음 글을 보자. 다음 글이 위의 체계로 가는 마지막 단계를 수월하게 해줄 것이다.

> 1. 철, 동, 아연, 금, 청동, 백금, 은의 공통점을 발견하기는 쉽다. 왜냐하면 우리가 수평적 영역에서 하는 익숙한 생각과 일치하기 때문이다. 공통점은 물론 '금속'이다.
> 2. 철, 스포츠카, 창, 파편, 쐐기풀, 손톱, 칼, 전쟁, 선인장. 수직적 구조로 생각하는 게 익숙하지 않으면 이것들의 공통점을 찾아내기가 어렵다.

2번의 공통점은 바로 고대 로마 전쟁의 신 마르스(그리스 신화에서는 아레스Ares)에 해당하는 화성의 원칙이다. 이는 공격의 원칙으로 심리 분석가들에게도 관심의 대상이다. 이 대립 극에는 사랑의 원칙인 금성(비너스, 아프로디테Aphrodite)의 원칙이 있다.

또 다른 원칙으로는 태양의 원칙이 있고, 그 반대편에 리듬과 반사의 원칙인 달의 원칙이 있다. 제한과 삭감의 원칙인 토성(사투르누스, 크로노스)의 원칙도 있고, 그 반대편에 팽창과 성장의 원칙인 목성(주피터Jupiter, 제우스)의 원칙이 있다. 매개와 전달을 위한 태초의 원칙은 신의 메신저인 수성(메르쿠리우스Mercurius, 헤르메스)으로 표현된다. 이 행성들은 고전적 일곱 원칙의 심볼이며 요일도 이 원칙에 따라 배열되어 있다. 태양을 의미하는 일요일, 리듬과 여성을 상징하는 달에 바쳐진 월요일은 굳이 설명할 필요도 없다. 전투와 에너지를 뜻하는 화요일은 화성을 뜻하고, 수요일은 전달과 소통을 뜻하므로 수성과 관계가 있다. 성장을 뜻하는 목요일은 목성의 것이고, 금요일은 사랑과 화해의 금성과 관계되었다. 안정과 토대를 뜻하는 토요일은 토성과 관계가 있다.

단일성, 대립의 법칙, 4원소의 작용과 법칙성은 태초의 원칙 영역에서도 유효하다. 열두 개의 태초의 원칙이 모두 단일성의 표현이지만 그와 동시에 각각이 음과 양의 측면도 가진다. 그리고 이 모두는 4원소 중 하나에 속해 있다.

이 천체들 저편에는 아주 멀리 떨어져 있는 행성들이 있고, 이것들은 그래서 더 늦게 발견되었다. 해방된 모든 것, 광기와 규범 파괴의 원칙에 해당하는 천왕성(우라노스). 초월과 피안의 원칙을 의미하는 해왕성(넵튠). 지하 세계와 지하의 것, 그림자 원칙에 해당하는 명왕성(플루토Pluto).

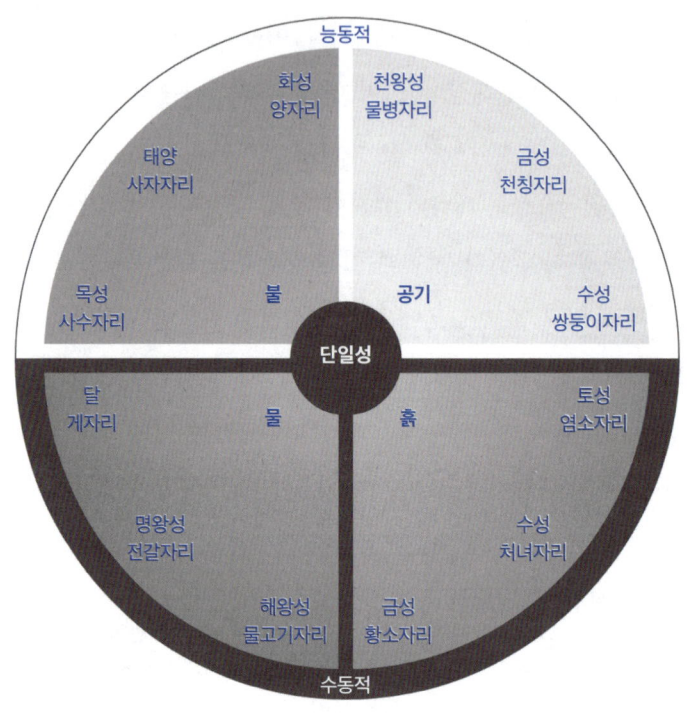

이 세 행성이 바로 그것이다.

세계의 표면 뒤에서 작용하는 태초의 원칙을 알고, 플라톤의 이데아 차원을 추구할 수 있는 사람은 자기실현과 계획을 실현하는 방법을 아주 쉽게 발견한다. 그는 본질적인 것을 전혀 바꿀 수 없는 기계적 조치 대신 중요한 주제와 관점에 집중한다. 문제가 발생하면 완전히 다른 수준으로 자신과 타인을 돕는다. 무엇보다 사전에 문제를 막을 수 있다. 태초의 원칙을 기초로 미리 변화를 일으켜 문제를 예방할 능력이 있기 때문이다. 반면 서구 의학의 예방법은 무언가를 일찍 아는 것에 지나지 않는다. 물론 뒤늦게 아는 것보다는 낫지만 이는 실제 예방과는 관계가 없다. 뭔가를 예방하려는 사람은 운명이 그를 굴복시키기 전에 그가 무엇에 스스로 굴복했는지를 알아야 한다. 그러나 그런 일은 오직 증상과 문제와 치료법이 알려져 있을 때만 가능하며, 이는 태초의 원칙을 통하는 게 가장 간단하다.

태초의 원칙을 알면 새해에 작심삼일로 돌아가고 마는 계획도 수월하게 실천할 수 있다. 왜냐하면 수직적 세계상의 법칙에 맞춰 무엇을 어떻게 적용해야 하며, 왜 좋은 뜻에서 시작했는데 한 번도 성공하지 못했는지 이유를 알기 때문이다.

그런데 유감스럽게도 태초의 원칙을 자세히 가르치고 배우려면 아주 많이 노력해야 한다. 태초의 원칙들은 실로 모든 것을 포괄하고 관통하고 있으므로 온갖 감각이 필요하기 때문이다. 그리고 원칙에 최대한 다가가려면 배움이 뼈와 살에 깊이 새겨져야 한다. 나는 지금까지 이 모든 것을 세미나에서 설명해 왔다. 이제 이것을 책으로 만들어 좀 더 많은 사람에게 전하려 한다. 인터넷도 이용할 것이다.[32]

자발적으로 이 원칙들에 맞추어 생활하려는 생각은 오래전부터 하고 있었다. 각 요일의 이름에서 알 수 있듯이 옛날에는 모든 요일을 각각의 원칙에 바쳤다. 그래서 모든 원칙을 골고루 합당하게 대하는 습관이 확립되었다. 한 해가 흐르는 중에도 달마다 해당 원칙이 특별한 관심과 인정을 받았다. 한 해의 12궁 모델은 그런 태도를 반영한다.

현재도 많은 사람이 소위 제5의 계절이라 부르는 카니발Fasching (매년 11월부터 다음 해 3월까지 개최되는 독일 축제-옮긴이)이 되면 전황성의 원칙인 해방에 헌신한다. 즉 의례의 범위 내에서 광기를 드러낸다. 또 휴가 때는 대부분 (빛나는) 태양이나 사랑·화해의 금성의 원칙을 따르고, 경

보이지 않는 질서 311

우에 따라서는 달과 아이들에게 헌신하기도 한다. 아무튼 휴가 때 질서와 일을 뜻하는 토성의 원칙에는 결코 헌신하지 않는다. 팽창과 성장을 뜻하는 목성의 원칙을 따라 장거리 여행을 떠나거나, 해방과 광기의 원칙인 천왕성의 영향 아래에서 독특한 소풍도 경험해 볼

> 우리는 삶이 요구하는 것을 자발적으로 내주거나, 강제로 가져가게 할 수 있다. 우리는 방법의 선택권은 가지지만, 하느냐 마느냐의 선택권은 가지지 못한다.

만하다. 어떤 이는 휴가를 해왕성의 원칙, 즉 초월과 피안에 바쳐 명상에 들어가기도 한다. 또 어떤 이는 '죽음으로써 이루어지는' 명왕성의 원칙에 자신을 바치기 위해 화산섬에 들어가는 등 근본을 파고드는 과격한 방랑을 한다.

원칙에 자발적으로 시간도 들이지 않고 인정한다고 표현하지 않으면, 원칙은 해소되지 않은 현상으로 우리의 관심을 끈다. 또 우리가 저항하는 정도에 따라 강제하기도 한다. 결국 모든 원칙을 자의적으로 존중하는 사람들은 행복하고 만족하며 산다. 그들은 그렇게 자신에게 선물을 주고, 세계도 그들에게서 선물을 받았다고 느낀다.

태초의 원칙 활용법

도벽과 수성의 원칙

기이한 환자의 이야기를 소개하고, 이어 태초의 원칙 중 하나를 인용해 신빙성을 더하려 한다. 한 교사가 도벽에 시달리고 있었다. 다시 말해

그는 뭔가를 훔쳐야 했다. 마치 신들린 듯, 또는 내면이 그를 강요하고 있었다. 그의 도벽은 전적으로 정신적 빈곤 탓이지 생활이 어려워서가 아니었다. 교사는 어느 정도 문제를 의식하고 도둑질을 하지 않으려고 최선을 다했다. 또한 훔친 물건을 장물아비에게 팔거나 하는, 보통 도둑들이 하는 짓도 하지 않았다. 물론 그는 교사 생활에 비해 지나치게 좋은 선물을 할 수 있었다.

그래서 그는 부인에게 좋은 인상을 심어줄 수 있었다. 부인이 그의 비밀을 알기 전까지는 말이다. 나중에 사실을 알게 된 부인은 그의 신경증적 문제를 이해하지 못하는 상태에서 최후통첩을 했다.

"계속 물건을 훔치면 당신을 떠나겠어."

알코올 의존자, 거식증 환자, 강박증 환자, 편집증 환자 등 신경증 환자들이 비슷한 일을 당한다. 사람들은 좋은 뜻에서 이들을 위협하지만 이는 실제로 아무 효과가 없다. 교사에게도 부인의 위협은 잠시 효과가 있었을 뿐, 그는 다시 도둑질을 시작했다. 그리고 어느 날, 부인이 정말로 그를 떠났다. 교사는 깊은 절망에 빠졌다.

교사에게 심리 치료를 받을 것인지, 문제를 합리화할 것인지 선택을 맡겼더니 그는 후자를 택했다. 무엇보다 부인을 잃은 것 말고는 도벽으로 불이익을 당한 적이 한 번도 없었기 때문이다. 그는 근시안적으로 사회가 부당하다며, 소유 행태가 너무 불균형하다는 구실을 들어 자신을 정의의 사도라고 했다. 한마디로 신경증 환자의 역할에서 슬쩍 빠져나가 비밀에 싸인 위대한 구원자를 자처한 것이다. 세상에는 로빈 후드Robin Hood와 조로Zorro같이 구원자 원형의 인물도 있다.

그는 이 자화상으로 잘 살 수 있었고, 더욱이 현장에서 한 번도 붙잡히지 않았다. 그는 소소한 영웅 행위도 실천했다. 보이스카우트처럼 매일 한 가지씩 착한 행동을 하는 것이었다. 어느 날 그는 낯선 여성이 스스로 살 수 없는 값비싼 물건을 가지고 싶어 한다는 사실을 알았다. 그는 여성에게 말을 걸었다. 그는 15분 후에 어떤 카페에 가보면 당신의 꿈과 관련된 놀라운 기적을 경험할 것이라고 말했다. 여성이 당황스러워하면서도 어쨌든 카페로 간 사이 그는 여성에게 줄 '선물'을 마련했다. 이어 소년을 시켜 그 여성에게 훔친 선물을 주었다. 여성이 놀라서 어안이 벙벙해 있는 사이 그는 또다시 작업에 들어갔다.

일이 척척 돌아갔다. 교사는 다시 사랑에 빠졌고, 엄청난 선물 공세로 새 애인을 즐겁게 했다. 하지만 애인도 그의 비밀을 알게 되었다. 애인 역시 최후통첩을 했지만 그래도 이번에는 어느 정도 그를 이해했다.

"당신이 심리 치료를 받지 않는다면 떠나겠어."

교사는 여름방학 때 마지못해 치료 센터를 찾아왔다. 자발적 동기가 적은 탓에 그림자 통합 심리 치료에서는 아무 소득이 없었다. 또다시 여성에게 버림받을 거라는 다모클레스의 검 Sword of Damocles(환락 중에도 늘 존재하는 위험에 관한 비유 - 옮긴이) 외에 교사는 압박을 받지 않았다. 더 나아가 무언가를 훔치는 일에는 장점이 더 많았다.

나는 이 문제를 신의 메신저인 수성의 원칙에 맡겨보자고 제안했다. 교사는 어떤 도구도 없이 두 손만으로 허리띠며 남이 쓰고 있는 안경도 훔칠 수 있었다. 그는 훔치는 행위를 무척 좋아했다. 비디오카메라가 감시하고 있어도 그것마저 속일 수 있을 만큼 은폐의 대가가 되었다. 나는 그에게 서커스에 나가 소매치기 공연을 하거나 카페에서 쇼를 해보는 것은 어떠냐고 제안했다. 그는 그 일에 흥미를 보이지 않았다. 우리는 그가 사회에서 벌이는 기이한 행동과 로빈 후드 역할을 해석하기 위해 회의를 열었고, 내면의 그림에서 그 증상을 대체할 만한 그림을 발견했다. 그것은 수성의 원칙에 잘 맞는 그림이었고, 게다가 합법적인 일이었다.

> 신이 우리 안에 살고, 신의 추진력을 통해 우리가 불타오른다.
> -오비디우스Ovidius

그는 대형 백화점의 책임자를 찾아가 이 백화점의 보안이 얼마나 허술한지를 한 주 동안 무보수로 보여주겠다고 했다. 책임자는 그의 제안을 거절하지 않았다. 이 절도광 교사는 백화점 후문 입구 가까이에 공간을 마련해 두고 여성 비서에게 일주일 내내 훔친 물건을 가져다줄 테니 번호를 매겨 기록하라고 지시했다. 그리고 책임자에게 이번 주 경비를 특별히 철저히 하라는 지시를 내리라고 했다. 그는 일주일 내내 수많은 귀중품을 앞문으로 가지고 나갔다가 후문으로 다시 가지고 들어왔다. 일주일 후, 교사는 백화점 책임자 앞에 그동안 훔친 물건들을 모조리 늘어놓았다.

망연자실한 백화점 책임자에게 교사가 도와주겠다고 나섰다. 물론 나는 교사에게 적절한 보수를 받으라고 조언했다. 교사는 백화점 책임자에게 현기증이 날 만큼 많은 보수를 제안했다. 하지만 책임자에게 그 금액은 판매원과 보안 요원에게 3주간 지불하는 급료밖에 되지 않는 적절한 금액이었다. 백화점 직원들은 교사가 '작업'하는 것을 지켜보아도 된다는 허락을 받고 촬영을 하기도 했다.

교사에게 그 3주는 수성의 원칙인 메신저 역할을 충실히 한 즐거운 기간이었다. 왜냐하면 사람들을 속이고 우롱하며 우쭐한 기분을 느꼈기 때문이었다. 여기서 수성의 원칙은 충분히 몫을 다했고, 백화점 책임자는 교사가 기대했던 금액보다 훨씬 많은 보수를 흔쾌히 지불했다. 교사는 생각보다 돈을 더 많이 벌었고 보안 요원들은 많은 것을 배웠다. 태초의 원칙에 근거한 실로 윈윈Win-Win 상황이었다.

> 가지고 있으면서 주지 않는 것은, 어떤 경우에는 훔치는 것보다 더 나쁘다.
> -마리 폰 에브너에셴바흐 Marie von Ebner-Eschenbach

이렇게 해서 우선은 문제가 해결되었다. 교사의 애인은 무척 좋아했다. 애인은 정직하게 번 많은 돈을 마다할 이유가 없었다. 교사는 여가를 이용해 아르바이트를 하기 시작했다. 그러다가 결국 학교를 1년 휴직하고 집을 지을 돈을 벌기 위해 더 수입이 좋은 제2의 전문직에 뛰어들었다. 도벽의 근원을 파고드는 심리 치료를 받기 위해 성숙하기까지는 수년이 더 걸렸다. 물론 그의 도벽은 그때까지도 계속되었다. 마침내 치료를 시작했을 때 그는 '합법적인 방법으로 물건을 훔쳐 돈을 모았던 일'이 얼마나 즐거웠는지를 의기양양하게 이야기했다.

할리우드와 태초의 원칙

수성의 원칙과 관련해 스티븐 스필버그 Steven Spielberg 감독의 훌륭한 영화 〈캐치 미 이프 유 캔 Catch Me If You Can〉이 간간이 생각난다. 영화에서 리어나도 디캐프리오 Leonardo Dicaprio가 연기한 인물, 희대의 젊은 사기꾼이자 수표 위조꾼이기도 한 프랭크 아바그네일 Frank Abagnale은 수성의 원칙에 따른 레퍼토리를 화려하게 보여준다. 그는 삶의 첫 번째 단계에서 톰 행크스Tom Hanks가 연기한 미국 연방수사국Federal Bureau of Investigation, FBI 요원에게 쫓기는, 수백만 달러를 꿀꺽한 범죄자로 세월을 보낸다. 두 번째 단계에서 그는 위조 수표 전문가가 되어 다시금 수백만 달러를 벌어들인다. 이 영화는 원칙들의 가치 중립성에 관한 훌륭한 교훈극이자 계층 전환이 가능한 미국 사회의 개방성을 보여준다. 반면 독일어권 사회는 엄격한 평가 기준과 요지부동의 계층 벽 때문에 무수한 잠재력이 낭비된다.

이를 분명하게 보여주는 또 하나의 예가 있다. 해커들의 위협이 날로 커지자 독일 정부는 그들의 소행을 막기 위해 관리 위원회를 소집했다. 독일 공무원들이 팀을 구성해 하루 여덟 시간씩 해커와 싸우기로 했다는 결과가 알려졌을 때, 어떤 이는 해커들이 크게 두려워할 것이라 여겼을지 모른다. 하지만 태초의 원칙을 아는 사람들에게 그 소식은 헛웃음밖에 나오지 않는 이야기였다. 천왕성의 원칙에 따라 규범을 파괴하는 똑똑한 해커들과, '제한'이라는 토성의 원칙에 해당하는 독일 공무원이 싸운다는 것은 정말 터무니없는 일이다. 공무원 팀은 처음부터 상대가 되지 않았다.

미국에서는 반대로 많은 돈을 내걸고 법에 도전하라며 최고의 해커들을 부추겼다. 해커들은 도전에 응했고 미국은 그 덕에 부실한 부분을 개선했다. 감형을 보장받고 공범자에 관해 불리한 증언을 하는 '공범 증인[33]'과 비슷한 해결책은 독일 사람들의 법 이해에 비추어 볼 때 문제가 있다. 공범들을 고발함으로써 범죄자들이 상대적으로 빠르게 사회에 복귀하고, 몇몇은 처벌을 받지 않는다. 미국인들은 범죄자를 계몽하는 기회를 늘리기 위해 '즉석 복귀'라는 대가를 치르는 것이다.

훌륭한 할리우드 영화를 보는 사람은 태초의 원칙이 너무도 자주, 딱 들어맞는 게 우연이 아니라는 인상을 지울 수 없다. 예외가 많은 독일 영화와는 다르다. 스티븐 스필버그 같은 영화감독은 태초의 원칙에 충실하다. 그는 자신의 만든 모든 영화에서 태초의 원칙을 자유자재로 다룬다. 〈스타워즈 Star Wars〉 4부작을 만든 조지 루커스 George Lucas도 마찬가지다. 위대한 신화학자 조셉 캠벨 Joseph Campbell이 할리우드 영화감독들에게 신화에 나오는 태초의 원칙과 원형에 관한 수업을 했다는 이야기도 있다.

미국 영화는 국가에서 어떤 지원을 받지 않아도 늘 세계적인 성공을 거둔다. 독일 영화가 국가에서 엄청난 지원을 받으면서도 대부분 큰 성과를 내지 못하는 것과 대조적이다. 어쨌든 잘 만든 영화에서는 태초의 원칙을 배울 수 있다. 전쟁 영화에서는 화성의 원칙을 배울 수 있고, 사랑이 주제인 영화에서는 금성의 원칙을 자세히 알 수 있다. 좋은 영화는 태초의 원칙이 다른 것과 조화를 잘 이룬다. 태초의 원칙을 의식적으로 활용하지 않는 사람들도 본능적으로 그 점을 아는 것 같다.

관객을 사로잡을 긴장감을 조성하기 위해서는 적어도 두 가지 태초의 원칙이 활용되며, 대조되는 태초의 원칙이 전면에 나오는 게 효과 면에서 가장 좋다. 그 때문에 전쟁 영화에 사랑 에피소드가 곁들여질 때가 많고, 낭만적인 영화에서도 잠시 싸우는 장면이 나오는 것이다.

태양과 달의 두 원칙은 옛날 프랑스 영화 〈세 남자와 아기 Drei Männer und ein Baby〉에서 훌륭하게 공부할 수 있다. 또는 브루스 윌리스 Bruce Willis 가 나오는 디즈니 Disney 영화 〈키드 The Kid〉에도 태양과 달의 원칙이 나온다. 화성과 금성의 원칙이 결합된 영화로는 캐슬린 터너 Kathleen Turner와 마이클 더글러스 Michael Douglas 주연의 〈장미의 전쟁 The War Of The Roses〉

이 있다. 수성과 목성의 원칙은 스티브 마틴Steve Martin, 데브라 윙거Debra Winger, 리엄 니슨Liam Neeson이 나오는 〈기적 만들기Leap of Faith〉에서 절묘하게 결합되어 있다. 토성과 천왕성의 원칙은 〈해럴드와 모드Harold And Maude〉에 사용되었고, 해왕성과 명왕성의 원칙은 존 부어먼John Boorman 감독의 〈에메랄드 포리스트The Emerald Forest〉에서 볼 수 있다.

마약과 해왕성의 원칙

예전에 나는 소규모 마약 중독 클리닉에서 해왕성의 원칙을 자연스레 배웠다. 68학생운동에 참여했던 정신과 의사들이 함께 모여 작은 건물에서 클리닉을 운영하던 때였다. 의사들은 열심히 일하며 환자를 '고객'이라고 불렀다. 당시로서는 일반적이지 않은 일이었다. 고객들은 자유로웠다. 원하는 사람과 어디서든 자는 것이 허락되었고, 무료로 피임약도 제공받았다. 방이든 홀이든 사방에서 로큰롤이 시끄럽게 울려 퍼지는 바람에 처방전을 받아쓰는 것도 어려울 지경이었다. 분위기는 좋았지만 신경이 바짝 쓰이기도 했다. 환자들을 자유롭게 생활하게 하면서 빈틈없이 감독한다는 건 분명 모순적인 일이었다.

클리닉은 무척이나 관대했지만 다른 한편으로 사소한 일이 엄격하게 금지되었다. 예를 들어 당시에는 '천상의 음악'이라 불렸던 명상 음악을 틀거나 향을 피울 수 없었다. 명상도 금지되었고, 인도의 전통 복장인 룽기Lungi를 입는 것도 금지였다. 룽기는 히피들이 인도에서 들여와 이후 여성해방운동 때 입었던 치렁치렁한 옷이다. 나는 이상하다는 생각이 들어 수석 의사에게 왜 그런 걸 금지하느냐고 물었다. 수석 의사는 그런 것이 모두 중독에 해당하기 때문이라고 대답했다. 그러니까 중독에 관련된 환경을 모조리 없애려 했던 것이다.

나는 그곳 의사들이 초월을 원칙으로 하는 해왕성의 장과 충돌했다는 사실을 나중에야 짐작했다. 의사들은 많은 것을 금지하는 전형적인 역증 요법을 실시했다. 그 결과 다른 일반 정신과 의사들과 비교해 재발률이 비슷하게 높았다. 일반 정신과 의사들이 마약 금지 처방 외에 아무것도 제공하지 않았던 반면, 우리는 어마어마하게 많은 것을 제공했어도 재발률이 높았다. 당시 우리는 틀린 원칙을 적용했던 것이다.

역증 요법 의사들은 증상이든 원칙이든 그것을 억압함으로써 장기적인 성과를 얻을 수 있다고 생각한다. 하지만 이건 착각이다. 그보다 더 효율적이고 유일한 방법은 해소되지 않은 태초의 원칙 중 하나를 해소해 주는 것이다.

태초의 원칙은 삶에서 결코, 완전히 몰아낼 수 없다.

다시 말해 해왕성의 원칙을 알고, 그 원칙 안에서 중독과 구도가 상호작용을 한다는 사실을 아는 사람은 환자가 신비로운 것을 매우 동경한다는 사실도 안다. 따라서 향 피우기와 명상 음악 듣기를 금지할 게 아니라 오히려 모든 병실에 제공해야 한다. 또 마약 중독자에게는 다양한 형태의 명상과 더불어 기도와 종교도 대안이 된다. 마약 중독 클리닉을 바다 근처에 마련하고 건물을 바다색으로 칠하는 것도 좋을 것이다. 펄럭거리는 옷도 환자복이 될 수 있다. 신비와 초월과 종교를 향한 관심을 계속 장려하고 이와 관련된 이야기를 나누어야 한다. 나는 치료 센터에서 20년 넘도록 중독자를 경험하면서 이런 필요성을 늘 확인했다.

당시 우리 클리닉에서도 이를 깨달았어야 했다. 우리는 예수단Jesus People 종파를 받아들였다. 그들은 성서를 단어 그대로 해석해 설교하는 단순한 기독교도들이었다. 또 인도의 구루 마하리시 마헤시 요기Maharishi Mahesh Yogi의 추종자들이 진언을 읊어댔다. 그런 사람들이 들어오자 우리가 정신과 지식에 의존해 엄청난 비용을 들였던 것보다 치료율이 훨씬 높아졌다.

곰곰이 생각해 보니 우리 클리닉이 일반 정신과와 다름없이 재발이 빈번했던 이유를 분명하게 알 수 있었다. 우리는 환자들이 필요로 하는 것을 제공해 주지 않았고 그들이 찾는 것을 빼앗기만 했다. 그러니 환자들이 정신적으로 무기력해질 수밖에 없었다. 표면적으로는 치료가 되는 것처럼 보였다. 의사가 환자에게서 마약을 빼앗고 애정을 주었기 때문이다. 그러나 이런 방법은 태초의 원칙 차원에 존재하는 다른 법칙성 때문에 소용이 없었다. 즉 환자들이 약물에 손을 댄 것은 해왕성의 원칙에 따른 결정이었고, 우리는 그 일을 금지했다. 대신 우리는 환자들에게 금성(애정)의 원칙을 제공했지만 애정은 그들이 가진 문제에 해당하지 않는 주제였다.

의학계에서는 일을 한층 더 극단으로 몰고 간다. 그들도 역시 환자에게서 마약과 함께 해왕성의 원칙을 제거하고 대신 토성의 원칙 아래에 있는 질서, 정확성, 청결, 신뢰 같은 덕목을 강요한다. 그 일은 아직 더하기도 못하는 학생에게 곱하기를 하라고 몰아대면서 아무리 가르쳐도 아이가 못 알아듣는다며 의아해하는 것과 같다.

원칙 자체를 제거해서는 안 되고, 그 원칙에서 비롯된 문제(초월과 피안의 세계를 추구하다가 생기는 어려운 문제) 상황을 해소하는 것이 가장 좋다. 다시 말해 어떤 사람이 삶의 의미를 추구한다면서 그릇된 강가에 도착했다면 그가 추구하는 것을 전적으로 금지할 게 아니라 그의 배를 다시 물에 띄워야 한다. 그리고 무언가를 계속 찾아 나서도록 적극적으로 도와 더 좋은 강가에 가게 해주어야 한다.

어쩌면 중독자에게는 자신과 같은 나쁜 경험을 하고, 그것에서 마침내 헤어난 사람이 가장 큰 도움을 줄 수 있겠다. 이는 미국에서 별문제가 없지만 만사를 우려하고 저지하는 사람들로 가득한 독일어권 국가들에서는 불가능한 일에 가깝다. 최고의 마약 중독 치료사는 당연히 한때 마약 중독자였던 사람일 것이다. 그들은 마약 중독

중독과 구도는 지옥과 천국처럼 서로 연결돼 있다. 중독과 지옥을 금지하는 것은 구도를 제지하고 천국에 울타리를 치는 것과 같다. 결국 마약과 지옥이 활개를 치게 된다.

자 봉사 기관에서 자신과 타인의 건강을 위해 단계적으로 일했고, 성공적으로 자리를 옮긴 후에 마약의 세계를 지배하는 해왕성의 원칙을 잘 알게 되었다.

루돌프 슈타이너의 예

루돌프 슈타이너는 태초의 원칙에 관한 지식 때문이 아니라 태초의 원칙이 그의 인생에 미친 영향 때문에 유명해졌다. 먼저 그는 교육학을 전공하지 않았지만 마리아 몬테소리Maria Montessori의 학교 다음으로 중요한 대안 학교인 발도르프 학교Waldorfschulen를 창립해 전 세계에 퍼뜨렸다. 슈타이너의 대안 학교에 발도르프아스토리아 담배공장Waldorf-

Astoria Cigarette Factory이 후원금을 지원했는데 그 일도 당시로서는 훨씬 앞선 미래를 내다본 일이라 지금도 슈타이너의 교육학이 그 회사 이름으로 불린다.

또 루돌프 슈타이너는 의학을 전공하지 않았는데도 인지학에 근거한 의학의 기초를 구상했다. 대체 의학의 하나인 인지학 의학에서 나온 겨우살이 면역 치료법은 의학에 도입되었다. 그리고 슈타이너는 루돌프 하우슈카Rudolf Hauschka와 약물학의 기초도 창안했다. 그들은 방부제와 독을 가하지 않고 주기적인 리듬을 통해 약물을 안정화하는 방법을 배웠다. 현재 발라Wala와 벨레다Weleda 제약 회사가 이를 계승하고 있다.

슈타이너는 농경학을 전공하지 않았지만 오늘날 데메터Demeter 같은 유기농 회사뿐 아니라 대안 농업에서 큰 이익을 거두고 있는 생명 역동 농업(토양에 생명을 불어넣고, 품질이 좋은 농산물 생산을 목표로 하는 농업 방식-옮긴이)의 기초를 세웠다. 더 나아가 슈타이너는 크리스텐게마인샤프트Christengemeinschaft라는 영적 내용을 중시하는 기독교회의 기반을 세웠다. 또 건축학을 전공하지 않았는데도 건축계에 새로운 형태를 도입했다. 도르나흐Dornach 지방에 있는 괴테아눔Goetheanum 건

창조된 모든 것은 비유다.
-괴테

물이 그것으로, 괴테아눔은 인지학 발전의 거점이 되었다. 그리고 슈타이너는 예술을 공부하지 않았지만 그의 조형학은 하나의 주류를 형성했다. 슈타이너는 스페인 건축가 안토니오 가우디Antonio Gaudí와 독일 화가이자 건축가 프리덴스라이히 훈데르트바서Friedensreich Hundertwasser에게 큰 영감을 주었다.

루돌프 슈타이너는 삶에서 핵심적인 모든 영역에 중요한 기여를 했다. 이는 그가 운명의 법칙을 자유자재로 다루었고, 태초의 원칙을 활용했기 때문이다. 이와 비슷하게 태초의 원칙에 관해 확실히 이해한 사람은 사회의 모든 중요한 분야에서 생각을 나눌 수 있다.

한 사람이 망망대해나 다름없는 광범위한 의학 분야에서 어떤 질병의 증상에 관한 문제를 설명하고 있다. 이 사람에게 질병의 이면에 있는 원형을 해석하고 해결책을 내놓으라고 말한다면 과도한 요구일 수 있다. 이것을 《상징으로서의 질병》에서 다룬다. 물론 《영혼의 거울로서의 육체》에서 든 예처럼 건강한 신체도 태초의 원칙으로 해석할 수 있다. 또 삶의 법칙과 태초의 원칙을 기초로 삶의 과도기적 배경과 위기를 파악하는 방법은 《발전의 기회인 삶의 위기Lebenskrisen als Entwicklungschancen》에 기술해 놓았다. 돈의 비밀도 그런 방식으로 풀 수 있다. 《돈의 심리학》에서는 돈을 수월하게 다루는 법을 배울 수 있다. 정치와 경제를 비롯해 기후 변화, 현대의 노예제, 홍수 등 세계의 수많은 문제는 《세계는 어떤 병을 앓고 있는가 Woran krankt die Welt?》에서 태초의 원칙을 바탕으로 이해하기 쉽게 설명했다.

결국 태초의 원칙을 외면하는 주제는 없다. 다시 말해 삶의 모든 영역이 이데아의 영역에 있고, 수직적 세계상의 이해를 돕기 위해 열려 있다.

현실의 파이 조각에서 종합 대학교로

파이의 한가운데에 앉아 있다고 생각하는 사람은 자신이 파이의 모든 부분과 닿아 있다고 여긴다. 파이 조각들의 끝부분이 모두 중앙에 있는 점 내지 단일성에 맞닿아 있기 때문이다. 단일성의 의식 속에 사는 사람도 같은 생각을 한다. 그도 모든 것이 단일성에 맞닿아 있는 부분을 가지고 있다고 여기기 때문이다. 그러니까 중심에서 나와 행동하는 사람은 모든 것에 이르는 통로를 발견한다. 이는 파이의 테두리 부분에 고립되어 그것이 세상의 전부라고 여기는 사람과는 반대다.

이 비유는 책의 처음에 언급한 피타고라스의 두 학파에서 가져왔다. 단일성과 삶의 법칙에 관해 이해하고 행동하는 내부 서클은 주변부에 앉아 전혀 이해할 수 없는 결과를 이리저리 굴려보는 학파보다 사물의 본질에 더 가까이 있다.

사람도 마찬가지다. 자신의 중심에서 살고, 전체의 중심에 관해 아는 사람은 모든 것을 이해하기 때문에 전체에 이르는 방법을 쉽게 발견한다. 시각이 360도로 넓기 때문이다. 그는 의식적으로 모든 것과 공명을 일으킬 수 있다. 반대로 고립된 채 주변부에 앉아 있는 사람은 협소한 자신의 영역을 전부라고 여기기 때문에 전체적인 움직임을 파악할 수 없다. 조금 움직여 봐도 곧 무기력해지는 자신을 볼 뿐이다. 이로 인해 특히 타인을 향한 투사와 음모론이 쉽게 생긴다. 그는 자신이 어떤 나쁜 일에 엮여 있기 때문에 일이 생각과 다르게 흘러간다고 여긴다.

파이 비유에서 또 다른 깨달음도 얻을 수 있다. 빌헬름 훔볼트Wilhelm Humboldt와 알렉산더 훔볼트Alexander Humboldt 형제는 대학교를 파이 모델에 따라 새로이 구상했다. 훔볼트 형제는 다양한 학과에서 학자들이 각자 연구하는 학문을 통합해(파이 비유에서 '중심'에 모이도록) 시파를 교환하게 하자고 생각했다. 후기 라틴어에서도 '전체, 결합Universitas'은 '완전한, 온전한Universus 34'이라는 단어에서 파생했다. 또 수많은 학자가 외형의 다양함 속에서 나오는 결과를 탐구하는데, 그 결과는 항상 단일성으로 이어진다.

그런데 오늘날 '대학'에 다닌다고 해서 '전체'를 중시하는 사람은 드물다. 그들은 다만 각각의 '학과'에 다니고 있을 뿐이다. 왜냐하면 수많은 학과가 크게 발전했지만 심층에 연결된 단일성은 안중에 없기 때문이다. 삶의 법칙들과 태초의 원칙에 관한 이해를 도움 삼아 옛날의 놀라운 생각에 다시 접근해 보면 어떨까. 현대의 발전을 서로 연계하면 지금도 대단히 많은 일을 이룰 수 있다.

유감스럽게도 현재는 수많은 학과가 전혀 협력하지 않는다. 독일에서는 정신과 의사들이 수면 연구를 담당한다. 이들은 실험실에서 하는 수면 연구를 통해 사람은 규칙적으로 꿈 또는 렘수면 단계에 들어야 하며, 그러지 못할 때 눈을 뜬 상태에서 꿈의 장면을 보는 시각적 환각에 시달린다는 사실을 안다. 안타깝게도 이 사실은 다른 분야의 의사들에게 전달되지 않는다. 예를 들어 수유하는 산모들에게 나타나는 수유 시 불안 장애를 수면 연구 전문 정신과 의사들이 본다면 곧바로 렘수면 단계가 빠졌을 때 나타나는 증상이라고 할 것이다. 하지만 다른 의사들은 보통 신경 이완제를 처방한다. 수유 시 불안 장애를 겪는 산모는 즉시 수유를 중단해야 하고 최악의 경우 어머니와 신생아를 격리해야 한다. 그리고 이 증상의 여성에게 정말로 필요한 것은 젖먹이에게 우유병을 물려주어 산모를 렘수면 단계에 들어가게 해줄 남편일 것이다.

> 만다라는 모든 것을 중심에 포함하고 있는데, 중심은 보이지 않고 오직 느낄 수만 있다. 반면 주변부에 있는 많은 것은 잘 보이고 추적할 수 있다. 그 때문에 그릇된 방향으로 가는 말에 올라탈 위험이 생긴다.

만일 바이러스학과 전염병학의 연구 결과를 서로 교환했다면 청결하지 않은 음경의 포피에서 스메그마Smegma가 생기고, 이에 의한 유두종 바이러스가 자궁암을 유발할 수 있다는 사실을 아주 오래전에 알았을 것이다. 그러면 값비싸고 위험한 접종35 대신 다른 예방법, 즉 청결에 적극적으로 신경을 썼을 것이다. 예를 들면 애인에게 사랑을 나눌 건지, 암을 만들 건지를 일찍이 물어봐야 한다고 가르칠 수 있지 않을까?

삶을 행복하게 유지하기 위한 해결책은 경쟁이 아니다. 중심에서의 협력, 시너지 작용이 삶을 행복하게 유지하게 하는 해결책이다.

태초의 원칙 세계에 관한 옛 생각

옛날 사람들은 불안을 일으키는 대상과 맞닥뜨리면 모든 수단을 동원해 그것을 없애려 했다. 살아남으려면 앞으로 닥칠 일을 미리 아는 것이 무엇보다 중요했다. 또 옛날 사람들은 모든 일의 뒤에 있는 신의 섭리를 예감했다. 이런 까닭에 사람들은 신의 뜻을 알아내려고 애썼다. 그래서 신의 뜻을 해석하는 방법을 고안해 냈다. 도교인의 선조는 말린 서양톱풀 줄기 묶음을 이용해 신탁을 점치는 방법을 고안했고 나중에 그것이 《역경》이 되었다. 비록 방향은 다르지만 사람들은 이때 이미 원형 차원과 접촉했다.

게르만German인은 고대 룬Rune 문자로 비슷한 일을 시노했다. 북구 최고의 신 오딘Odin의 신화에서 유래한 이 신비한 상징도 조금 발전하기는 했어도 그것 역시 원형 체계였다. 사람들은 철자를 새긴 룬 막대기를 던지고, 떨어진 모양과 상태를 통해 신들의 조언을 속삭일 수 있었다. 룬 문자에서는 오늘날 사용하는 알파벳만 발전한 게 아니다. 의사소통이라는 룬의 목적도 여전히 남아 있다. 다만 옛날에는 신과 사람들과의 의사소통이었던 반면 지금은 사람들 사이의 의사소통이라는 점이 다를 뿐이다.

어떤 문화에서는 동물의 내장을 들여다보거나 성스러운 닭 또는 새가 날아가는 모양을 관찰하기도 했다. 하늘을 관찰하는 것에서 '명상Contemplation'이라는 단어가 파생되었다. 고대 로마에는 이른바 '새 점치는 사람(예언자)'이 저마다 '성역Templum'이라 부르는 하늘의 구역을 가지고 있었다. 처음에는 새가 날아가는 모양만 관찰했고 나중에는 구름과 기후도 살피기 시작했다. 그것이 날씨 예보의 초기 형태가 되었다. 새 점을 치는 사람들은 자신이 담당하는 하늘의 구역 '성역'에서부터 각자 담당하는 세상의 구역을 정하게 되었다. 그리고 세월이 흐르면서 그것을 '사원Tempel'이라고 불렀다. 라틴어에서 'Con-'은 '~와 함께'는 뜻이다. 그렇게 예언자들은 하늘의 구역과 지상의 구역을 연결했다. 여기서 '명상'이 생겨났다.

조상들은 이런 유추 사고법을 통해 다양한 영역들을 그들의 현실에 연관시킴으로써 현실을 더 잘 통찰하려고 했다. 결국 그들은 한 영역을 근거로 다른 영역을 추론할 수 있게 된다. 방법을 능숙하게 다루는 한 어떤 체계를 이용하든 상관이 없다. 물론 그 영역은 쉽게 접근할 수 있고 신빙성이 있어야 했다. 그 대상으로 하늘이 가장 적

> 왜 가라앉은 커피 찌꺼기에서 진실을 찾을까? 와인에서 찾는 게 훨씬 편하지 않은가?
> -영화배우 자크 브렐Jacques Brel

합했다. 새들이 날아가는 것보다 더 높은 하늘을 올려다보자 황도의 영역에 이르렀을 것이다. 그리고 행성과 행성의 주기를 이상적으로 관찰할 수 있는 지점을 찾는 일이 점성술이 되었고, 점성술은 여러 학문 가운데 태초의 왕이 되었다.

유추 사고의 무덤을 파는 자: 가짜 인과성

유추 사고를 이야기할 때 확실하게 알아두어야 할 것이 있다. 이 영역에 인과성을 끌어들여서는 안 된다. 인과성이 끼어들면 전체가 우스꽝스러워진다. 그런데 바로 이런 일이 대중 점성술에서 자주 일어난다. 신의 뜻을 예언하고 파악하는 장이 오늘날에도 얼마나 강력한지는 신문의 별점란을 보면 잘 알 수 있다.

우리는 일상에서 이 영역을 가지고 저 영역을 추측하지만 그렇다고 거기에서 인과성이 생겨나지는 않는다. 이는 단순한 예로 쉽게 알 수 있다. 사냥개가 아무리 자주 토끼를 뒤쫓는다 한들 사냥개가 원인이 되어 토끼가 등장하지는 않는다. 뉴스 방송이 나온다고 해서 오후 8시가 되는 것도 아니고, 오후 8시가 되었기 때문에 뉴스 방송이 나오는 것도 아니다.

어떤 사람이 매일 오전 7시에 출근하고, 토요일에만 아침 9시까지 푹 잘 수 있다고 가정해 보자. 그가 아침 8시 30분에 여전히 침대에 누워 있다고 해서 그날이 꼭 토요일로 귀결되는 것은 아니다. 또한 점심으로 구운 돼지고기를 먹고, 오후에 세차하고, 이어 스포츠 방송을 보고,

저녁 식사 후 목욕을 하고, 잠자리에 들고, 이런 행위들을 규칙처럼 정할 수 있다. 하지만 몇몇 사람이 이처럼 일상의 규칙을 지킨다 한들, 늘 그렇게 진행된다는 이유만으로는 무언가가 다른 무언가의 원인이라고 말할 수 없다. 세차한 다음의 일은 다만 순차적으로 일어나는 것일 뿐, 세차가 원인이 되어 목욕을 하는 것도, 주말에 실컷 자는 것도 아니다. 그 일이 수년간 그대로 진행되었다고 해도 말이다. '이것 다음에 항상 저 일이라는 관계'는 인과성과 아무 상관이 없다.

> 논리적으로 보이는 것도 종종 시간 순서적, 비논리적인 것이 된다.

태초의 원칙 따르기

태초의 원칙을 이용하면 몇몇 한정된 원형으로 전체를 기술할 수 있다. 이는 원소 주기율표로 물리학 세계의 모든 것을 기술하는 것과 같다. 따라서 우리도 모든 태초의 원칙과 관계되어 있다. 이 점은 태초의 원칙을 이용하는 점성술이 가장 뚜렷하게 보여준다. 사람이나 생물이 태어나면 행성과 고대 신의 이름과 관련된 원칙들이 하늘 어디에선가 나타난다. 이 원칙들이 다소 강한 관계를 이루고 있는 한 기본 점성술과 인생행로에 그 관계가 반영된다. 사람들은 대부분 이 관계를 예감한다. 물론 자주 인용되는 다음 에피소드처럼 이것을 인정하지 않는 경우도 종종 있다. 공산당 서기장이 점성술을 믿느냐는 질문을 받자 단호한 어조로 대답했다.

"우리 공산주의자들은 미신을 믿지 않습니다. 나는 처녀자리인데, 처녀자리 사람들이 특히 미신에 비판적이지요."

고대 사람들은 어떻게 행성에 신의 이름을 붙일 생각을 했을까? 다른 모든 민족처럼 그리스인에게는 섬기고 따르려던 신들이 있었다. 신들도 저마다 고유한 특성의 공명으로 고대인들의 삶과 연결되어 있었다. 이 고대의 신들을 두고 교회에서는 다신교라고 폄하했지만 가톨릭교 신자들도 고대인과 똑같았다. 왜냐하면 그들에게도 질서와 위계가 필요했기 때문이다. 말하자면 자식이 견진성사를 위한 수업에 문제가 있을 때 아버지는 곧장 교황을 만나는 게 아니라 우선 지역의 사제를 만나 문제를 상의한다. 이와 비슷하게 문제가 있는 가톨릭 신자는 바로 그리스도를 찾기보다 먼저 성모를 찾는다. 이런 체계가 시간이 흐르면서 엄청나게 다양해졌고, 어느새 거의 매일이 성인聖人의 날로 정해졌다. 그래서 가톨릭 신자들은 저마다 수호성인을 한 명씩 가진다. 더 나아가 중간 영역을 아우르는 수많은 성인이 일종의 조합 형태로 여러 천사의 왕국에까지 세분되어 있다.

수호성인의 임무를 보면, 예를 들어 플로리안Florian 성인은 불에 관련된 문제를 담당한다. 플로리안 성인은 오늘날 "플로리안 성인님, 우리 집이 아닌 다른 집에 불을 내주옵소서"라는, 어쩌면 비방적인 플로리안 원칙으로 잘 알려져 있다. 이 원칙의 정의에 따르면 비록 타인이 해를 입더라도 좋지 않은 일은 어떻게든 피하겠다는 뜻이다. 이는 물론 전혀 그릇된 일이 아니라 불의 원칙이 있음을 안다는 것, 그리고 그 원칙을 반드시 말로 표현해야 한다는 이치를 따른 것이다. 기도는 해소되지 못한 어떤 일로 인한 해를 입지 않겠다는 표현이다. 물론 기도가 발전한다면 다른 집을 태우라는 기원 대신 불로써 열정을 축복해 달라고 기원할 수 있으리라.

불의 성인의 반대 극에는 물 때문에 일어나는 상해에 책임이 있는 네포무크Nepomuk의 성 요한Johannes이 있고, 기후에 관련된 성인으로 베드로가 있다. 성 안토니우스Antonius는 물건을 잃었을 때 찾는 성인이고, 프란치스쿠스Franciscus 성인은 동물을 보살피며, 마르티누스Martinus 성인은 사냥꾼을 수호한다. 가톨릭 성인들의 존재 사이에도 팽팽한 긴장 관계의 문제가 있을 수 있다. 감브리누스Gambrinus 성인은 맥주 제조자들의 수호성인이고, 성 다미아누스Damianus는 약사들의 수호성인이고, 화류계에서는 막달라 마리아를 수호성인으로 섬긴다. 유다 다대오Judas Thaddaeus는 특히 급박한 위기에 처했을 때 수호해 주는 성인이다.

그리스인도 가톨릭 신자들과 비슷한 방식으로 신을 섬겼지만 오직 본질적인 원칙에 한해서였다. 그들은 일종의 태초의 원칙 체계를 만들어 신앙을 유지했다. 그래서 체계의 적합성이 입증되자 로마인 같은 타민족에게도 수용되어 갈수록 널리 퍼졌다. 여기서 생겨난 장은 셸드레이크의 형태 발생의 장 의미에서도 훌륭하게 기능했다. 이는 뒤늦게 발견된 행성들에도 그리스 판테온Pantheon 신전에 모신 신들의 이름을 붙였다는 사실에서 잘 알 수 있다.

고대인들은 일상생활에서 이 모든 원칙을 잘 따라야 한다고 생각했고, 운명에 굴복하기보다 의식적으로 원칙을 적극 활용하려 했던 것 같다. 말하자면 제우스의 아버지 크로노스(토성)가 까다롭고 요구가 많은 원칙이자 신이었을지라도 그리스인들은 크로노스를 달래려 애쓰며 의례를 통해 합당한 존중을 보였다. 로마인들은 사투르누스(그리스 신화의 크

로노스) 신의 제사 축제를 벌였다. 축제
가 시작되면 평소에 치밀하게 묶여 있
던 다른 신도 풀려났다. 사람들에게 해
방과 광기를 표현하게 하기 위해서였
다. 이는 오늘날 우리가 아주 늦게 발견
한 천왕성(우라노스Ouranos)에서 연상하
는 것이다.

> 82억 인구가 열두 가지 태초의 원칙과 각자 관련이 있다는 사실은 우리가 얼마나 많은 공통점을 가지는지를 보여준다.

로마인들이 광기와 해방의 원칙을 가진 우라노스 신을 축제 기간에 헌신적으로 섬기는 것처럼, 그리스인들도 이 원칙에 자발적으로 제물을 바쳐 천왕성의 원칙이 폭력을 행사하지 않게 했다.

오늘날 우리는 이 원칙을 운명이라 부른다. 운명이 문을 두드릴 때 우리는 부지불식간에, 그것도 급격하게 희생당한다. 운명이 두드리는 소리를 못 들은 척하면 운명은 더 세게 문을 두드린다. 그래도 여전히 귀를 닫고 있으면 운명은 거세게 문을 부수기도 한다. 삶에서 벌어지는 상황은 결국 학교에서의 상황과 같다. 자발적으로 배우느냐, 억지로 배우느냐의 문제다. 물론 자발적으로 배우는 게 더 쉽고 성과도 크다. 억지로 배우면 여러 가지 어려움이 따른다. 각 법칙을 배워서 자신의 운명과 도전에 응하고, 태초의 원칙을 바탕으로 숙제를 푸는 사람은 타격을 통해 억지로 배울 필요가 없다. 여기서 운명의 타격이라는 것은 벌을 받는 것이라고 오해하기 쉽지만 이는 숙제를 거부한 결과일 뿐이다.

예를 들어 한 사람이 천왕성의 원칙에 의한 기이하고 광기가 섞인, 규범을 해치는 충동을 두려워한다. 그는 정신없이 춤을 추는 것도, 방종한 행동을 하는 것도, 환각에 빠지는 것도, 미친 듯이 노는 것도 끔찍하게 싫어한다. 하지만 이런 사람도 재난을 통해 그 법칙을 배우게 될 수 있다. 재난은 우리를 일정한 궤도에서 이탈하게 만들어 삶의 연속성을 깨뜨리고 때로는 뼈도 부러뜨린다. 이런 식으로 재난은 우리를 특별한 천왕성의 상황에 빠지게 만든다.

재난이 언제 어떻게 갑자기 닥쳐오는지는 속담 속에 잘 나타나 있다. 속담에는 연속의 법칙도 잘 드러나 있어서 불행이 하나만 찾아오는 경우가 드물다는 것을 이야기한다. 시간이 주는 신호를 알지 못하고, 적절히 대처하지 않았을 때, 엎친 데 덮친 격으로 재난이 올 수 있다는 것은 경험으로도 익히 알고 있지 않은가. 모든 징조가 뭔가를 방해하면서 다른 무언가를 하도록 강요한다. 이 징조가 요구하는 것을 자발적으로 따르는 사람은 또 다른 재난을 당하지 않는다. 그러나 징조를 무시하고 따르지 않는 사람은 필수적인 게 충족될 때까지 오랫동안 고통받는다.

또 속담에는 더 거대한 배경과 이 원칙의 두 측면도 잘 드러나 있다. 속담에서는 종종 까마귀의 무례함을 이야기한다. 까마귀는 우리가 (무의식적으로) 천왕성의 원칙을 거부한 결과, 이 원칙이 해결되지 못한 채 남아 있음을 상징하기 때문이다. 또 천왕성은 공중을 날아다니는 새들과 관계가 크다. 실제로 하늘의 신 우라노스의 토템 동물이 바로 새다. 그래서 우리는 정상에서 벗어난 사람을 보면 이마나 관자놀이를 손가락으로 톡톡 치며 "저런 새대가리 같으니라고. 미쳤어"라는 표현을 한다. 이것이 유추 해석이다. 머리와 이마 그리고 모든 미친 짓이 천왕성의 원칙에 속하기 때문이다. 논리적으로 따진다면 미친 사람에게는 '돼지'를 뜻하는 엉덩이를 내보여야 할 것이다. 그러나 돼지는 번영과 행복에 관련된 목성의 원칙에 속해 있어 주로 복을 받았다는 표현에 쓴다.

한편 속담에서 '행운아'는 충동적인 우라노스에 관해 잘 알고 있어서 곤란이나 재난이라고는 전혀 모르는 사람이다. 이들은 오히려 삶의 밝은 면 쪽에 서서 미치도록 아름답고 독특한 삶을 이어나간다.

사랑을 위한 법칙과 태초의 원칙

†

　사랑이 공명의 한 형태라고 이미 배워 알게 되었지만 우리의 긴 여행이 막바지에 이른 지금 다시 한번 사랑이라는 주제에 시간을 바치고 싶다. 학문적 사고는 특히 사랑의 육체적인 측면을 이해하는 데 도움을 준다. 또 운명의 법칙에 관한 지식은 사랑의 결실을 한껏 누리는 데 결정적인 기여를 한다. 마지막으로 태초의 원칙을 알면 사랑을 이해하기 위한 또 하나의 차원이 열릴 것이다.

사랑의 생화학

　'사랑' 하면 보통 위대한 감정과 낭만적 순간을 생각하게 마련이다. 하지만 '전 세계에 널리 퍼진 사랑이라는 현상'에 관한 학문적 접근도 있다. '사랑 생화학'은 세상에서 가장 흥미로운 주제에 관한 유익한 지식을 준다.

사랑의 욕망을 일으키는 호르몬 에스트로겐과 안드로겐에 관해서는 이미 오래전에 작용의 비밀을 알아냈다. 그뿐 아니다. 구름 위를 둥둥 떠다니는 기분의 도취적인 사랑에 빠지는 비밀도 생화학적으로 밝혀냈다. 상대방의 눈을 들여다보자마자 신경 전달 물질이 미친듯이 활동한다. 이것은 바로 신경 체계와 분비샘 사이로 전달되는 호르몬 또는 전달 물질이다. 크게 증가한 도파민이 한 번 쳐다본 잠재적 파트너에게 모든 관심을 쏠리게 만든다. 상대에게 아직 손도 대지 않았고 그저 눈으로 보았을 뿐인데도 이미 몸속은 생화학적으로 부글부글 끓어오르기 시작한다. 우리가 어떤 대상을 쳐다볼 것인가 하는 결정은 아직 영혼에게 맡겨져 있는데, 이때 냄새의 작용도 학문적으로 놀랍기 그지없다.

우리가 시선의 쏠림, 도파민에 사로잡히면 갓 태어난 생물에게 어미를 각인하게 만드는 물질인 노르아드레날린Noradrenalin이 분출된다. 그 물질이 혈액에서 한 바퀴 돌면 잠재적 파트너의 모든 몸짓이 오로지 애교의 표현으로, 모든 미소가 매력과 유혹적인 자극으로 변한다.

'올바른' 파트너를 발견하는 일은 한편으로 운명적 섭리다. 하지만 다른 한편으로는 호르몬과 행태학적, 생물학적 과정에 의해 행동 방식이 정해져 있다.

이어 페닐에틸아민Phenylethylamine이 더해지는데, 이때 우리는 광기에 빠질 때처럼 기분이 고취되어 잠도 자지 않고, 먹을 것도 필요치 않으며, 오직 꿈의 파트너만 눈에 들어온다. 이러한 생화학적 감각의 혼란 또는 광기는 너무도 지배적이고, 정신을 완전히 나가게 만들 수 있다. 이제 가족, 직장, 임무, 아니 인생사 전부가 안중에 없다. 신경 전달 물질이 배후에서 작용하는 새로운 충동을 따르기 위해서다.

이런 학문적 발견이 어쩌면 범주적 죄책감 투사(자신의 죄책감이나 부끄러움 같은 부정적인 감정을 특정 범주나 집단에 속한 다른 사람들에게 돌리는 심리적 방어 기제 - 옮긴이)로부터 벗어나게 도와줄 수도 있다. 왜냐하면 모든 행동의 뒤에는 호르몬의 작용이 깔려 있으니 섣부른 평가, 판단을 아예 하지 않는 게 당연하기 때문이다. 그런 작용이 얼마나 강한지는 과도한 음주로 생기는 대뇌의 중독 상태를 보면 안다. 술에 많이 취한 사람이 술주정을 하며 행패를 부리면 보통은 '술 마시면 다 그렇지'라며 눈감아 준다. 그렇다면 도파민, 노르에피네프린Norepinephrin, 페닐에틸아민 호르몬 칵테일의 영향으로 미친 듯 사랑에 빠진 상태는 왜 안 되겠는가?

아마 우리는 처음에 눈을 통해 사랑에 빠지는 것 같다. 그리고 이때 영혼이 한 역할을 맡고, 이와 나란히 호르몬과 신경 전달 물질의 시나리오가 만들어진다. 결국 몸과 영혼은 늘 손에 손을 잡고 같이 다닌다. 그리고 보통 영혼이 앞장선다.

학문의 관점에서 보면 누가 내 마음에 들고 누구의 눈을 깊이 들여다보느냐는 문제에서 우연은 절대로 있을 수 없다. 우리는 특별한 냄새 물질에 끌린다. 이 냄새 물질은 우리가 후손들에게 최상의 면역 체계를 주도록 돕는다. 이 사실은 이미 오래전에 밝혀졌다. 즉 페로몬이 미묘한 방식으로 서로에게 끌리게 만드는 것이다.

우리는 시선보다 냄새에 훨씬 강하게 반응한다. 다만 후각의 작용을 거의 의식하지 못할 뿐이다. 이 현상이 학문적으로도 신빙성 있는 이유는 후각을 담당하는 뇌 부분이 더 오래전에 생겼고, 시각 인상을 담당하는 부분보다 더 크기 때문이다. 그 외에도 후각을 인지하는 뇌 부분이 시상하부를 비롯해 감정을 관장하는 다른 영역과 더 가깝게 연결되어 있다. 따라서 후각을 담당하는 뇌는 감정의 세계에 이르게 하는 강력하고 직접적인 연결선이다.

많은 파트너의 경험이 이와 일치한다. 즉 사람은 아름다운 외모에는 아주 빠르게 적응하지만 불쾌한 냄새에는 시간이 아무리 지나도 적응하지 못한다. 따라서 관계를 맺고 싶어 하는 사람은 눈보다 코를 믿고 따라야 한다. 이 사실은 향수 같은 인공 향을 포함해 냄새가 참으로 중요하다는 것을 말해준다.

냄새의 무의식적 역할이 얼마나 큰지 알아내기 위해 임신한 여성과 임신하지 않은 여성을 대상으로 파트너 선호도를 연구한 결과가 있다. 임신하지 않은 여성의 경우 자신의 혈족과 유전학적으로 다른 남성에게서 나는 냄새를 좋아했다. 이는 진화의 의미에서 유전질이 더 잘 섞이게 하기 위해서다. 그러나 임신을 한 경우는 자신의 가족 테두리 내에 있는 남성들의 냄새를 더 좋아했다. 이 현상도 역시 생물학적이다. 왜냐하면 여성들이 자신에게 친숙한 환경에서 보호받으며 아이를 기르려 하기 때문이다.

여기서 피임약이 후각의 착오를 일으킨다. 피임약을 복용하는 여성은 마치 임신한 여성처럼 자신의 유전자와 비슷한 남성의 냄새에 이끌린다. 여성이 그런 남성과 사랑에 빠진 후에 아기를 갖기 위해 피임약 복용을 중지하면 그때부터 남성을 덜 매력적으로 느낀다. 남성은 전과 똑같은 냄새를 풍기지만 여

> 피임약을 복용하는 여성은 유전적으로 자신과 비슷한 남성을 찾는다, 이 때문에 실제로는 자신과 맞지 않는 남성에게 끌릴 수 있다.

성은 더는 좋다는 느낌을 받지 못한다. 이제 여성은 냄새 측면에서 자신과 다른 남성, 즉 유전자적으로 먼 대상에게 끌린다. 이를 알고 피임약을 주의해서 복용하면 몇몇 혼란을 막을 수 있다.

사랑 연구는 더 극적인 일도 밝혀낸다. 관계를 지속하기 위해서는 에스트로겐과 안드로겐보다 더 중요한 결합 호르몬, 옥시토신Oxytocin이 있다. 옥시토신은 지금까지 수유 과정과 관련된 작용만이 알려져 있었다. 현재 우리가 더 알게 된 사실은 옥시토신이 애무를 나누는 과정, 특히 오르가슴을 느낄 때 분출되어 결속력을 크게 증가시킨다는 것이다. 옥시토신 분출은 생식기 분비샘이 아니라 뇌의 시상하부에서 담당한다. 오르가슴은 중추에서 일어나는 일이지 성기에서 일어나는 일이 아니라는 사실을 우리는 오래전부터 알고 있다. 마찬가지로 옥시토신은 수유 자체를 아기에게 젖을 준다는 행위를 넘어 아주 중요한 일로 만든다. 실제로 수유는 아기뿐 아니라 어머니에게도 똑같이 중요하다. 아기와의 관계를 무척 강력하게 만들어 주기 때문이다.

사랑을 나눌 때 일어나는 과정을 비롯해 절정에서도 '결합 물질'인 옥시토신이 방출되면 관계 유지에 도움이 된다. 이것을 보면 소위 현대적 삶의 방식이라고 하는 '원 나이트 스탠드'에 비해 자연은 얼마나 보수적인지를 알 수 있다. 옥시토신은 사람들의 현대적 경향을 막는다. 즉 옥시토신은 종을 유지하고, 아이들에게 안전한 보금자리를 주는 가족을 탄탄하게 만든다.

또 다른 신경 전달 물질로 좋은 기분을 느끼게 하는 세로토닌이 점점 더 전면에 나선다. 세로토닌은 열렬한 사랑에 푹 빠진 상태에서가 아니라 무르익어 깊어진 사랑 속에서 힘을 발휘한다. 첫눈에 반한 광기와 같은 사랑이 안정된 느낌에서 생겨나는 깊고 편안한 기분에 자리를 내줄 때, 세로토닌이 본격적으로 인생과 혈액 속에서 활개를 친다.

이처럼 자연 과학은 구체적인 주제에 활용할 때 아주 유용하다. 예를 들어 앞으로는 우리가 후각에 더 신경을 쓸 수 있다. 한편 오직 원 나이트 스탠드만 원하는 사람이라면 특정 시선, 손가락, 입 동작에 더욱 주의를 기울여야겠다.

반대로 학문적 지식을 바탕으로 관계를 더욱 깊게 만들 수도 있다. 절정의 순간 몇 분 동안 눈을 뜨고 서로를 쳐다보면 (도파민 작용으로) 사랑의 삶을 크게 바꿀 수 있다. 젖꼭지를 집중적으로 애무하면 (옥시토신에 의해) 결속감이 더 깊어진다. 이 두 행위로 신체가 원래 가지고 있는 일종의 자가 약물 치료를 할 수 있다.

물론 이 모든 마법적 신경 전달 물질을 시중에서 간단하게 사서 훌쩍 마시는 것이 어쩌면 시대정신에 맞을지도 모르겠다. 하지만 아직 그렇게는 되지 않았다. 오직 오르가슴이 신경 전달 물질들을 생산하고 분출하게 할 수 있다.

하지만 수많은 사람이 좀 더 편한 방법을 찾는다. 외부에서 세로토닌을 찾아 나선 미국인 6,000만 명이 오늘날 항우울제로 쓰이는 선택적 세로토닌 재흡수 억제제를 삼켰고, 그로 인해 큰 부작용을 겪었다. 엄청나게 많은 청소년이 각성제 암페타민Amphetamine과 같은 특성이 있는 환각제 엑스터시MDMA를 삼킨다. 이 마약은 체내에서 이용 가능한 세로토닌을 모두 분출해 환각의 쾌감을 느끼게 하는 까닭에 엑스터시Ecstasy ('황홀감'이라는 뜻 - 옮긴이)라는 이름이 붙었다. 세로토닌을 찾기 위해 초콜릿을 비롯해 단것을 마구 먹어대는 사람들의 수는 그보다 훨씬 많다. 사실

초콜릿에는 체내에서 세로토닌으로 전환되는 세로토닌 전 단계 물질인 L-트립토판 L-Tryptophan이 소량 들어 있다. 하지만 초콜릿을 많이 먹어 생기는 부작용(제2형 당뇨병과 비만증)은 너무도 극적이다.

75퍼센트의 사람에게 효과가 있고, L-트립토판과 세로토닌을 충분하게 공급하는 간단한 방법이 있다. 곱게 간 생식 아본 비탈 Abon Vital 36을 아침마다 공복에 한 숟가락씩 먹는 것이다. 물론 그것을 먹는다고 해서 도취감이나 쾌감을 느끼지는 않는다. 세로토닌과 성호르몬도 마찬가지다. 하지만 이런 호르몬이 결핍되면 아무것도 느끼지 못할 수 있다. 반대로 호르몬이 아무리 많다고 해도 그것만으로 위대한 사랑이 샘솟지 않는다.

제일 먼저 자신에게 맞는 상대를 만날 기회를 만들어야 한다. 그래야 위대한 사랑이 생길 수 있지 않겠는가! 아무튼 충분한 세로토닌을 바탕으로 쾌감을 느끼기 위한 적합한 상황이 필요하다.

사랑과 삶의 법칙

마지막으로 다시금 법칙들, 특히 공명의 법칙을 이야기하겠다. 세상은 파트너와 문제가 있는 사람들로 가득하다. 이 문제를 아무도 원치 않는다는 것 또한 파트너 문제의 한 형태다.

파트너 관계가 맺어지는 메커니즘은 두 핵심 법칙에서 생겨난다. '행복을 위한' 파트너 관계는 공명의 법칙을 따른다. 다른 말로 표현하면 '끼리끼리 어울린다'라는 이야기다. '구원을 위한' 파트너 관계는 대립의 법칙을 따르는 것으로 '나와 다른 사람에게 끌린다'라는 경우가 여기에 해당한다. 문제는 행복을 위한 관계는 편안하고 좋은 느낌이지만 서로의 발전에 기여하는 부분이 적어 지루해지는 경향이 있다. 반면 구원을 위한 관계는 성장과 발전에 크게 도움이 되지만 편안한 느낌이 부족하고 차이가 나는 부분이 많아 서로 견디기 어렵다는 단점이 있다. 그래서 모든 것이 두 종류의 관계 절충으로 흐른다. 따라서 내가 어떤 관계를 이루고 있는지를 알아야 한다.

무엇보다 법칙들을 잘 알고 처음부터 활용하면 파트너 관계는 발전과 자아 인식을 위한 훌륭한 기반이 될 수 있다. 사랑에 푹 빠져 다른 사람과 공명을 이루는 사람은 앞서 언급한 신경 전달 물질의 '생화학의 은총'을 모두 체험하며 관계를 한껏 즐길 수 있다. 또 좋은 파트너를 얻었으니 자신이 세계에서 가장 행복한 사람이라고 믿게 된다.

파트너 상담을 하다 보면 며칠 지나 이런 생각이 든다. 인류의 절반은 관계를 맺고 살면서 관계 밖으로 나가려 애쓰는 일이 제일 중요하고, 나머지 인류의 절반은 관계를 맺지 못한 채 살면서 관계 속으로 들어가려 애쓰는 일이 제일 중요하다는 것이다.

물론 운명이란 아주 고약하다. 신경 전달 물질이 만들어 낸 광란의 불꽃이 식어버리고, 대립의 법칙에 따라 이 멋진 사람에게서 그림자를 보는 것은 시간문제다. 이 그림자는 사람을 울화통 터지게 만든다. 그림자가 자신을 상기시키기 때문이다. 일반적으로 상대방의 그림자는 자기 성찰의 동기가 되지 못한다. 사람들은 대부분 이를 투사로 넘겨서 삶에서 밀어내고, 이는 두 사람을 반드시 이별로 이끈다.

하지만 이런 굴곡을 겪으면서 상대에게 화가 날 때마다 자신을 살펴보는 사람은 관계를 성장시킬 수 있다. 그는 파트너가 성질을 긁을 때마다 자신의 문제를 돌아보게 해주는 것에 오히려 감사한다. 이제 분명히 하자. 상대를 보고 언짢아지는 이유는 좋지 못한 나의 어떤 것을 마주했기 때문이다. 이 사실을 알면 파트너와의 공동의 미래를 위한 좋은 패를 가진 것이다.

일단 모든 것을 자아비판적으로 보고, 지금껏 상대방에게서 언짢게 느낀 것을 관찰해 보자. 그리고 그 점에 관해 일종의 자아 치료를 하는 게 좋다. 왜냐하면 그런 부분은 또 다른 사람과 새로운 관계를 맺어도 다시금 문제로 나타나기 때문이다. 이런 관점에서 볼 때 파트너 관계는 단순히 쾌락과 사랑의 원천이 아니라 배움과 성장의 원천이기도 하다. 파트너 관계야말로 정신을 위한 샘이며, 영혼을 밝은 곳으로 인도하는 그림자 치료 그 자체다.

사랑과 태초의 원칙

태초의 원칙의 관점에서 사랑을 들여다보면 연인들에게 개인적으로 큰 기회가 주어진다. 또 사랑은 일반적인 관점에서도 몇 가지를 알려준다. 사랑은 금성, 고대 사랑의 신 아프로디테(비너스)의 원칙하에 있다. 더 나아가 아프로디테는 아름다움과 조화와 평화를 상징한다. 아프로디테의 출생과 역사는 신의 관심사를 포함해 신이 그것을 인간에게 행사하는 방법을 보여준다.

아프로디테의 출생 장면은 그야말로 드라마다. 그리스 신화에서 크로노스로 존경받는 로마 신화의 사투르누스(토성)는 일, 일상, 충실, 신뢰를 대표한다. 크로노스가 아버지 천왕 우라노스를 낫으로 거세해 그의 성기에서 흐르는 마지막 정액 거품을 바다에 뿌렸고, 그 정액이 수정되었다. 태고의 천왕 우라노스는 다름의 원칙, 빛의 이상적 표상, 돌발과 불예측성의 화신이다. 우라노스의 정액 거품이 은총과 헌신의 상징인 태고의 바다와 수정을 이루어 둘의 결실로 아프로디테(비너스)가 바다에서 솟아난다. '거품에서 태어난' 아프로디테는 하늘의 아버지에게서 가볍고 공기 같은 유전자를 물려받고, 바다의 어머니에게서 흐르는 물과 같은 유전자를 물려받았다. 이 결합을 상징할 때 공기와 물에서 생겨나 가볍게 날아가는 거품보다 더 간단하고 적절한 비유가 있을까?

사랑은 폭력 행위에서 탄생했고, 그로 인해 공격을 대표하는 화성의 원칙과도 매우 강하게 결합되어 있다. 그럼에도 사랑은 신들과 사람들의 희망이다. 아버지의 마지막 정액 거품이자 그의 유산이 바다 어머니의 거품과 수정됨으로써 '은총'과 '헌신'이라는 주제가 '초월'이라는 해왕성의 세계와도 결합하게 된다. 천왕 우라노스가 대지의 어머니 가이아와의 관계에서 오직 실패한 자식들만 낳은 반면, 심한 상처를 입은 천왕은 바다와 수정해서 더 큰 성공작인 자식이자 사랑을 만들었다. 아프로디테는 하늘의 가벼움과 물처럼 흐르는 풍부한 감정이 하나로 결합된 존재다. 단번에 사람의 마음을 사로잡는 돌발성과 기발함은 아버

> 아프로디테는 태초의 존재들의 싸움과 폭동에서 발전해 형성된 최초의 미녀다. 아프로디테 안에서 하늘의 생식력이 완전한 아름다움으로 형성된다. 이 아름다움은 모든 존재를 지배하는 동시에 신과 사람 들의 추앙을 받는다.
> -구스타프 슈바프 Gustav Schwab

지 우라노스의 양념인 셈이다.

사랑의 신의 곁에는 항상 거품이 따라다닌다. 이 거품은 가벼움, 공기, 감정으로 충만한 물의 상징이며 천상과 지상을 훨훨 날아다닌다. 그러니 사람들이 사랑 때문에 마음이 무겁다면 그건 한참 잘못되었다. 공기와 물로 이루어진 아프로디테의 왕국에서 너무 멀리 떨어져 나간 것이다.

사랑을 확실하게 만들겠다는 생각으로 그것을 움켜잡는 사람은 사랑을 잃게 된다. 거품은 절대 잡히지 않는다. 맥주 거품조차 보존할 수 없지 않은가. 하지만 거품과 같은 생각이 감정과 결합하면 부글거리는 거품을 거듭거듭 일으킬 수 있다. 그렇게 해서 오르가슴이 일어나고, 오르가슴은 사랑을 깊게 하며, 새로운 영감을 준다.

비너스 또는 아프로디테에게 안정감·신뢰 등 흙의 요소를 강요하는 사람은 아프로디테의 거품·매력·가벼움을 몰아내게 된다. 이로써 견고한 사랑이 그토록 드물고, 매력으로 추앙받는 거품이 타협과 숙고 때문에 모두 사라지는 현상을 설명할 수 있다.

물론 위대한 사랑을 하기 위해서는 거세를 통해 비로소 사랑의 결실을 가능케 한 크로노스(토성)의 지속성도 필요하다. 사랑에 빠지면 천상으로 올라갈 수 있지만 그러면 일상을 견디기가 어려워진다. 계약이라는 수단을 쓰는 결혼은 크로노스의 원형을 삶의 게임에 끌어들인다. 사랑에 푹 빠져 하늘을 떠다니는 것 같은 단계가 결혼 때문에 끝난다. 왜냐하면 결혼을 유지하고 아이들에게 안전한 보금자리를 주는 것은 아프로디테의 일이 아니기 때문이다. 이뿐 아니다. 달의 원칙에 속하는 아이와 어머니의 관계도 종종 아프로디테의 감각적 사랑에 마침표를 찍게 만든다.

아프로디테에게서 아버지의 측면을 골라내 보자. 그 측면은 사람들에게 천상의 사랑을 선사한다. 그것은 아주 가벼워서 둥실둥실 떠다니고, 마른하늘에서 떨어지는 번개를 정통으로 맞는 것처럼 돌발적으로 나타나는 하늘의 사랑이다. 다른 한편의 사랑은 물처럼 유유하고, 깊은 감정도 불러일으킨다. 그래서 사랑은 특별한 축복인 동시에 당사자를 거의 다 희생자로 만들기도 한다. 이는 바다에서 유래한 속성이다.

하지만 항상 염두에 두어야 할 게 있다. 사랑의 신 아프로디테가 사랑 또는 욕정에 의해 태어나지 않고 반항과 반란으로 태어난 몇 안 되는 신들 중 하나라는 점이다. 그래서 사랑도 숱한 혼란과 소용돌이를 일으킬 수 있다. 이와 관련해 아프로디테가 바람을 피워 사랑의 신 에로스를 낳았다는 사실도 놀랍지 않다.

에로스와 함께 이제 불이 사랑과 삶의 게임에 관여한다. 아프로디테가 가장 강한 불을 대표하는 전쟁의 신 아레

> 사랑에 빠진 사람들은 마냥 둥둥 떠다니며 장밋빛 구름 속에 싸여 있는 상태가 된다. 사람들이 이렇게 되는 데에는 거품 속에서 결합된 공기와 물에 책임이 있다. 공기와 물은 유연하고, 부드러우며, 감성적이고, 천상적이다.

스(화성)와의 관계에서 에로스를 낳았기 때문이다. 전쟁의 신과의 관계는 완전히 불법이었다. 아프로디테는 대장장이 신 헤파이스토스Hephaestos(불카누스Vulcanus)와 이미 결혼한 상태였다. 헤파이스토스와 아프로디테는 '끼리끼리 어울린다'라는 모토에 따른 '행복을 위한' 전형적인 관계인 반면, 거칠고 폭력적인 아레스와는 '자기와 다른 사람에게 끌린다'라는 모토의 '구원을 위한' 관계다. 이 관계는 반항에 의해 세상에 태어난 사랑이라는 것이 종종 불법이고, 금지된 방법을 통해 목적을 실현한다는 사

실을 알려준다. 활활 불타오르는 사랑은 법을 지키지 않는다. 사랑할 때는 신계의 규율도 크게 신경 쓰지 않는데 사람들이 고안해 낸 규정 따위는 말할 것도 없다. 물론 사랑에는 지상의 규율보다 하늘의 규율이 더 우선시된다.

불과 물과 공기가 삼위일체를 이룰 때 사랑은 에로스와 더불어 삶의 게임 속에 들어온다. 그리고 하늘에 있는 위대한 아버지를 기억하는 의미에서 둥둥 떠 있는 듯한 경험을 한껏 제공한다. 거기에 천상의 아버지로부터 온 에너지와 고취된 힘이 더해지고, 위대한 어머니 바다에서 온 깊은 감정과 물이 흐르는 듯한 느낌이 더해진다. 이렇게 에로스의 노력은 대부분 인간 차원의 계획을 훨씬 넘어서며 종종 합법성조차 뛰어넘는다.

여기서 염두에 두어야 할 게 있다. 에로스(아모르Amor) 역시 흙의 요소를 조금도 가지고 있지 않다는 것이다. 그래서 에로스 때문에 발을 디딜 땅을 잃을 위험이 있다. 이는 아프로디테의 영향보다 더 크다. 에로스에 의한 사랑은 쉽게 사람의 마음을 빼앗고 또 뒤엎을 수도 있으니 에로스의 소용돌이에 몸을 맡긴 자여, 참으로 복되도다. 사랑에 빠진 사람들은 중력을 벗어난 기분이 든다. 그들은 타들어 가는 사랑의 화염 속에서 오직 열망의 불꽃과 감정의 홍수, 하늘을 가볍게 떠도는 영혼만 느낄 뿐이다. 그래서 사랑에 빠진 사람은 자신이 육체를 가진 지상의 존재이며 땅의 법칙에 속해 있다는 사실을 쉽게, 기꺼이 잊어버린다.

하지만 가슴이 불타오르고, 사랑의 감정이 큰 파도로 일어나는 것을 누르지 못해 둥실 떠오르는 일이 심심찮게 일어나더라도 언젠가는 땅으로 되돌아와야 한다. 땅으로 돌아온 후 연인들에게는 그 무게가 두 배로 가중되어 큰 부담이 된다.

행글라이더 비행사든 글라이더 조종사든, 또는 낙하산을 타고 뛰어내리는 사람이든, NASA National Aeronautics and Space Administration의 우주 비행사든, 비행사라면 너 나 할 것 없이 이륙이 얼마나 쉬우며 반면 딱딱한 대지에 착륙하는 일은 얼마나 힘들여 배워야 하는지를 잘 안다.

에로스도 세상의 모든 어린이와 마찬가지로 양쪽 부모에게서 유전자를 물려받았다. 어머니에게서는 천상의 사랑을, 아버지에게서는 불의 에너지와 힘을 받은 것이다. 에로스는 아버지의 무기인 활과 화살을 가지고 어머니의 관심사인 사랑을 사람의 심장에 쏜다. 때로 에로스는 사람의 심장에 사랑의 횃불을 쏘기도 한다. 에로스는 아버지의 무기로 깊은 상처와 오래 지속되는 고통을 줄 수도 있다. 특히 에로스가 화살을 쓸개즙에 담갔다가 쏠 때가 그렇다. 이렇게 에로스는 쾌락과 쓰디씀, 황홀함과 아찔한 추락을 줄 수 있다.

어쨌든 에로스는 엄청난 불의 힘을 이용해 사람의 마음을 불타오르게 해서 삶 전체를 화염에 휩싸이게 할 수 있다. 이는 마치 오르가슴 상태에 상응하는 쿤달리니Kundalini 에너지(탄트라 밀교 계통의 요가에서 모든 사람에게 내재한다고 믿는 우주의 기. 척추 아래에 똬리를 틀고 있는 뱀으로 묘사된다 – 옮긴이)가 몸 안에서 위쪽으로 '쏘아 올려질' 때 등 전체가 뜨겁게 타오르는 느낌과 비슷하다.

에로스는 육체적, 감각적 사랑의 대변자로 그가 삶에 풀어놓은 말썽들 때문에 고대에 이미 난처한 처지에 처했다. 에로스는 원래 그리스 판테온의 위대한 신들 중의 하나였지만 아테네Athenae 전성기에 급격하게 명망을 잃었다. 에로스의 문화적 신분 강등은 헤라와 모계 사회의 강등과 더불어 진행되었다. 반면 제우스와 부계 사회가 상승했다. 여성 원형의 세계에서 에로스는 모든 신들 가운데 왕이었지만, 남성 원형의 시대에 이르러 1차적으로 존경을 잃었다가 후에는 심지어 조롱거리가 되었다. 고대 로마 시대에

> 기독교는 에로스에게 독을 마시게 했다. 그로 인해 에로스가 죽지는 않았지만 패륜아로 퇴락했다.
>
> -프리드리히 니체 Friedrich Nietzsche

에로스는 남성적 군사 문화와 더불어 작고 뚱뚱하고 볼이 포동포동한 소년으로 퇴락했다. 사람들은 이제 숨어서 활을 쏘는 에로스를 더는 진지하게 받아들이지 않았다. 아프로디테의 사원에서 발전한 수준 높은 사랑의 문화도 자연히 쇠퇴했다. 사랑의 사원이 로마 시대에 와서 퇴락하기 시작하더니 돈으로 사랑을 사고, 값싼 쾌락을 얻는 장소로 변질된 것이다.

이는 사랑이 발전하려면 원형적 여성의 장이 필요하며, 남성적인 것이 지배하는 어려운 시기에는 사랑이 힘들어진다는 사실을 보여준다.

사랑의 대변자 에로스의 신분 강등은 다소 상반된 평가를 받으며 현재에도 계속된다. 비록 에로스가 오늘날까지 거의 모든 사람을 휘몰아대고, 때로 그의 마력에 끌려 들어가기도 하지만 존경과 높은 평가를 받기는 점점 어려워진다. 현대의 에로스센터 Eros-Center는 성매매 업소로 사랑의 그림자만을 표현한다. 물론 에로스센터는 사회 주변부에 있는 존재로서의 에로스(아모르)와 잘 들어맞는다. 에로스가 아프로디테(비너스)와 아레스(마르스)의 부정한 관계에서 태어났기 때문이다.

사랑의 영역에 존재하는 태초의 원칙을 중시하고 거기서 영감을 얻는 사람은 대립과 공명이라는 거대한 두 법칙이 파트너 관계에 많은 영

향을 미친다는 사실을 인정하게 된다. 그리고 파트너 관계와 자신에게 좋은 관점을 가진다. 상대도 더 잘 이해할 수 있다. 이와 더불어 시작의 법칙을 자세히 관찰하면 사랑이라는 거대한 주제와 관련된 자신의 상황을 이해하기 위한 또 하나의 중요한 모자이크 조각을 발견할 수 있다. 그런 후 사랑을 두고 타인과 게임을 벌이는 사람은 자신의 역할과 상황을 더욱 잘 파악하고, 수월하게 받아들이며, 큰 가치를 둘 수 있다.

12장

원이 이루어지다

†

우리는 맨 처음 피타고라스와 그의 학파로 운명의 법칙 세계를 여행하기 시작했다. 피타고라스의 두 학파는 내면의 에소테로스 서클과 외면의 엑소테로스 서클을 가지고 있었다. 피타고라스학파의 회원들은 가장 내밀한 영역에서 (이 책에서 우리가 했던 것처럼) 사물의 본질을 연구하고, 외면의 영역에서는 기능적 활용, 즉 수의 본질 대신 실용적 계산에 중점을 두어 연구했다. 두 가지 연구가 다 의미가 있고 중요하다. 그러나 수의 유래를 보면 수는 실제 활용을 위한 존재라기보다 그 자체로 본질적인 존재라는 사실을 알 수 있다. 우리는 현재 사용하는 열 개의 숫자가 아라비아에서 왔다고 여긴다. 하지만 숫자는 전기처럼 이전부터 존재하고 있었다. 다만 사람들이 그 존재를 인식하고 중요하게 받아들이기까지 수백만 년

> 우리는 오직 사랑을 통해 의미를 얻는다. 사랑에 녹아들 때 우리는 의미가 된다.
> -다비트 슈타인들라스트 David Steindl-Rast

이 걸렸을 뿐이다.

노르웨이 출신의 미국인 셸 산드베드Kjell Sandved가 20년 넘게 30여 개국을 샅샅이 돌아다니며 나비의 날개를 사진으로 찍었다. 나비의 날개에는 우리가 현재 사용하는 숫자뿐 아니라 알파벳 모양까지 있었다. 다음은 솜털 하나 건드리지 않고 찍은 사진이다.

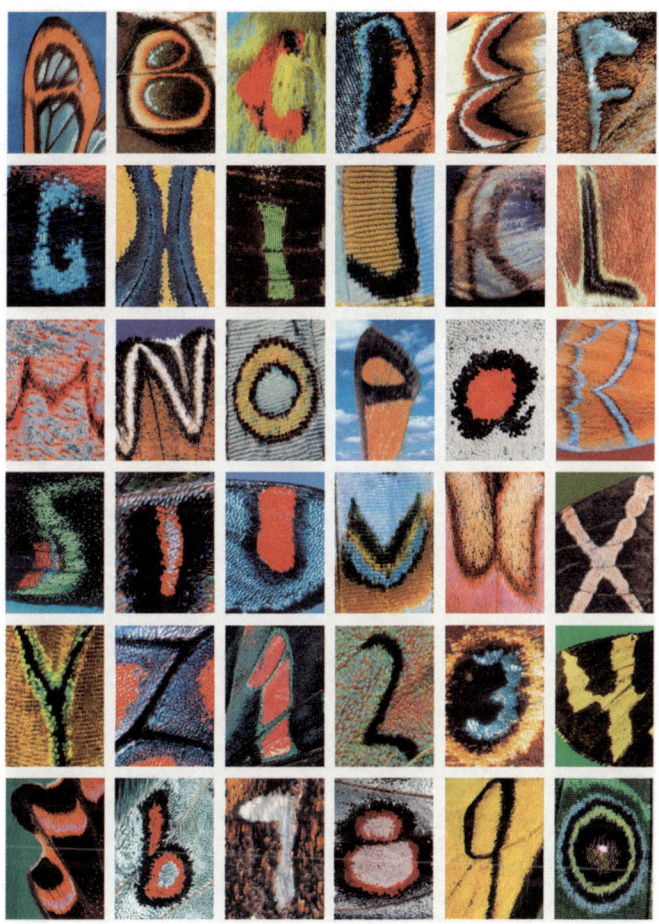

나비의 날개에 있는 알파벳과 숫자

그러니 우리가 숫자와 알파벳을 고안한 게 아니다. 고안해야 할 필요가 없었다. 이것들은 이미 존재했기 때문이다. 또 우리가 따를 법칙과 규율을 새로 만들 필요도 없다. 그것도 마찬가지로 이미 존재한다. 이제 우리가 운명의 법칙을 알고 활용할 수 있다면 삶은 다채롭고 나비의 날개처럼 아름다워질 것이다.

감사의 말

먼저 내게 조언과 격려를 아끼지 않고 수많은 도표와 사진 작업에 공을 들여 준 프리다 예스케Freda Jeske에게 특별히 감사한다. 내 얼굴 사진을 작업해 준 라이사 파젤Raïssa Lara Fasel에게도 감사의 말을 전한다.

또 마르기트 달케Margit Dahlke와 그의 동료들, 요하니스 교회Johannis-kirchen 치료 센터의 아냐 쇤푸스Anja Schönfuss, 군디 키르코비치스Gundi Kirkovics에게도 감사한다. 내 개인 편집자 크리스타 말러리Christa Maleri도 빼놓을 수 없다. 매번 나를 응원해 준 발타자 반츠Balthasar Wanz, 교정자 도로테아 노이마이어Dorothea Neumayr, 리스 루스텐베르거Lis Lustenberger, 편집자 랄프 라이Ralf Lay에게도 진심 어린 감사를 드린다.

마지막으로 '축구의 장' 이론에 동의해 준 프란츠 베켄바워에게 감사한다.

참고 문헌

1 노자:《도덕경. 서구 독자들을 위한 현대 번역판(Laotse: Tao Te King, Eine zeitgemäße Version für westliche Leser)》, hg. von Stephen Mitchell, München 2003.
2 인용. Petr Skrabanek, James McCormick:《의학에서의 바보짓과 궤변(Torheiten und Trugschlüsse in der Medizin)》, Mainz 1995.
3 노자, 앞의 책.
4 이에 관해 더 자세히 알고 싶은 경우 저자의 책《잠-인생의 더 나은 절반(Schlaf-die bessere Hälfte des Lebens)》을 참고하라.
5 1929년 하르나크하우스(Harnack-Haus)(베를린 달렘(Berlin-Dahlem))에서 했던 강연, 미출간 원고. 출처 www.psychophysik.com/html/e0722-physik_und_traumzeit.html.
6 노자, 앞의 책.
7 '빛'은 라틴어로 'Lux', 'Lucis'이고 '담당하다'는 'Ferre'이다.
8 Nossrat Peseschkian:《상인과 앵무새. 심리 치료에서 매체로 사용하는 동방의 이야기(Der Kaufmann und der Papagei. Orientalische Geschichten als Medien in der Psychotherapie)》, Frankfurt 1979.
9 《영혼의 거울로서의 육체(Der Körper als Spiegel der Seele)》, Goldmann Verlag 2009.
10 인용. Marianne Williamson:《사랑으로의 귀환(Rückkehr zur Liebe)》, München 2007.
11 참조. Holger Kalweit:《암흑 치료. 내면의 빛에 대한 비전(Dunkeltherapie. Die Vision des inneren Lichts)》, Burgrain 2004.
12 참조. Erich Scheuermann:《파파라기. 남태평양 추장이 우리의 문명을 체험하다(Der Papalagi. Ein Südseehäuptling erlebt unsere Zivilisation)》, Stuttgart 1986.
13 참조. Bruce Lipton:《똑똑한 세포들. 경험이 우리의 유전자를 조종하는 법(Intelligente Zellen. Wie Erfahrungen unsere Gene steuern)》, Aitrang 2006.
14 Benoite Groult:《바다 냄새 나는 여인(Salz auf unserer Haut)》, München 2004.
15 저자의 책《세계의 만다라(Mandalas der Welt)》에서 더 자세한 내용을 볼 수 있다.
16 James D. Watson:《이중 나선(Die Doppelhelix)》, Reinbek 1997.
17 이에 관해서는 www.heilkundeinstitut.at에서 명상 파일을 참고하라. 특히 우리 책에도 등장하는 '대립의 법칙(Das Gesetz der Polarität)', '끌어당김의 법칙(Das Gesetz der Anziehung)', '의식의 장(Das Bewusstseinsfeld)'을 참고하라.
18 잡지〈Frontal 21〉, 2008년 12월 9일.
19 '기쁘게 하다', '만족시키다'라는 뜻의 라틴어 'Placebo'에서 유래했다.
20 두 실험은 다음 책에서 인용했다.《21세기의 라디오닉스: 우리의 (무)의식, 긍정적 삶-성공으로 가는 다리(Radionik im 21. Jahrhundert: Unser (Un-)Bewusstsein, die Brücke zum positiven Lebens-Erfolg)》, Axel Werbach, Books on Demand 2007.
21 참조. Alexander Mitscherlich:《갈등으로서의 질병(Krankheit als Konflikt)》, Fankfurt 1974.
22 Fritz Riemann:《공포의 기본형(Grundformen der Angst)》, München 2006,《삶의 돕는 점성술 (Lebenshilfe Astrologie)》, Stuttgart 2005.

23 참조. Gunter Sachs: 《점성술 기록. 별자리와 인간의 행동 간의 상관관계에 관한 학문적 증명(Die Akte Astrologie. Wissenschaftlicher Nachweis eines Zusammenhangs zwischen den Sternzeichen und dem menschlichen Verhalten)》, München 1997.
24 참조. Malcolm Gladwell: 《블링크! 순간의 힘(Blink! Die Macht des Moments)》, München 2009.
25 인용. Erich Fromm, Daisetz Teitaro Suzuki und Richard de Martino: 《선-불교와 심리 분석(Zen-Buddhismus und Psychoanalyse)》, Frankfurt 2007.
26 자기 유사성을 갖는 기하학적 구조(프랙털(Fractal) 구조)로 나타나는 망델브로 집합은 카오스 이론에서 매우 중요한 역할을 한다. 이 형태는 1980년 폴란드계 프랑스 수학자 브누아 망델브로(Benoît Mandelbrot)에 의해 알려졌다.
27 라틴어에 따르면 'Pars'는 '부분'을 뜻하고 'Pro'는 '~에 대해', 'Totus'는 '전체'를 뜻한다.
28 다큐멘터리 단편 영화 〈10의 제곱수. 쿼크와 갤럭시 사이의 차원(Zehn Hoch. Dimensionen zwischen Quarks und Galaxien)〉, Kurzfilm von Charles und Ray Eames aus dem Jabr 1977, Spektrum Videothek.
29 www.spiritkraut.de/2007/03/28/antonio-gaspareto-ein-malendesmedium/ 여기에서 가스파레투에 관한 단편 영화를 볼 수 있다.
30 라틴어로 된 교회 용어 중 '종교적 비밀', '성사'라는 뜻의 'Sacramentum'에서 유래. 이 단어는 라틴어로 '봉헌', '의무(군복무에 관한)'를 뜻한다. 이것이 '신에게 바치다', '거룩하게 만들다'라는 뜻의 'Sacrare'가 되었다.
31 《의식의 각성(BewusstseinserHeiterung)》, Marco Aldinger(Freitburg 1998)에서 아이디어 인용.
32 인터넷 포털 사이트 www.mymedworld.cc에서 질병의 상 해석을 제공하고 그 배경을 밝힌다. 이것은 미래에 다차원 네트워크를 형성하게 될 것이며, 그 네트워크에서는 내 책만 소개하는 것이 아니라 자아 수련과 의식의 확장 분야를 비롯해 태초의 원칙설도 제공할 것이다.
33 2009년 5월 독일 연방의회는 1999년에 시행이 마감된 공범 증인 제도를 다시 도입하기로 결의했다. 몇 가지 사항에서 예전 법과 차이가 있다.
34 '하나, 온전함'을 뜻하는 라틴어 'Unus', '방향을 돌아선'이라는 뜻의 'Versus'에서 유래했다.
35 오스트리아 북부의 주 오버외스터라이히(Oberösterreich)에서 한 젊은 여성이 그 결과로 이미 사망했다.
36 아본 비탈에 관해서 www.heilkundeinstitut.at 참조.

삽화 출처

13, 16, 39, 43, 52, 106, 137, 138, 140, 144, 176, 190, 219, 227, 234, 237, 301, 304쪽 : Rüdiger Dahlke

44, 216, 231(하단), 232, 238, 256, 310쪽 : www.ingrid-schobel.de

56쪽: M. Gandhi: Bettman/Corbis Images, Düsseldorf; J. F. Kennedy: Ted Spiegel/CORBIS; Robert Kennedy: Steve Schapiro/Corbis; M. L. King: Bettmann/CORBIS; Dag Hammarskjöld: Xinhua/ Landov/dpa- Report/ Picture Alliance, Frankfurt; Anwar as Sadat: Eva von Maydell/ Picture Alliance,Frankfurt; Olof Palme: Picture Alliance, Frankfurt; Itzhak Rabin: Cynthia Johnson/Time Life Pictures/Getty Images, München

62쪽: Steinmetz Photography
211쪽: Wolfgang Beyer
221쪽: Wikipedia.org
233쪽(상단): epa afp NASA/Picture Alliance, Frankfurt
233쪽(하단): Stocktrek Images/Getty Images, München
271쪽: Mark Power/Magnum Photos/Agentur Focus
357쪽: www.butterflyalphabet.de

* 몇몇 이미지는 저작권자를 부단히 찾았으나 확인할 수 없었습니다. 해당 이미지의 권리를 가지고 있는 개인이나 기관에 적절한 보상을 하겠사오니 해당하시는 분은 출판사에 연락해 주시기 바랍니다.

보이지 않는 질서

1판 1쇄 인쇄 2025년 11월 10일
1판 1쇄 발행 2025년 11월 18일

지은이 뤼디거 달케
옮긴이 송소민
발행인 김정경
책임편집 김은경 **마케팅** 김진학 **디자인** 문성미

발행처 터닝페이지
등 록 제2022-000019호
주 소 04793 서울 성동구 성수일로10길 26 하우스디 세종타워 본동 B1층 101/102호
전 화 070-7834-2600
팩 스 0303-3444-1115
대표메일 turningpage@turningpage.co.kr
인스타그램 www.instagram.com/turningpage_books
페이스북 www.facebook.com/turningpage.book

ISBN 979-11-93650-26-4 (03110)

- 잘못된 책은 구입하신 서점에서 바꾸어 드립니다.
- 책값은 뒤표지에 있습니다.
- 터닝페이지는 여러분의 소중한 원고를 기다리고 있습니다. 원고가 있으신 분은 turningpage@turningpage.co.kr로 간단한 개요와 취지, 연락처 등을 보내주세요.